晚霞集

李志夫——著

自序

　　本人少小多病、自以爲不能長命；當意外地活到七十歲時，檢視家族三代以來，幾乎男口均未活過七十歲的。所以我隨時以待天命。

　　爲了盡天命、自不敢偷生苟活，所以無論充任什麼工作，都是勤耕不懈。直到七十七歲才卸下法鼓山的行政工作，又留任於中華佛學研究所兩年以完成絲路研究之餘緒，出版了《中西絲路文化史》一書。

　　七十九歲始正式退休，尚覺有餘力，有一年時間在大陸院校講學，連續參加有關佛學會議，乘便考察大陸佛教教育。其間編著、出版了《『有餘說』集——如來藏與唯識關係之研究》一書，當時已有失智徵兆。

　　決定放棄專業研究工作，靜心養身，練習書法，重溫經史、詩詞以消遣。久之，似覺還魂，稍有生機，乃選出散篇論文、序文、浮世吟合編一輯，命名《晚霞集》。

　　生命無常，著作的十幾部書，每部之出版我都視爲是最後一部，今年逾九秩，本書該是我最後出版的一部

書了。本書約二十萬言，承法鼓文化之悉心編校，在此同申敬意。

李志夫

序於淡水公寓
二〇一八年十二月九日

第二篇

佛學序文

第三篇

浮世繪吟

長短句：不似詩　515

第一篇

佛學論文

佛教中國化過程之研究

提　要

　　佛教之所以能傳入中國，然後再將印度佛教中國化，有其內因與外緣：

　　其內因：佛教傳入中國前，中國本土思想，正值極盛而衰之低潮期；而且，社會、政治紛亂不已；繼之，北方政權很少受到中原文化的熏陶，故想藉佛教以綏靖社會民心。

　　其外緣：漢代經營西域，佛教得以傳入中國內陸；唐代更設治西域，使中印通行，兩國傳法、求法人士往來不絕於途。

　　由於內因、外緣具足，故中國之人文思想得與印度佛教之人文思想相應和；中國太公一系之道家、神仙思想應和了佛教之般若思想與宗教色彩；周公一系之儒家應和了佛教之慈悲博愛精神。

　　此後中國佛教，無論是六家七宗、三論、天台、華嚴與禪宗，都是沿著此一路線發展下去的，只是方式、風格有所不同而已。本文就是專門探討佛教中國化之風格、方式之過程。

關鍵詞：佛教中國化、印度佛教、中國佛教

一、前言

（一）印度佛教與印度傳統宗教之異同

基本上，印度文化是宗教文化；印度哲學是宗教哲學，除了六師與加爾瓦卡（Carvaka）思想而外，佛學亦是印度哲學之一，亦是宗教哲學。宗教哲學重理論基礎，更重宗教之實踐。因之，佛教之理論基礎就是其經與論，其實踐之依據就是戒律與禪定。

雖然，佛教的思想、理論與印度傳統與非傳統都有著相互排拒與融合之關係，❶是非常複雜的；但因緣法，則是佛教所獨有的思想，以後的佛學發展，都是根據佛陀的因緣法而發揚光大的。

雖然，佛教的實踐與印度傳統的瑜伽（Yoga），有不可分之關係；但佛教之禪定（Dhyāna）著重在反省、分析。❷從而觀到一切法空，空無有「處」即是「定」。瑜伽與禪定都是修心，練身之方法又是同一

---

❶ 參見拙著《中印佛學之比較研究》，第三篇〈比較研究〉之部分。北京，中國社會科學出版社，2001 年 1 月修訂版。

❷ 以印度之瑜伽學派（Yoga School）為例，他們是要求個人之心靈與神相聯合，內觀上帝就在自己之前後、左右；而佛教則是根據因緣法，觀一切無常，觀生是苦⋯⋯。

的。至於戒律之異同，也可作如是觀。

由之，可以了解，印度傳統之理論與實踐是以
「神」爲依歸，而佛教之理論與實踐是以「因緣法」爲
依歸。❸

（二）印度佛教與中國佛教之異同

各民族的文化之所以成其爲一民族文化，自有其特
性與特色。其特性與特色很具體地表現在思想、藝術、
社會生活，乃至風俗習慣之中。

印度佛教之所以爲印度佛教，因其脫胎於印度社會，
生活在印度社會，基本上，仍是印度之宗教；中國佛教雖
來自印度，但生活在中國，隨著傳入之久遠，已佛教中國
化了；雖然印度佛教、中國佛教仍然都是佛教。

印度佛教與中國佛教雖然在異同上，需費較多之篇
幅來說明；❹如果簡要地說，印度佛教重分析，各守經
論，理論系統分明；中國佛教重綜合，各自判教，不重
理論系統，而重思想之圓頓。所以中國佛教各宗之法嗣

---

❸ 一般學者，認爲「一切有常」講自性有，就認爲是實在論。其實是「謂
　親因緣引自果作用得起」，並非是有一能生實在存在。參見《阿達磨藏顯
　宗論》卷 7，《大正藏》第 29 冊，頁 809 中。
❹ 參見拙著《中印佛學之比較研究》，北京，中國社會科學出版社，2001
　年 1 月修訂版，頁 757-771。

爲自宗爭圓頓，已大過理論之爭辯。因之，以後，中國
禪宗有「祖師禪」高於「如來禪」之說。❺乃是源於中
國佛教不同印度佛教理論之分歧而來的。

（三）中國傳統文化對佛教之迎拒

如中國一些古老文獻可信，則是伏羲畫八卦、神農
嘗百草、黃帝發明指南車，重視對自然之觀察與應用，

---

❺ 《入楞伽經》卷 2：「我說五種乘性證法：一者聲聞乘性證法；二者辟
支佛乘性證法；三者如來乘性證法；四者不定乘性證法；五者無性證
法。……何者如來乘性證法？證法有四種：一種證實法性；二者離實法
證性；三者自身內證聖智性；四者外諸國土勝妙莊嚴證法性。……證
如來乘性人，是名如來乘性證法人相。」（《大正藏》第 16 冊，頁 526
下 -527 上）又云：「有四種禪：一者愚癡凡夫禪；二者觀察義禪；三
者念真如禪；四者諸佛如來禪。……何謂觀察如來禪？謂如實入如來
地故，入內身聖智相三空三種樂行故，能成辦眾生所作不可思議故。」
（《大正藏》第 16 冊，頁 532 上）因係五乘證法，故又稱「五味禪」。
而馬祖法嗣歸宗稱其祖師所傳爲「一味禪」，又稱爲「祖師禪」：「有
僧辭歸宗，宗云：往何處去？云：諸方學五味禪去。宗云：諸方有五味
禪，我這裡只有一味禪。」（〈黃檗禪師宛陵錄〉，《卍續藏》第 119 冊，
頁 838）
而宗密之〈禪源諸詮集都序〉則謂：「帶異計欣上厭下者是外道禪；
正信因果，而欣上厭下爲凡夫禪；悟我空偏真之理者是小乘禪；悟
我、法二空所顯真理而修者爲大乘禪；若頓悟自心本來清淨，……此
信即佛，……依此而修者是最上乘禪，亦名如來清淨禪，亦名一行三
昧。……達摩門下轉輾相傳者即此禪也。……先祖帶昧防失，故且人傳
一人，……暨乎法久成弊錯謬者多，……原夫佛說頓教、漸教，禪開
頓門、漸門，二教、二門各相符契……。」可見宗密對一味禪是有所批
判的。

而有大易之推演；而唐堯、虞舜、夏禹則重政事，而有
宮庭史官之書。

　殆至周代，神農之苗裔呂望，因助文王、武王有
功，封於齊，其影響所及至於燕、宋、楚，而多方士、
道術而形成道家；文王作卦辭，其子周公封於魯，作爻
辭，孔子作十翼，將自然融於人文而成儒家。❻因之，
佛教初傳入中國時，中國人嘗以神靈、道術觀之：

　　漢，永平中，明皇帝夜夢金人飛空而至，……通
　　人傅毅奉答：「臣聞西域有神，其名曰佛……。」❼

　　何以正言佛？……牟子曰：「……佛乃道德之元
　　祖，神明之宗緒，佛之言覺也，恍惚變化，分身
　　散體，或存或亡，能小能大，能圓能方，……蹈
　　火不燒，履刃不傷，……欲行則飛，坐則揚光，故
　　號為佛也。」問曰：「何謂之為道？」……牟子
　　曰：「道之言導也，導人致於無為，牽之無前，引

❻ 南懷瑾，《禪與道概論》，臺北：老古文化，1980年增訂五版，頁152-
172。又見周紹賢，《道家與神仙》，臺北：中華書局，1982年4月三版，
頁5-43。
❼ 《高僧傳》卷1，《大正藏》第50冊，頁322下。

之無後。舉之無上，抑之無下。視之無形，聽之無聲，……毫釐為細，間關其內，故謂之道。」❽

從西方來的高僧亦多術士，如安世高：

安息國王正后之太子，……剋意好學外國典籍，及七曜五行醫方異術，乃至鳥獸之聲無不綜達……。❾

又如西域人佛圖澄，於晉懷帝永嘉四年（310）到洛陽弘宣佛法，後趙石勒、石虎，好殺戮，澄憐憫眾生，杖鉤鬥現種種神異，為二石所宗信。❿

或以中國之儒家思想與佛教大乘精神相比擬：「孔氏之訓無求生以害仁，又殺身以成仁，仁之至也。亦佛經說菩薩之行矣。」或以道家無為與佛教法身比擬：「凡稱無為而無不為者，與夫法身無形普入一切者，豈不同致哉？是以孔、老、如來雖三訓殊路，而習善共轍

---

❽ 〈牟子理惑論〉，《弘明集》卷 1，《大正藏》第 52 冊，頁 2 上。
❾ 《高僧傳》卷 1，《大正藏》第 50 冊，頁 323 上。
❿ 黃懺華，《中國佛教史》，臺北：新文豐出版社，1971 年 12 月初版，頁 21。

也。」⓫

　　至於排佛則以方士、道家、儒家的本位立場相問難。如方士問難：「堯、舜、周（公），孔七十二弟子皆不死而仙；佛家云，人皆當死，莫能免，何哉？」又云：「神仙之術，秋冬不食，……可謂憺怕之至也。僕以爲可尊可貴，殆佛道之不若乎？」⓬

　　如道家問難：「道皆無爲，一也。子（佛教）何以分別羅列云其異乎？」又云：「爲道者，或辟穀不食，而飲酒啖肉，亦云老氏之術也。然佛道以酒肉爲上誡，而反食穀，何其乖異乎？」⓭

　　如儒問難：「沙門之在京洛者多矣，而未曾聞能令主上延年益壽。」⓮

　　甚至中國僧俗更依印度習俗不向國王頂禮，更引起朝野反感，慧遠大師乃作〈沙門不敬王者論〉。⓯尤其儒家更視佛教之剃除頭髮爲不孝：「《孝經》言：身體髮膚受之父母，不敢毀傷，……今沙門剃頭，何其違

⓫ 《弘明集》卷2，《大正藏》第52冊，頁12上。
⓬ 《弘明集》卷1，《大正藏》第52冊，頁6下-7上。
⓭ 《弘明集》卷1，《大正藏》第52冊，頁6上-中。
⓮ 《弘明集》卷1，《大正藏》第52冊，頁8中。
⓯ 《弘明集》卷5，《大正藏》第52冊，頁29下-32中。

聖人之語，不合孝子之道也？」❶其他，如不拜祖宗、
喪禮禁哭，乃至責備佛教入國破國、入家破家、入身破
身、逃稅、避役等，均是儒家訶責佛教之處。❶

　　以後唐、宋乃至明代諸儒之反佛，其論點，都不
外以上各點。在民間與宮廷或迎佛、或排佛之政策改變
下，使中國佛教有「三武一宗之禍」。在此一歷史背景
下，加上中國本土原來具有深厚之文化力量，使佛教中
國化，更爲加速進行。

（四）佛教中國化之渦漩

　　佛教中國化有如一棵樹的移植，它的成活與成長，
其根、幹、枝、葉是全面的。其決定性在於所移植之土
質、氣候與栽培之方法。佛教有如樹根，佛學有如樹
幹，其文學、藝術有如枝葉，其產生之果實是另一新的
生命之延續，也就是佛教中國化了。

　　佛教中國化亦有似一條江河，其水紋隨地勢而生變
化，形成主流之渦漩。其流程中，各種小漩渦是隨著大
漩渦之主導。中國有似一座新的河床，印度佛教有似河

---

❶ 《弘明集》卷 1，《大正藏》第 52 冊，頁 2 下。
❶ 《弘明集》卷 8，《大正藏》第 52 冊，頁 52 上 -53 中。

水。當其注入新的河床後，就會受到新河床所規約，而成爲中國的佛學與佛教。

中國之河床有如中國之文化，印度佛教之水注入中國文化之河床後，受到中國文化、思想、制度，乃至改朝換代之衝擊，而形成各種大小之漩渦。相對地中國佛教爲一「次大漩渦」，其文學藝術爲小漩渦。

因之，根據渦漩原理，我們討論佛教中國化之過程，也不能不討論到佛學、佛教文學與佛教藝術之中國化。

二、佛教中國化之過程

在前言中，我們介紹了印度佛教與印度傳統宗教之異同；及印度佛教與中國佛教之異同。從而使我們了解印度佛教與中國佛教雖同是佛教，也同是宗教哲學；但印度佛學重理論、分析；中國佛學重綜合、圓頓。

在前言中，我們也介紹了中國傳統文化對佛學之迎拒。所迎者以中國之人文、圓融思想，而匯成佛教之圓、頓宗派；所拒者，大抵爲基於風俗習慣在倫理、道德觀點之歧異而發者。

所以佛教中國化過程之渦漩，就是由中國文化對佛教之迎拒而形成的。因之，我們說佛教中國化，不是狹

義地專指佛教教儀，而是廣義地綜合佛教教儀、佛學、
文學與藝術之中國化而言的。以下我們就根據此一次
序，來說明其中國化之過程。

（一）佛教教儀、制度之中國化

印度之婆羅門爲四階級之首，其職責爲學吠陀、教
吠陀，主持祭祀，接受布施，也布施予人。❶所以印度
向來之政府，對於任何宗教之出家人均採取此一態度，
沒有專設機構來管理宗教。在佛陀組織僧團初期，「舍
利弗先請佛陀制戒，佛陀則說無犯不制」。「佛教的戒
律是由事實的需要而制」。❶

印度之沙門或依寺院或遊化；但都是托缽維生。
從未陷入社會政治之紛爭。然而，中國自周以降，皇帝
爲天子，雖有神權之思想，如清代的皇帝，每年例行需
在天壇親自祭拜天地。可是他們實際所牢牢把握住的卻
是君權。《周禮》三十九，有「司巫掌群王之政令」，
「漢武帝通西域後，群胡大至，佛道轉興，……交由管
理接待事務之大鴻臚（寺）去辦理」，「翻譯事業興

---

❶ 屬於黑夜柔吠陀之《包達耶那法典》（*Baudhayana Dharma Sutra*）（10、
18、11）。

❶ 釋聖嚴，《戒律學綱要》，臺北：天華出版社，1978 年再版，頁 186。

起,來華僧侶中不乏德學甚嘉的人士,如安世高、白延尊者,……而援引優禮巫覡的儀式接待西來高僧。」❷

　　正式之僧官制度,始於「姚秦之世(後秦),出家者十室而半。……秦主敕選道䂮法師為僧正,……此土立僧官,秦䂮為始也」,或說「昔晉氏始置僧司」。❷總之,中國不同於印度,有設官乃分職以管理宗教或佛教。

　　僧官制度之確立始於南朝宋武帝劉裕,當其北伐姚秦,深知關中佛教昌隆,為民心所趨,乃禮教名僧慧嚴、僧導,亦效北朝之僧官制,以整頓南朝之佛教,以瓦官寺之法和法師為僧主,其詔書說:「佛法訛替,沙門混雜,……加以姦心頻發,凶狀屢聞,敗道亂俗,人神交忿,可付所在與寺耆長精加沙汰,……主者詳為條格,速施行。」❷

　　稍後北魏武帝(424-452)、及以後北周武帝(561-587)、唐武宗(841-860)及後周世宗(954-959),所謂三武一宗之佛教法難,除了北周宇

---

❷　同註❼,頁5。

❷　釋明復,《中國僧官制度研究》,臺北:明文書局,1981年,頁10。

❷　道宣,宋武帝〈沙汰僧徒詔〉,《廣弘明集》卷24,《大正藏》第52冊,頁272中。

文邑純粹是猜忌佛教而毀佛外；後周武宗本人信佛十分虔誠，故初連鑄錢之金屬都籌不出來，尚能保持寺廟中之金屬法器、銅像已屬難得；北魏武帝及唐武宗時代，實因出家者眾，良莠不齊，甚至參與宮廷內爭，佛教本身也應反省。㉓

中國佛教之禮儀、制度，都是在此一中國文化、政治之反省下而形成的。

1. 中國僧伽加冠「釋」姓之過程

根據梁代釋慧皎之《高僧傳》卷一所載之十五人，最早來中國的攝摩騰、竺法蘭之時間或有爭論之餘地；㉔但為最早來華之西方僧侶是可肯定的，約在西元五八至七五年間。其卷二記載七人，曇無讖於北涼元始元年（412）至姑臧。這二十二人中，其名字或為「僧伽」、或為「竺」、或為「安」，皆以其來自之國名為姓。直到卷三載十三人，也僅中國法師釋法顯、釋智猛冠有釋姓，另有中國僧，取了譯名曇無竭，亦未冠有釋

㉓ 輔仁大學六十週年校慶，宗教教育與中國社會之發展討論會，拙文〈從法難中佛教興衰對中國宗教發展之反省〉論文（1989年12月4-6日），頁3。

㉔ 「即使漢西上騰、蘭東來屬實，其譯出《四十二章經》一說，亦待稽考。」（《中國佛教史》，頁9）

姓。卷四傳十四人，皆中國籍，可能依西方僧出家，故
冠竺、康等姓，如竺法乘，依竺法護為沙彌。唯卷五以
後之僧人多冠釋姓，以釋道安（294－366）為首。自此
以後，中國出家人才普遍冠釋姓，這對中國出家人對佛
陀之皈依感，以及在倫理上都是極為重要的事。

2. 中國僧伽道場之變遷

印度的沙門無論是定居道場或遊化，都是以托缽
維生；中國之僧伽遊化可以托缽或至其他寺廟掛單，但
定居時，依中國人之風俗習慣均不可沿門托缽，於是乃
有自行舉炊之制，所以不得不自籌生活資糧，或進而
集財、蓄財，乃至治產。佛教初傳入中國，來華多屬
高僧，或傳世學如天文、醫術，或弘佛法譯經，都是
由政府提供招待所或道場，如攝摩騰「初緘在蘭台石
室第十四間中、騰所住處，今睢陽城西雍以外白馬寺是
也」。❷嵩山少林寺，是魏文帝（496）為佛陀禪師造
的。❷隋、唐皇室也都崇尚佛法，及至清代專建道場對
高僧之供養，仍不遜唐代前朝。

由於皇室重視佛教，故朝臣、士大夫、民間紳士，

❷ 《高僧傳》卷1，《大正藏》第50冊，頁323上。
❷ 釋印順，《中國禪宗史》，臺北：正聞出版社，1978年8月三版，頁4。

亦多願損資興建寺廟，所以出家者，無論在社會地位及物質享受上均高於一般社會大眾。出家者愈眾，愈良莠不齊，而造成北魏武帝毀佛。❷乃「詔誅長安沙門，焚破佛像。……身死容者，誅一門。……太平眞君七年（447）下詔一切蕩除，所有圖像胡經皆擊破焚毀，沙門無少、長，悉坑之」。❷

　　唯其於正平二年（452）爲常侍宗要所殺，其孫文成帝即位，大興佛法，開鑿山西大同雲岡石窟。故北魏武帝之敗佛政策，爲時很短，文成帝又即時復興佛教，對佛教之影響可謂得失互見。

　　影響中國佛教道場變遷最大的是北周武帝之滅法。由於他迷信「讖記」，忌諱黑衣，以爲黑衣當運，而佛教、道士之僧袍、道袍均尙黑，恐僧侶、道士起而反對其政權，故採用道士張憲之佞言，消滅佛教及道教。僅留有二十名爲學士於「通道觀」，令著官服，其餘一律還俗共二百餘萬人。❷

---

❷ 其毀佛原因有三：「虛誕爲世費」、「沙門飲從官酒」、「見有財產，弓、矢，及牧守、富人所寄存之財物」。（《廣弘明集》卷 2，《大正藏》第 52 冊，頁 102 上）

❷ 《廣弘明集》卷 2，《大正藏》第 52 冊，頁 102 中；《廣弘明集》卷 8，《大正藏》第 52 冊，頁 135 下。

❷ 《佛祖統記》卷 38，《大正藏》第 49 冊，頁 358 下。

　　北周武帝滅法，影響爾後中國佛教各宗最大的，要算禪宗。禪宗前三祖，尤其慧可、僧燦都是頭陀行，在北方遊方，到周武帝破滅佛法，三祖僧燦來到太湖司空山，仍居無定處，至開皇十二（592）年，始有道信前來皈依。❸

　　師往羅淨山不許（道信）相隨，因此，道信就依住吉州寺。盜圍城七十餘日，道信只念「般若」，並令全城軍民同時合聲，群賊即散，道信又往衡岳，經漢洲，其隨同道信留止廬山大林寺。又與賊盜周折十年，蘄州道俗請度江北黃梅縣，在雙峰山，為他造寺。他在這裡住了三十多年，隨眾道俗有五百多人。❸禪宗以後之五祖、六祖，都是以雙峰山為發跡的根源。

　　根據印順長老，歸納道信之禪法具有三大特色：戒與禪合一、《楞伽》與《般若》合一、念佛與成佛合一。❸道信去世，弘忍在雙峰山以東十里之憑蕪山建寺、弘法，確立了禪宗法統之承傳，以心傳心之達摩禪也被明確地提出來了。❸「即心即佛」、「心淨

---

❸《景德傳燈錄》卷3，《大正藏》第51冊，頁221下。
❸《續高僧傳》卷21，《大正藏》第50冊，頁606中。
❸《中國禪宗史》，頁52-57。
❸《中國禪宗史》，頁73。

成佛」，成爲雙峰山與東山法門之標幟。❸以後六祖
惠能說「人雖有南北，佛性即無南北」，❸「人有南
北，……法無頓漸」，❸「心念不起名爲坐，內見自性
不動名爲禪」❸之思想禪法是一致的。

六祖之弘法道場在曹溪，從他以後分支出來而發
展之五家禪，也都各有道場。尤其洪州懷讓一系，經馬
祖道一到百丈懷海，在洪州大雄山以「居處巖巒峻極，
故號之百丈」，因「玄參之賓四方麕至」，故立百丈清
規。❸

懷海有四大貢獻：一爲五家禪風，乃至其他著名
法師皆是人以山（道場）聞名。如潙山靈佑（771－
853）、仰山示寂（807－883）是爲潙仰宗，黃檗希遷
（？－850）、臨濟義玄（？－867）是爲臨濟宗，洞山
良价（807－869）、曹山本寂（840－901），是爲曹洞
宗，雲門文偃（864－949）是爲雲門宗；唯獨法眼文益

---

❸ 《中國禪宗史》，頁81。
❸ 〈自序品〉第1，《六祖惠能大師法寶壇經》，中英合刊，香港佛經流通處，頁2。
❸ 〈頓漸品〉第8，《六祖惠能大師法寶壇經》，中英合刊，香港佛經流通處，頁34。
❸ 〈妙行品〉第5，《六祖惠能大師法寶壇經》，中英合刊，香港佛經流通處，頁19。
❸ 《景德傳燈錄》卷6，《大正藏》第51冊，頁249下。

（886－958）是因受後周世宗之諡號稱爲大法眼禪師，而總稱爲法眼宗爲例外。二爲其道場多遠離城市，在高山峻嶺、風景絕佳處建立道場，亦引來各方名士，使禪詩、禪畫相續發展。三爲中國佛教之叢林制度樹立了規範。四爲使佛教保持了命脈，雖然先後發生有唐武宗、後周世宗之禍，只是城市之寺廟，或養奴耕田地的腐敗道場遭受直接之法難而已。

　　至於中國其他各宗之祖師們所受北周武帝毀法似乎沒有直接受害，而只是遭受到共業而已。如三論宗之先驅，高麗朗公在齊建武年（494－498）已來到江南，以後之僧詮、吉藏均在南方弘法。天台宗之二祖慧思，三十四歲時（548）在河南襄州與人論法，遭人放毒，三十七歲（550）時北齊文宣帝召爲國師，三十八歲南下入淮，在郢州講大乘。至於智者雖世居河南穎川，因隨東晉遷徙建康，生於南朝梁武帝大同四年（538），十八歲時（555）出家依止長沙果願寺法緒大師，二十二歲（560）正式拜慧思法師於光州大蘇山。而華嚴宗之杜順（556－640）則隱居終南山，智儼（602－640）、法藏（643－712）都是弘法於盛唐。因之其他各宗都未具體地受到影響；只有禪宗僧伽道場之變遷，使佛教中國化貢獻最大。

3. 僧伽生活之中國化

佛教的戒律也就是佛教裡的生活規範，印度的僧伽的戒律收集在《大藏經》中就有三大冊，聖嚴法師精簡地完成《戒律學綱要》一書。更具體的印度僧伽之生活方式，義淨之《南海寄歸內法傳》敘述甚詳。如何受戒，如何衣、食、住、行，乃至入廁均鉅細不遺。❸我們無法一一引證。

不過就中國之僧伽來說，服制已唐化，茹素為食，這些雖只是《楞伽經》傳來中國以後的事。❹甚至慧可（487－593）在受法後「或入諸酒肆，或過於屠門」，❹直到四祖道信最先所依之師尚且「戒行不純」，❹可見即使《楞伽經》傳來幾十年後，也未見得一體遵行。據傳說齋食興於梁武帝（502－549），或許是因為他在位時間提倡佛教，又與該經譯出時間相同的緣故。

但基本上中國之僧尼與印度相同，要受沙彌、沙

---

❸ 《內法傳》載於《大正藏》第 54 冊，頁 204 下。共計有四十個單元，僅止於適於一切有部而已，尚不包括其他部派之戒律。
❹ 《入楞伽經》最早為元魏菩提流支譯出，約在五〇八至五三七年間。其中第十六品為〈遮食肉品〉。《大正藏》第 16 冊，頁 561。
❹ 《景德傳燈錄》卷 3，《大正藏》第 51 冊，頁 221 上。
❹ 《續高僧傳》卷 21，《大正藏》第 50 冊，頁 606。

彌尼、比丘、比丘尼戒以外；其他如三皈依、五戒、八
關齋戒乃至菩薩戒都是居士與僧伽所共同應遵守的戒
律。❹至於中國之僧伽特別重視的「三壇大戒」，尤其
是受三壇大戒後之戒疤正是顯示出家受戒者之信行所
在，也才能被視爲比丘或比丘尼。

（二）佛學之中國化

佛教傳入中國，雖歷經了注經、譯經、刻經、印
經諸階段，但這還不能稱之爲中國化，我們所指的中國
化，是指將印度佛教思想，無論在思維模式上、思想內
容上都具有中國文化思想之特色。

1.從思維模式上分析

由於中國之顯學、儒家及道家思想都主張圓融、
綜合。所以中國佛教歷代祖師們，也難脫離中國傳統之
思維性格，例如智者在其《摩訶止觀》中，將五常、五
行與佛教之五戒相比擬：「仁慈矜養，不害於他，即不
殺戒，……又五行似五戒，不殺防木，……又五經似五
戒，……詩風刺，防殺……。」❹

---

❹ 「菩薩戒的內容，是三聚淨戒：即攝眾生、律儀、及善法三種。」（《戒律
學綱要》，頁 258-259）
❹ 智者大師，《摩訶止觀》卷 6，《大正藏》第 46 冊，頁 77 中。

又如杜順之《法界觀門》就是根據他的五教止觀發展而成的，如「眞空觀」就是「語絕雙關門」發展而成；「理事無礙」就是其「理事圓融」發展而成的；其「周遍含容觀」是其「華嚴三昧門」而發展的。即一眞法界而融萬有，與《易經·繫辭傳》之「天下同歸而殊塗，一致而百慮」是有所同然的。所以朱子註「同歸」說：「言理本無二，而殊塗百慮莫非自然。」❹

吉藏爲三論宗實際立宗的人物，他專弘三論，也旁務他經，在他《淨名玄論》與其《維摩經義疏》卷一，開宗明義地對不二法門有如下之讚歎：

夫至趣無言，玄藉彌布。法身無像，物感則形。故知無言而無不言，無像而無不像。以無言而無不言故，張大教綱，亘生死流。以無像而無不像，則住如幻智，遊戲六道。是故斯經人、法雙舉：言其人者，所謂淨名，以淨德內充，……所言法者，謂不思議解脫也。內無功用、不假思量，外化幽微、物莫能測，謂不思議也。縱任自在，塵累不拘，道貫雙流，二慧常並，謂解脫也。……但斯經是衆聖

之靈府，方等之中心，究竟之玄宗，無餘之極說。❹

　這與形容道家之「道」、易經之「太極」，幾乎是同樣的語彙。再舉法相宗窺基之《記無垢稱經疏》卷一所云：

　　今此經者，含眾旨之大虛，縮群筌之天沼，理窮真俗之府，迹軼心言之外。杳神機而靡測，湛粹德而難思。……合蓋羅於萬像，彰塵岳之危浮。……納妙高於毫芥，……灌巨海於蹄涔。❹

　這與形容「道」、「太極」亦極相冥符。
　三論宗、法相宗都是宗崇印度佛教色彩之中國宗派，尚且不能免於中國文化思想之渦漩，至於更早期之格義先軀諸如周顒、僧燦更勿遑論及了。
　影響禪宗中國化的，除了前面所舉四祖道信、五祖弘忍、六祖惠能及百丈懷海外，尚有三位重要人物：一為牛頭宗法融，二為曹山本寂，三為石頭希遷。

---

❹ 《大正藏》第 38 冊，頁 908 下。
❹ 《大正藏》第 38 冊，頁 993 上。

依洪州宗所傳，法融爲四祖道信之別傳，故《宗鏡錄》云：「（道信）又示融大師云：百千妙門，同歸方寸，恆沙功德，總在心原。」❹法融之代表作爲《絕觀論》，其謂：

六根所觀，並悉是心，……心寂滅，……心為宗，……心為本，……心性寂滅為定，常解寂滅為慧，……云境起解是智，……自身心性為境。……照用為舒，……心寂滅無去來為卷。舒則彌遊法界，卷則定跡難尋。……邊表不可得名為法界。❹

又云：「有心中說無心是末觀；無心中說無心，是本觀。」❺由此可見，法融之「六根所觀並悉是心」，與道信之「恆沙功德，總在心源」是一致的。唯在觀法上，卻有越於《金剛經》之「無所住而生其心」，他都是「無心中說無心」，意即是無心中，亦不生其心。因爲，他是以「大道沖虛幽寂」爲開端，云「虛空爲道本」、「無心爲道」爲觀法。這與道家言無爲更爲接近

---

❹ 《宗鏡錄》卷97，《大正藏》第48冊，頁940上。
❹ 《宗鏡錄》，《大正藏》第48冊，頁941上 - 中。
❺ 《宗鏡錄》，《大正藏》第48冊，頁681中。

了。直接影響到了五家宗風。印順長老，更有肯定地結
論說：「印度禪蛻變爲中國禪宗——中華禪，胡適以爲
是神會，其實，不但不是神會，也不是慧能。中華禪的
根源，中華禪的建立者，是牛頭。應該說，是『東夏之
達摩』——法融。」❺若從法融之修行觀法上說，確實
是如此的。

　　曹山本寂，以離卦「☲」而重之，謂之「重離」
即「☲☲」，以說明修證次第，實即中國佛學回歸到
本位之結果。第五爻所謂之「兼中至」之「至」，即是
指向修證之次一境界；所謂「兼中至」之「兼」及第六
爻「兼中到」之「兼」即是體，與眾生一體而普度之；
所謂「兼中到」之「到」，即已證得果位，到達果位；
所謂第四爻之「正中來」、第五爻「兼中至」、第六爻
之「兼中到」之「中」，即是中道。所謂第二爻之「正
中偏」、第二爻之「偏中正」之「偏」，即非圓、非
正，以示用、爲色、爲事。❺本寂以《易經》之離卦，
來統一說明佛教之緣起中道與觀行之次第。可謂已將佛
教論證形式完全中國化了。

---

❺　《中國禪宗史》，頁 128。
❺　《中印佛學之比較研究》，頁 595-599。

　　說到本寂，不得不提及石頭希遷（700－791），他
著有《參同契》，云：

　　　　竺土大仙心，東西密相付，……靈源明皎潔，枝
　　　　派暗流注，……門門一切境，迴互不迴互，……火
　　　　熱風動搖，水濕地堅固，……萬物自有功，當言用
　　　　及處。❺

　　這多少受到東漢會稽眞人魏伯陽之《參同契》所影
響。該書亦易、亦道。「所謂竺土大仙心，東西密相
付」，也即是指佛教與道教之參合相契同一。兩者對於
本寂亦定有相當之啓示作用。

　　至於如明代之憨山大師以佛學解老莊，已是老莊佛
教化，亦是佛教中國化之更進一竿了。其他諸如唐宗密
之〈禪源諸詮集都序〉之〈阿梨耶識〉圖，❺對於宋儒
周敦頤之《太極圖》說亦應有所影響。至於禪宗「心即
佛」、華嚴宗之「心即理」，以及禪宗「公案」，與後
儒之「學案」，都有同聲相應之效果。其實，這也不足

---

❺《景德傳燈錄》卷 30，《大正藏》第 51 冊，頁 459。
❺〈禪源諸詮集都序〉卷下之 2，《大正藏》第 48 冊，頁 413。

為怪，據統計，就中國而言，出家法師精於外學的也有五百多人。❺他們在有意無意中，不但佛教中國化，也是中國文化佛教化之中介人物。

2. 從思想內容上分析

老子講「道」，「道常無為而無不為」，❺又云：「道之為物，惟恍惟惚，惚兮恍兮，其中有象；恍兮惚兮，其中有物。窈兮冥兮，其中有精，其精甚真，其中有信。」❺實在已有實在論之傾向。

《易經・繫辭上》云：「一陰一陽之謂道，繼之者，善也；成之者，性也。」❺、「是故，形而上者謂之道。」❺又云：「生生之謂易」，❻意即是說，能繼續成就萬物，使之生生不息的就是道，道是形上之存在。故《易經・繫辭上》之「道」，亦同老子之道，具有實在論之傾向。

然後，我們再來檢驗中國佛教各宗之思想亦具有實

❺ 張德鈞等著，《佛教聖典與釋氏外學著錄考》，臺北：大乘文化，1979 年初版，頁 186。
❺ 《老子》第 37 章。
❺ 《老子》第 21 章。
❺ 《周易・繫辭上》第 5 章。
❺ 《周易・繫辭上》第 12 章。
❻ 《周易・繫辭上》第 5 章。

在論之傾向。以三論宗之吉藏爲例：他是重三論、重法空、重中道的。可是，當他論道《二諦義》時，則說：

> 有兩種二諦：一於諦；二教諦。於諦者如論文，論法性空；世間顛倒謂有，於世人為實，名之為諦，諸賢聖真如顛倒，性空於聖人是實，名之為諦。❻

> 二諦是本，說法是末，……世俗諦者，一切諸法性空，而世間顛倒謂有，於世間是實，名為世諦；諸賢聖真知顛倒性空，於聖人是實，名第一義諦。❻

> 二諦是本，說法是末，……所依於諦是本、是前；迷教於諦是末、是後。❻

這即是說：將眞、俗二諦，視爲存在之中道說，這才是根本的；若將眞、俗二諦視爲方法，則是權且方便

---

❻ 胡吉藏，《二諦義》卷上，《大正藏》第 45 冊，頁 86 下。
❻ 《二諦義》卷上，《大正藏》第 45 冊，頁 78 中。
❻ 《二諦義》卷上，《大正藏》第 45 冊，頁 78 中、79 下。

的說法。但「本」是體、「末」是用，體用不二。或云
「本末不異」，❻方便說法，乃至一般人所謂之實在；
就以能眞知諸法實相，就人來說，以二諦爲體、爲本才
是眞實的，或直稱爲「本於二諦」。因此，可知吉藏也
是有實在論之傾向的。

再以天台宗智者爲例，如《法華玄義》云：

今當略說。《無量義》云，無量義者，從一法
生。其「一」法者，所謂「實相」，實相之相，無
相不相，不相無相名爲實相，此從不可破壞真實得
名。又此實相諸佛得法，故稱「妙有」，妙有（凡
夫）雖不可見，諸佛能見，故稱真善妙色。實相非
二邊之有，故名畢竟空。空理湛然，非一非異，故
名如如實相寂滅。❻

意即是諸法實相之所以稱爲妙有：一爲能生無量義
之「能生」，能生就是存在；二能爲諸佛所「證得」、
「見得」。能被見得者，也是一「存在」。因爲存在爲

❻ 《二諦義》卷上，《大正藏》第 45 冊，頁 79 下 -80 中。
❻ 《法華玄義》，《大正藏》第 33 冊，頁 783 中。

「空理」，所以是妙有。既然是存在、妙有，所以可以
說，智者亦有實在論之傾向。

華嚴宗所宗爲《華嚴經》，《華嚴經》有「心如工
畫師，能畫諸世界」，[66]「初發心，即得阿耨多羅三藐
三菩提」，[67]「從初發心，乃至得見普賢菩薩，於其中
間，所入一切諸佛刹海，今於普賢一毛孔中，一念所入
諸佛刹海，……如一毛孔，一切毛孔，悉亦如是。」[68]
宗密引註杜順之《華嚴法界觀門》之「眞實觀」說：
「理法界也，原其實體，但是本心。」因之，「心融萬
有，便成四種法界。」即事法界、理法界、理事無礙法
界及事事無礙法界。[69]既然心即是理，又心生萬法，所
以是理無礙、事理無礙、事事無礙。能如此無礙，所以
初發心，便成正覺。所以能一念即入諸佛海。根據華嚴
宗，一切有形、無形之世界爲事法界；之所以能形成
事法界的，則是理法界；而理法界之實體，即是心。因
之，可知華嚴宗也有實在論之傾向。

而禪宗之「即心即佛」，所謂「明心見性」也就

[66] 《華嚴經》，《大正藏》第 10 冊，頁 102 上。
[67] 《華嚴經》，《大正藏》第 10 冊，頁 89 上。
[68] 《華嚴經》，《大正藏》第 10 冊，頁 442 中。
[69] 釋宗密註，《華嚴法界觀門》，《大正藏》第 45 冊，頁 684 中-下。

是要證悟自己的佛性。所以「見性」就是要見佛性。《楞伽經》、《金剛經》雖然都是禪宗所宗之典籍，但禪宗普遍宗奉之另一典籍，則是《楞嚴經》。該經在斷絕禪者之疑情上最有獨特之方法，那就是所謂「七處徵心」、❼「八還辨見」。❼而眞正心性即佛性之「性」，是空性的，是不可能爲我們視覺所看見。故「見見之時，見非是見，見猶離見，見不能及。」❼這與老子之「道可道，非常道」，❼是同樣地不可說，依禪宗心性即佛性，佛性即空性，「是能見」，而不能被「所見」。換句話說，能見之佛性是絕對主體之存在。所謂存在，亦即是空性無起之作用而已。《楞嚴經》，❼乃至禪宗是肯定有能見之佛（自）性存在。所以說，禪宗特別重視《楞嚴經》，也是帶「自性見」之實在論傾向。

　　總之，由於中國傳統思想帶有圓融、實在論之思想；傳來中國之佛教，由中國之佛教祖師們也加以圓融

---

❼　拙著《楞嚴校釋》，臺北：大乘精舍，1965 年，頁 9-50。

❼　《楞嚴校釋》，頁 51-85。

❼　《楞嚴校釋》，頁 71；原經卷 2。

❼　《老子》第 1 章。

❼　「《楞嚴經》所代表的禪宗，與神秀的共同性。」（《中國禪宗史》，頁 184-185）。

且具有實在論之傾向了。

（三）佛教文學之中國化

佛教影響中國文學者，以《本生經》、《譬喻經》、《法華經》及《維摩詰經》爲主。後二者由於法師們弘揚佛法之「講經」，不爲一般人所了解，所以盡量使之大眾化，而有「俗講」。「俗講」時，爲了生動、活潑而有吟、有唱、有說。於是，由「俗講」而產生「變文」。「變文」有圖變、有文變，有佛教經典之變文，也有以中國原有歷史故事、神話演變成變文的。前二者譯成中文後，又爲了更適合中國人閱讀，而加以重新撰寫；甚至，將其中有些故事人物，更加以改變成中國人的名字；將變文中的講話、對白，形成中國式之平話、小說、戲劇與散文。變文中的偈頌、詩韻，對中國以後之詞、曲、戲劇也有很大的影響。

其結果是使中國宋朝以降之文學作品，無論其題材、內容、背景、術語，……都多少與佛教有關。也使得文學在中國民間大眾化、生活化。尤其佛教之空慧思想，提昇了文學家們的創造心靈，因而也豐富了中國原有的文學。

關於佛教影響中國文學之過程，以下稍做介紹：

1. 講經

唐代寺廟講經大抵方式如下：打鐘，告知大眾入座；講師、都講入堂時，眾人念佛；入座後梵唱。維那師先出來說明法會之緣起，並念施主姓名功德。可見當時之法會，是講經，可以消災，也是一種功德。當維那師念完紙狀上之施主功德後，再將紙狀呈送給講師，由講師再為施主祈福。接著，便由與會大眾論難，以引起聽法大眾之疑問及注意，然後才正式講經。講完偈頌，然後配合音樂加以唱頌。❼

2. 俗講

就是將經典之經文加以淺顯化、通俗化，基本上，是由「講經」與「唱導」而來。又分為唱經、吟偈、解說三式，除了讚頌諸佛菩薩外，還附會時尚：「娑婆教主，大覺牟尼，……聖凡皆仰，……亦如我皇帝萬邦之主……。」❼

亦有以當代白居易的詩作俗講內容的，如：「魚釵

---

❼ 蕭登福，《敦煌俗文學論叢》，頁 9-10。綜合《入唐求法巡禮行記》的赤山院講式及新羅一日講經儀式。

❼ 引自向達《唐代俗講考》中《俗講中之話本問題》之〈仁王經序品〉起首文。(《敦煌石室講經文研究》，《國立臺灣大學文史叢刊》，臺北：國立臺灣大學文學院，1970 年，頁 35)

強插數行絲，鶯鏡動拋多少劫，方嚮罷敲長恨曲，琵琶
休撥想夫憐。」❼

3. 變文

變文通常是散文、韻文合體，改變原有之經文、偈
語，稍事增、損情節，但仍不失原經故事之微言大義，
更加以平話，配以曲調、吟唱，使之大眾化。變文是從
俗講演化而來的。變文亦有歌唱，「採用當時流行的韻
體，或和尚流行之唱文，有五言、六言、七言，及三、
三合成之六言，三、七合成之十言等」。❼

（1）以《維摩詰經》變文為例

經云：佛告文殊師利，汝行詣維摩詰問疾。……
佛有偈讚文殊：「牟尼會上稱宣陳，問疾毘耶要認真。
受敕且須離法會，依言不得有辭辛。維摩丈室思吾切，
臥疾呻吟已半旬，望汝今朝知我意，權時作個慰安
人。」……見到文殊親問疾，……合掌顯然近寶台。由
讚淨名名稱煞，如何白佛也唱將來。❼

---

❼ 《佛說觀彌勒菩薩上生兜率天經》之中〈且辯天男觀女生厭〉之天女
讚。顯然是據《唐摭言》一五雜記：「白樂天去世，大中（宣宗）皇帝
以詩弔之，曰：……童子解吟長恨曲，胡兒能唱琵琶篇……。」（《敦煌
石室講經文研究》，頁 91-92）

❼ 張長弓，《中國文學史新編》，臺北：三民書局，頁 20-21。

❼ 劉大杰編著，《中國文學發展史》中冊，頁 42。第 20 卷最後題有「廣正

（2）以非佛經故事變文爲例

《列國志》變文，敍述伍子胥的故事，……有《舜子至孝》變文，敍述舜的故事。……今以《唐太宗入冥記》爲例：以唐太宗因玄武門兵變，射殺了太子建成、及文成，爲二人所告於陰司之故事背景，將太宗之生魂擒入地獄加以拷問而求歸生路：「昔日□□，今受罪由（猶）自未了，朕即如何歸得生還路？」崔子玉云：陛下若□□（不通）文狀，臣有一問題，陛下若答得，即卻歸長安；若□□（答不）得，應不及再歸生路。」皇帝聞已忙怕極甚。⓼

這與《舊唐書》懷義等人所獻給武后之《大雲經（疏）》有著密切的關係。

總的來說，印度佛教經典本身都具有戲劇、散文、詩歌、聲韻之綜合體，加之豐富的想像力對中國以後之彈詞、平話、小說、戲劇的發展都有直接、間接的影響。⓼

印度佛教對中國文學更重要之影響乃是實際生活、

十年（947）在西川靜眞禪寺寫（抄）此二十卷」。
⓼ 本變文藏於大英倫敦博物館，爲 S.2630 的一種。臺灣世界書局刊行有《敦煌變文集》，共七十八篇變文；並請見註⓺。
⓼ 《中國文學發展史》中冊，頁45。

生命之體驗與認知；然後才能從文學形成上表現出來。

例如魏晉時代，只有佛教本身文學之宣講，即使謝靈運對生公之頓悟讚歎不已，也接受了佛教之音韻學，但其作品卻看不出空靈思想。直到盛唐才有王維，始有內佛外儒之文學修養。此外如孟浩然、柳宗元，以及中唐時詩人白居易，都在晚年皈依佛，他們晚年作品已沒有人間煙火氣，卻富有悲天憫人之情懷。佛教變文以降之俗文學一定給了中國文人一些影響，他們又提昇了變文以來的俗文字。兩宋之詞、元代之曲，明、清以後之小說、詩歌，幾乎是「無佛不成書」了。如《金瓶梅》、《紅樓夢》都是在表現「色即是空」，情節最後只是一個「空」字了得。

由於佛教文學之俗化，也就是佛教文學之中國化，中國人以自己之社會背景，去從事以佛教理念之創作，其影響力量之大，對於佛教能在中國發揚光大，是具有肯定之貢獻的。⓬

⓬ 〈佛教文學中國化〉，大部分是從拙文〈佛教與中國文學〉一文中之摘要。原為輔大「宗教與文化國際學術研討會」中之論文。於 1992 年 5 月發表，後刊於《鵝湖》第 204 期，頁 7-21。

（四）佛教藝術之中國化

佛教藝術之題材，往往也就是佛教文學之題材。因之佛教藝術之繪畫與雕刻，往往也是在同時發展著的。佛像之石刻在宋、明以後雖然式微，然而禪畫也隨之禪詩創作不輟。

1. 石窟之石刻

北魏和平年間（460－465），沙門昭玄、曇曜請（文成）帝於平城、恒安（山西、大同）西北三十里雲崗堡，武周山北面石崖開鑿窟龕五所。獻文帝（466－471）與孝文帝（471－476）在位時，相續開鑿石窟。孝文帝遷都洛陽，在龍門更擴大規模開鑿。北齊皇建元年（550）亦在山西太原西南之天龍山寺建石窟。❸

敦煌石窟以莫高窟最爲有名，根據唐李懷讓的修龕碑記，是始於前秦建元二年（366），有樂沙門，行至此，忽見金光，狀有千佛，遂造龕一窟。以後歷代如魏、唐都有窟，五代、宋、西夏、元也都有重修。

四川樂山大佛，始建於唐玄宗開元初年（713），竣工於德宗貞元十九年（803），歷時九十載、高 71米，腳背寬 8.5 米。被譽爲「山是一尊佛，佛是一座

---

❸ 《中國佛教史》，頁 52-53。

山」，極爲莊嚴雄偉。

2. 佛教藝術之變化

印度之繪畫與雕刻大多注重表現內在心靈之世界，到亞歷山大入侵印度，使希臘表現在美與力的雕刻風格影響了印度，成爲犍陀羅之綜合風格。不但充滿了想像力，也富有柔中帶剛之線條美。❹

一般說來，早期之石刻之內容比較偏重寫實，以小龕形式循環性地表示一個故事，如佛陀本生石刻。以後漸漸偏向主題顯明，襯托佛像，莊嚴佛陀，而有中心塔式、中心柱式、中央佛壇式，四壁則爲彩瓷的壁畫。❺

以《法華經》變相之石刻爲例：本經有〈見寶塔〉一品，原文爲佛說法時，有七寶塔，從地湧出，出現多寶佛。在北魏時代之雲岡第十窟之石刻以浮雕、圓雕爲多，是二佛並坐形式，……有飛天，呈犍陀羅式。本經亦有〈化城喻品〉，本品喻意眾生畏成佛之難，而重塵世之繁華，於是佛便以幻力做一幻城，讓眾生度過幻城，悟幻城──塵世之虛妄，而當下可以認知成佛方爲究竟。這是千佛洞217窟連續分割性之布局，人物故事

---

❹ 拙譯《印度通史》上冊，臺北：國立編譯館，1981年12月初版，頁363。

❺ 參見《中華百科全書》第6冊，頁661，沈以正撰〈敦煌千佛洞〉像。

已毫無印度之風貌，為唐代人作品。⑧

　再以《維摩詰經》之變相為例：維摩居士為證得
不二解脫，以眾生病為病，佛遣文殊前往探疾，二人論
法，集結而成之經典：雲岡第六洞下層之變相，佛陀居
於維摩與文殊之中，維摩居士是「羽扇綸巾」之打扮，
全是中國士大夫之造型，而佛陀與文殊則是犍陀羅之遺
風。本圖之所謂「變相」，因原經佛陀只派文殊去探
疾，居然將佛陀亦列入座中；其次，維摩詰原為印度的
大居士，竟然將其衣著中國化了。⑧

　純以繪畫論，根據沈以正之分析：北魏以水紅作
肢體，線條濃重，人體、頭下垂而臉突出，形成之「三
折」的姿態；隋、唐之際，人畫之線條除流暢外，尚
有頓挫感，用暈染法；盛唐以後吳道子的淡裝法也可
常見。

　佛教藝術之整個內容不外乎佛像、菩薩像、羅漢
像、佛弟子、本生、經變、諸天部、供養人，旁及藻
井、花飾、山水、雜畫；⑧在石刻與繪畫之變相，除技

⑧　參見陳清香〈法華經的流傳及法華變相的取材〉一文，載於《佛教與東
　　方藝術》頁 422-425，吉林：吉林教育出版社，1989 年 8 月出版。
⑧　《佛教與東方藝術》，頁 444-446。
⑧　參見《中華百科全書》第 6 冊，頁 661，沈以正撰〈敦煌千佛洞〉像。

巧有異外，其「變相」方式與文學之發展，佛教儀規之
變遷大致上是一致的。

三、結論

　　以道家及儒家爲中國傳統思想之主流，形成中國文
化思想爲一大渦漩，任何外來文化思想，或本土諸子百
家，都會匯流在此大渦漩之中。佛教爲印度傳入之外來
宗教，亦不例外，會自然地融入此一大渦漩之中。

　　而中國佛教本身，在中國亦形成次渦漩，在隋、唐
後期，幾乎代替中國之主流；但自宋、明以後，卻又回
到了中國文化思想之大渦漩中。

　　次渦漩之佛教本身，又附屬若干小渦漩，諸如佛教
之文學、藝術及其宗教儀規等。這些小渦漩又隨著佛教
次渦漩而發生變化。

　　因之，我們可以說，在中國之石刻、壁畫保持印度
風格與變文前之中國佛學是相一致的；變相圖與變文、
俗講是一致的；空靈之文學作品與般若弘法時代是相一
致的；禪詩、禪畫與中國禪宗盛行時代是相一致的；以
佛教思想爲主題之創作小說與佛教普遍民間化是一致
的。這也就是佛教中國化之具體過程。

　　佛教只是中國文化之次渦漩。佛教中國化，反之，

亦是中國文化部分之佛教化。一切大小渦漩一旦匯入主渦漩，都無涇渭之分，都是大中華民族的文化思想。

　　爲了回顧歷史，我們探討「佛教中國化之過程」；佛教中國化之後，就是中華文化生命之共同體。

　　我們是爲了認知佛教中國化，就是中華文化生命之共同體，而創造中華文化繼起之生命；並不是研究「佛教中國化」，而分化中國文化與佛教。中國將來還會匯入更多之新思想、新文化；以及中國現實極端之複雜問題都應作如是觀。

　　（本文曾在「佛教與中國文化國際學術會議」中發表）

漢傳佛教在隋唐時代形成了
亞洲新的文化運動

提　要

　　印度佛教傳來中國，經過六百年的迎、拒，孕育、消化，而形成中國文化要素之一。到了隋唐時代，政治、經濟、文化之發展與佛教的興盛互為表裡。即是說：在那個時代，佛教豐富了中國文化，而那個時代的政治、經濟、國防力量，也使得佛教在中國成為根植文化；也使佛教與中國文化能向亞洲移植，造成亞洲一種新的文化運動。

　　以下我們分東北亞的朝鮮半島與日本，南詔與南亞，中原文化向中亞反哺，及吐蕃與唐之關係四個方向提出報告。至於北方部族與中原政權在塞北內外與中亞先後之爭戰互有得失，但他們大多為中原王朝保留了中亞地區的宗主權，他們對中西文化交通具有很大的貢獻，否則，清末在新疆之設治是不可能的，所以說漢傳佛教之興盛，北方部族大、小政權，都是有貢獻的。

　　茲引日本佛教學者村上專精《日本佛教史綱·總論》中的一段話：「在古代，朝鮮、中國以及遠如印度的文化傳到我國，當時許多高僧大德為了弘布佛法托身萬里波濤而特地來到我國；此外的高僧也很少不是外國移民的子孫。這些人親自承擔社會教化的責任，致力於

移植外國的文明，直接地影響到建築、繪畫、雕刻、醫術、曆算等方面，並且間接地影響到政治，從推古朝的制度設施直到『大化革新』，無一不是佛教影響的結果。」❶對中國鄰近國家亦無例外，只有影響之深淺而已。

關鍵詞：漢傳佛教、隋唐、亞洲、吐蕃

---

❶ 村上專精著，楊曾文譯，《日本佛教史綱》，北京：商務印書館，1981年，頁3。

一、在東北亞的影響

中國殷商時代的箕子到朝鮮半島殖民以來，與中國歷代均有關係：

武王勝殷，繼公子祿父，……釋箕子之囚，箕子不忍周之釋，走之朝鮮。武王聞之，因以朝鮮封之。❷

武王既克殷，訪問箕子，……於是武王乃封箕子於朝鮮而不臣也。❸

殷道衰，箕子去之朝鮮，教其民以禮義、田蠶、織作，……可貴哉！仁賢之化也。❹

除「檀君朝鮮」外，古朝鮮的統治者大都來自中國，至少在商朝、周朝之交替期，中、韓已進行文化交流，而官方之交流也在戰國中期：

---

❷ 李學勤編，《十三經注疏・尚書正義》卷12，北京：北京大學出版社，2000年，頁296。

❸ 瀧川龜太郎，《史記會注考證》卷38，臺北：萬卷樓圖書有限公司，1993年，頁610-613。

❹ 班固，《漢書・地理志》卷28下，北京：團結出版社，1996年，頁302。

　　昔箕子之后朝鮮侯，見周衰，燕自尊為王，欲東
略地，朝鮮侯亦自稱為王，欲興兵逆擊燕，以尊周
室，其大夫禮諫之，乃止。使禮西說燕，燕止之，
不攻。後子孫稍驕虐，燕乃遣將秦開攻其西方，取
地二千餘里。❺

　　至衛滿孫右渠時，不來朝漢，又阻鄰部落與通使，
漢武帝怒，元封二年（西元前 109）以海、陸兩路出兵
朝鮮，滅衛氏政權，將其領地設眞番、臨屯、樂浪、玄
菟四郡。其半島南方也存在一部落聯盟之古老民族，稱
「馬、辰、卉三韓」從其地下所發現之鐵刀、石器等尚
在金石並用之時代。其石墓為棋盤式可知與山東半島之
文化密切。後來三韓發展為新羅、百濟、高句麗（高
麗）三國鼎立時期。❻

　　漢宣帝五鳳元年（西元前 57）新羅赫居世王立，
二十年後（西元前 77）高句麗建國，四十年後（117）

---

❺　參見裴松之注，陳壽撰，《三國志》，武漢：崇文書局，2009 年，頁
　　385。引《韓傳》片斷。
❻　參見楊通方，〈周漢時期中國與古朝鮮的關係〉，收入北京大學韓國學研
　　究中心編，《韓國學論文集》第 4 輯，北京：社會科學文獻出版社，1995
　　年，頁 126-132。

百濟立國。

　　直至抗日戰爭，朝鮮人民在中國組織臨時政府，二戰後日本投降，在中華民國軍事學校畢業的軍官送回韓國重建其軍事機構。韓國留亡青年選入成都陸軍官學校二十二、二十三期學生，原擬派到鳳山第四軍官訓練擔任隊職官，後來因南北韓對峙緊張應召返回南韓。

　　在抗日初期，大後方中國國民政府大為宣傳「馬占山是東北義勇軍抗日英雄」，後來又嚴禁類似宣傳，因已經查出他多受中共及北韓金日成的影響，此為筆者親身經歷之事。可見自始至終，中國與東北亞比鄰，無論在文化、經濟、政治上，都有密切的關係。因為高麗是中原文化輸入日本初期的轉運站。

　　西元三、四世紀，在此一半島上興起高句麗、百濟、新羅三國。經過百多年三國的相互競爭、戰爭兼併，到七世紀中葉，新羅國在中國唐王朝支持下吞滅了高句麗、百濟兩國，建立了統一的新羅王朝。中國文化一直存續在朝鮮半島上，甚至其佛教興盛時期以前，半島也無文化，《高麗大藏》完全使用漢文，所以無論是中國文化，中國的佛教都是經由其為中介傳入日本。

　　據高麗一然大師《三國遺事》卷三：高句麗小獸林王二年（372），中國北方前秦符堅派遣使者和僧人順

道到高句麗送去佛經、佛像，小獸林王四年（374），
「前秦是五胡十六國時期『胡人』建立的政權，……
借助佛教的教義以及說教的方式和神奇的法術，以增
強其戰勝對手、統一天下的信心和勇氣。……佛教爲他
們提供了入主中原的合理解釋和依據。」❼晉代僧人阿
道到高麗傳教。王爲順道建省門寺（今興國寺），爲阿
道建伊弗蘭寺，這是佛教傳入朝鮮之始，廣開土王三年
（394）在平壤建寺九所。❽

　　佛教傳入百濟是枕流王元年（384），東晉胡僧摩
羅難陀到達百濟，被迎入宮中受到禮遇，次年在漢山州
創立佛寺度僧十人。新羅位於半島東南部，北邊須經高
句麗與中國北方接觸，其西與百濟相接，通往中國南方
的水路則經常受到百濟的阻撓。所以佛教傳入較晚。❾

　　《三國遺事》卷三：新羅十九代納祇王（417－
457）在位時，沙門墨胡子從高句麗到新羅，住於一善
郡王府家，最早信仰佛法；此後又有我道帶其弟子前來

---

❼　何勁松，《韓國佛教史》卷上，北京：宗教文化出版社，1997年，頁
　　20。
❽　參見《三國史記》及《海東高僧傳》。
❾　《三國史記》、《海東高僧傳》、《三國遺事》三者所證基本相同。《海東高
　　僧傳》較爲詳細。

傳法，到二十四代法興王（516－539）在位，佛教已有很大發展，於慶州建寺七所。由於地理環境關係，該半島三國佛教，高句麗與中國北方王朝關係最為密切；而百濟、新羅則受中國南方王朝影響較大。高句麗的佛教傳入比百濟早十二年，但高句麗是承傳中國北方的佛教；而百濟多承傳中國南方的佛教。❿

統一三國的新羅法興王在位第十六年（529）下詔禁殺生，二十一年（534）建興輪寺，二十三年（536）令全國正式弘揚佛教，同年首建年號稱「建元元年」法興王的法號稱「法空」，接位的眞興王（540－575）創立法住寺、皇龍寺，召信眾講說孝悌忠信，從信眾中選出美貌優秀的女信徒稱「原花」，英俊優秀男信徒稱「花郎」，這種制度與後來彌勒信仰相結合，佛教更加興盛。

傳至眞平王七年（585）是中國六朝時代送僧智到陳朝，十一年後有圓光法師到陳，十六年（594）曇育到隋；此外更有覺德、明觀、無相、智明、安含、勝詮、義湘、惠通等名僧來中國留學；遠至天竺者有惠業、惠輪、求平、玄煦、玄恪、玄遊、玄泰、無漏等。當新羅的國王僧侶求法，弘法都是爲了以佛法強國，

---

❿　參見《三國史記·新國本記》。

爲王權效力，如圓光法師爲貴山、蒂項兩位賢士說「五
戒」曰：「事君以忠、事親以孝、交友有信、臨戰不
退、殺生有擇。」已非佛法五戒，可稱俗世，政權之
五戒。

　　直到眞德女王四年（650）元曉與義湘相約到中國
求法，中夜到遼東一山洞，飲用洞中水，美如甘露，次
晨見水底有髑髏剎那嘔吞難忍，頓時得悟：「心生則種
種法生；心滅則種種法滅。」即取道歸國，於文武王
（661－680）時以芬皇寺爲根本道觀，建立華嚴宗，主
張佛教唯有宗別，並無勝劣之分。而義湘未改初衷前往
中國，又於文武王元年（661）再度入唐，到終南山至
相寺從師智儼學法，於文武王十一年（671）回國，在
浮石寺爲本山，講華嚴學，信眾極多，以「湘門十德」
最爲有名，另有華嚴九寺，合稱十寺，特別強調《華嚴
經》之優異。兩人華嚴學的興起也使佛法之正義悲心濟
世始行於新羅。❶如根據末木文美士《日本佛教史》，
則佛教併入朝鮮三國之時間稍異。❷

---

❶ 摘自愛岩顯昌著，轉瑜譯，《韓國佛教史》第 2 章，高雄：佛光出版社，
　 1989年。關於義湘入唐事蹟，參見何勁松，《韓國佛教史》，頁 180-206。
❷ 末木文美士著，涂玉盞譯，《日本佛教史》，臺北：商周出版社，2002
　 年，頁 36。

　　從十三世紀初高麗文化進入黑暗時代。高宗王三年
（1216），契丹入侵，請蒙古援救成功，但每年給蒙古
的貢物反而增多，蒙古更以使者返國途中被殺為由，於
高宗王十八年（1231）數度用兵高麗，高麗苦無對策，
「惟有君民協力祈求佛力加被」，於是仿效顯宗王一度
想利用刊行《大藏經》，以靖國難。在高宗王二十四年
（1237）著手再雕《大藏經》版，於三十八年（1251）
完成，總計六千五百二十九卷，八萬一千兩百五十八片
經板；此乃開秦寺的守其大師與三十餘位學僧經十八年
之久的辛勞所成，保存至今完整無缺。這是一件仰仗佛
力的鉅構，也為朝鮮的佛教奠定了穩定的基礎。❸

　　現在我們概括地說朝鮮三國時代佛教都已有了相當
的基礎：

　　1.高句麗來華求法弘法者有僧朗，遼東城人，南
朝齊國時，入華至攝山棲霞寺師事法度，師死繼任該寺
住持。高句麗僧人赴日弘法者有惠便、惠慈、惠隆、曇
征、慧灌等。

　　2.百濟聖王十九年（541）遣使入梁表請《涅槃》
等經，及毛詩博士與工匠畫師等。❹還有道宣《續高僧

---

❸　愛宕顯昌著，轉瑜譯，《韓國佛教史》，頁 35-36。

傳》載，慧顯，百濟人，……以頌《法華》爲業，初住
本國北部修德寺。……後從南方達拿山石窟中，山極深
險，遂終於彼，時年五十八，即貞觀之初年。《三國
遺事》中寫作「曇觀」，兩者內容基本相同。沙門謙
益親赴天竺取經，譯佛典重律部，前已言及，百濟一面
求法，一面向日本弘法，以振國運之衰。玄光，梁天
監中，求中土禪法，觀光陳國於衡山見慧思大師授法華
安樂行門，留華三十餘年不忘桑梓，迅歸東土。⓯繼之
百濟自聖王三十年（553），到歷代國王（577、587、
595、597、601、602），一百多年中對日本弘法上之貢
獻是非常大的。

　　3. 新羅國忙於統一朴、菁、金三姓，無暇吸收佛
法，從五三二至五六二年統一了所有部落，開始與高句
麗、百濟爭戰，五三四年開始建「大王興輪寺」，第二
十四代眞興王（547－575）大興佛法鼓勵百姓作僧尼，
派學僧覺德入華求法，後梁武帝派使者隨同覺德返新羅
送來佛舍利，築新宮後改爲「黃龍寺」。陳文帝遣劉思
出使新羅隨入華求法之學僧明觀攜回佛經兩千一百卷，

⓮ 金富軾，《三國史記》卷 26，首爾：章奎閣藏刊本，頁 8，「聖王 19
　年條」。
⓯ 何勁松，《韓國佛教史》，頁 41-42。

眞興王末年出家自號「法空」以終其身。❶

（一）佛教經高麗傳入日本

　　中、日之交往始於一世紀，但通過朝鮮半島一直在進行，東漢光武帝建武中元二年（57），住於九州的倭奴國遣使奉獻，使者自稱「大夫」，武帝授以印信，復於十八世紀末已在日本福岡縣發現，上刻有「漢委奴國王」五個字，數十年後於安帝永初元年（107）又遣使來獻；魏明帝景初三年（239），倭王卑彌呼遣大夫難外米等人來洛陽，明帝授以「親魏倭王」金印，有魏一朝共通使七次。而南朝宋時與日本大和國之間使節往來有十次之多，加上齊、梁各一次，共有十二次之多。大和國王遣使入貢主要目的是要求封爵，以鞏固自己在國內的統治地位，更重要的是要假借中國朝廷的權威，以取得他在朝鮮南部殖民的統治權。

　　漢文化輸入日本之前，很長一段時期沒有文字，漢文傳入日本應始於授予「漢委奴國王」印璽爲始，即東漢建武中元二年（57）。直到日本平安時代（794－919），才根據漢字楷書偏旁造片假名，擬草書造平假

---

❶　何勁松，《韓國佛教史》，頁 16-17。

名;但純漢字、漢文、漢文化,在日本古代文化中占有重要地位,影響到文化各個方面。早從日本考古墓中,及地下都發掘有中國古代器物。

　　佛教傳入日本,有「公傳」與「私傳」不同的說法。就「公傳」言,目前日本學者多採用欽明天皇戊午年(538)傳入說,由百濟正式向日本傳出佛教。據奈良時代(710-748)成書的《元興寺伽藍緣起》:大倭佛法,創自斯歸嶋官,治天下國案春岐廣庭天皇(即欽明天皇)御世,蘇我大臣稻目宿禰仕奉時治天下七年歲次戊午(2)十二月度來百濟國,其聖明王獻太子像並灌佛之器一具及說佛起(緣)書卷一篋……。

　　佛教「私傳」入日本說,日本十二世紀皇圖《扶桑略記》:在繼體天皇十六年壬寅年(522),有中國人來到日本,結庵供奉佛像。日吉山藥恒法師《法華驗記》云:延曆寺僧禪岑記云:第二十七代繼體天皇即位十六年壬寅,大唐漢人案部村主司馬達止,此年春二月入朝,即結草堂於大和國高市郡秋田原,安置本尊,皈依禮拜。舉世皆云:是大唐神之出爲緣起,……然而非(未)流布。❼

---

❼ 《日本朝鮮通史》:百濟國聖明王四年(523)謙益法師入天竺,攜回律部

　　中、日交通後，日本陸續在進步變化之中。西元前後，隨著與中國交往增多，先進之中國生產技術、文化傳入日本，鐵器取代了其石器，農耕擴展到日本東北地區；一、二世紀，日本出現了許多部落和部落聯盟，中國史書記載：漢時，日本有「百餘國」，到東漢魏時與中國有使節往來者有三十餘國；二世紀以後，日本有兩個較大的部落聯盟：一在九州北部，中國史稱「邪馬臺」；一個在本州道畿以奈良爲中心地區，稱「大和國」。

　　邪馬臺國以男子爲王，在二世紀《後漢書・東夷傳》謂：在東漢桓、靈二帝間，邪馬臺內亂，「乃另立一女子爲王，名『卑彌呼』，事鬼道能惑眾，因年事大，無夫婿，有男弟佐（以）治國」，設有行政制度。照日本史分期，是「彌生時代」之後期。此一時期之後期，發掘了銅鏡、銅劍、玉器等，來自中國有二十多枚。

　　《三國志・魏志・倭人傳》：「女王卑彌呼死，殉

並伴天竺僧倍達多回國，爲百濟律宗宗師。聖明王三十年（552）送佛像經卷給日本欽明天皇並記入其「國書」：是法諸法中最勝。周公、孔子莫能知，會生無量福德，成熟無上菩提。（愛宕顯昌著，轉瑜譯，《韓國佛教史》，頁 7-8）

葬奴婢百餘人。新立男王，『國中不服』千餘人，改立卑彌呼宗女爲王（臺）。」到三世紀，邪馬臺國史書則缺載。

另一大和國在京畿地區，即今大秖、京都、奈良等地。約在三世紀中葉，建立了如同邪馬臺那樣的部落聯盟，不斷擴張到了四世紀前半期，統一了北九州更擴延到關東。擬現存吉林省集安縣的高句麗國王《廣開土王碑》記載：四世紀，大和國已把擴張的觸角伸到朝鮮半島。三九九年攻入新羅國，直到六世紀日本古墓中掘出三百多枚三角緣神獸鏡、神像、龍虎花紋等，是東渡日本的中國工匠在日本製作的。也把在朝鮮擴張過程中的大量農民、手工業工人帶回日本。

大和國所統治之小邦稱大和國王爲「大王」，到七世紀改稱「天皇」，六、七世紀已進入日本古墳晚期。佛教就於此一期間傳入日本。此時日本國仍處於帶有民族制，血緣關係不發達的奴隸制度，國內分革新與傳統兩派：蘇我氏統率中國移民秦氏，東西文氏管理齋藏、內藏，大藏對大陸文化比較了解，主張仿效中國，支持佛教流行；物部氏管理軍事、刑獄，與其同派之中臣氏掌祭祀，主張仍奉敬「國神」，反對佛教傳播。

欽明天皇接受了蘇我氏意見，讓其「先奉佛法，看

其效應」。物部氏、中臣氏拉開了反佛教的爭鬥。《日本書記》卷十九：蘇我氏把佛像安置在「小墾田」的家中，後又建「向原寺」。不幸，日本發生流行病，病死者眾，物部氏與中臣氏聯合上書，罷除佛教，天皇准奏，把佛像投至「難波的堀江」中。據《上官聖德法王帝說》，欽明天皇三十一年（570），蘇我氏去世。

　　《日本書記》卷二十：敏達天皇十四年（585），蘇我稻月之子蘇我馬子有病，得天皇允許，供奉百濟所獻佛像和彌勒像乞延壽命，乃至皇室貴族，愈來愈多的人信奉佛教。❸《日本書記》卷二十一：用明天皇（587年）生病命群臣，表示信佛教；而大連物部守屋和連中臣勝海反對，而蘇我馬子堅決支持，於是天皇庶弟引豐國法師入宮傳法。許願：如天皇病癒而建寺，造像。據說即法隆寺，司馬達之子鞍部多須奈許願為天皇病癒而出家，並願造丈六佛像，即南淵垢田寺佛像。

　　但用明天皇就在同年（587）死去，為皇位繼承問題發生激烈爭鬥。大臣蘇我馬子聯合泊瀨部皇子、竹田皇子、廄戶皇子率軍消滅了物部守屋，擁立泊瀨皇子即

---

❸　於前一年（584）蘇我馬子拜還俗的高麗僧惠便為師。（愛宕顯昌著，轉瑜譯，《韓國佛教史》，頁7）

崇峻天皇。大權落到蘇我馬子手中，崇峻天皇對其蠻橫十分痛恨，馬子就派人殺了天皇，另立他自己的外甥女，豐御食炊屋姬爲帝，即推古天皇元年（593），任命用明天皇第二子聖德太子（574－622）攝政。「總攝萬機，行天皇事」，推行「大化革新」，奠定了政治基礎。《日本書記》卷二十二：高麗僧惠慈歸化，則皇太子師之高句麗慧灌曾學於隋之嘉祥大師，又東渡日本爲僧正，❶與慧聰致力傳布佛法；又向覺哿學外典儒、道之漢學，積極推動中國先進文化，強化中央集權，派使臣與中國直接往來，興隆三寶佛教。內政以中國德、仁、義、禮、智、信六項德目，各德目又分大、小，於是有十二階位；每一階位又分紫、青、赤、黃、白、黑六色。如德位以大紫色爲冠表最高之位，……以削弱世襲制，改爲中央集權。

推古天皇十二年（604），制訂十七條成文法：根據大野之助《新稿日本佛教思想史》第二章第二節指出：在此「成文法」中，涉及全漢學《詩經》、《尚書》、《孝經》、《論語》、《禮記》、《孟子》等經書，《左傳》、《史記》、《漢書》等史書，以及《管

---

❶ 同前註。

子》、《墨子》、《莊子》、《韓非子》諸子書，還有
《昭明文選》。可以看出七世紀中國文化，對聖德太子
及日本當時之影響。❷

（二）漢傳佛教對日本之影響

聖德太子死後，日本朝政被蘇我氏壟斷，與皇室之
間、貴族之間產生分裂，皇極天皇四年（645），中大
兄皇子聯合中臣鎌足等殺死蘇我入鹿，迫使其父蘇我蝦
夷自殺，政變成功擁立中大兄皇子的舅父輕皇子即位，
稱孝德天皇。接著在日本第一次設年號稱「大化」，大
化二年（646）發布革新詔書，實施革新。經過長期改
革文武諸朝，約七世紀中葉到八世紀，才有以天皇為首
的中央集權和封建的社會制度。

在日本史上，一般把推古天皇稱為飛鳥時代；把從
大化革新至遷都奈良稱為白鳳時代（645－710）。佛
教已在日本社會立足，在朝廷支持下有了更大之進展。
《日本書記》卷二十五：日本的高麗僧慧灌及福亮、
惠雲、常安、靈雲、惠至等法師，寺主僧旻、道登、
惠鄰、惠妙（惠隱）合為十師，在此十師中，僧旻、惠

---

❷ 末木文美士著，涂玉盞譯，《日本佛教史》，頁37。

雲、常安、靈雲等都曾到中國留學；又僧旻於聖德太子攝政時期，隨小野妹子第二次入唐，長居中國二十五年。孝德皇帝詔令此十師，擔當佛教領導之重任。造寺、造像、講經、設僧官制。❹

在隋唐長期留學的日本留學生中，在大化革新過程裡，協助日本建立了神祇太政二官制，建立八省制。即：中務省經務朝政，式部省任免官吏，治部省主禮儀、外交、僧尼管理，民部省管戶籍民政，又有兵部省，刑部省，大藏省管財政，宮內省管官田、官營手工業。又設一臺，管對官員之彈劾。❷

總之，日本的大化革新，不論在經濟、政治、文化、教育，……各方面都有很大的影響。而漢文化從紀元初，幾乎都有中、日人民之接觸，直到佛教傳到日本，漢文化對日本的影響才發揮到鼎盛時代，漢傳佛教對日本的大化革新可算「漢文化傳入日本、朝鮮臨門一

❹ 藍吉富，《認識日本佛教》，臺北：全佛文化，2007 年，頁 14。他推定之飛鳥時代為西元五九三至七一〇年、奈良時代為七一〇至七九四年，與楊曾文教授《日本佛教史》之五九三至六四六年、六四五至七一〇年，兩者在年代上相差甚大，筆者昧於日本佛教史，特註明。藍教授一書特別著重日本佛教各宗之寺廟文物、教學特色等介紹。
❷ 至於隋唐的佛教宗派在日本的興起與發展，參見末木文美士著，涂玉盞譯，《日本佛教史》；在韓國興起發展，參見何勁松，《韓國佛教史》，愛宕顯昌著，轉瑜譯，《韓國佛教史》；因篇幅所限不能多贅。

腳」的關鍵所在。❷

二、對南詔、南亞文化的影響

南詔，大理在漢唐時代，尚未能納爲統治地，但其
文化仍受其影響。南詔白族的「本主」崇拜雖是其社會
發展之產物，但也應納入中華文化體系中加以考察，因
爲儒、釋、道在南詔都表現了空前的興盛。

南詔統一六詔建國，得力於唐朝的支持，故受唐影
響很大：「賜孔子之詩書，頒周公之禮樂。」❷

唐貞元十年（794）與唐訂立盟約，唐許南詔太子
入唐太學。❷《蠻書》載有：南詔製鹽如漢法，衣服略
與漢同，有關節日、建築乃至殯葬悉依漢法爲墓。❷會
昌法難（845）大批蜀僧進入，到了大理國時期與中原
政權交往較少，但段氏政權仍繼承南詔發展佛教與儒家
思想。❷

---

❷ 以上主要參考楊曾文，《日本佛教史》，杭州：浙江人民出版社，
1995 年。

❷ 牛叢，《報坦綽書》，收入袁正遠、趙鴻輯，《唐文雲南史料輯抄》，昆
明：雲南人民出版社，1989 年，頁 190。

❷ 同前註，頁 191。

❷ 趙呂甫，《雲南誌校釋》，北京：中國社會科學出版社，1985 年，頁 263-
296。

❷ 繆坤和，〈大理國主體文化的內涵及特點〉，《思想戰線》1998 年第 8

甚至所謂「阿吒力教」，從其經典、法事、儀式來
看，其實是明初朱元璋將佛教三分傳入雲南的「教」，
是赴法應世俗法事儀式的「應赴僧」。❷

（一）大理國之密教

大理繼南詔之後，與中原政權相違，自唐開元二
年前後佛教傳入南詔，即以西藏密教為主流，已超越唐
代輸入之佛教。「羅剎（Raksas）」原本於印度古代神
話，為施毒的惡魔之一，尤其暗喻昔日的楞伽島（今斯
里蘭卡）人，觀音代表密教，羅剎代表巫教，早在西藏
兩者之信仰已極為兩極；但傳到大理，巫教代表被奉為
羅剎的希老（覡爸），轉信密教。

關於阿吒力教的論述，學者間有不同看法：

1. 藍吉富教授認為它是一種雜密，成分甚濃，強調
祭祀儀式；是顯、密雙修，成阿吒力，必須接受雜密灌
頂，依循其經典、儀軌，佛教教義主要來自中國漢地。
除了大灌頂儀式是摩加國三藏贊那屈多譯之外，其餘來

期，頁 64-69。

❷ 侯俊，〈雲南阿吒力教經典及其在中國佛教研究中的價值〉，收入方廣錩
主編，《藏外佛教文獻》第 6 輯，北京：宗教文化出版社，1998 年，頁
389-400。

源均出自中國。㉙

2. 李玉峰教授認爲根據雲南地方文物考察「大理佛教很少能是從中原傳入，最直接是由四川傳入，雖然大家一直在強調其密教色彩；但似乎在大理沒有發現眞正宗教師出現；可是它之密教色彩已不是中原三大士的密教血統，已受地方色彩的改變，可能只用（中原）密教的圖像法器而已。㉚此外，現今雲南沙溪所演之戲目也同中原唐、宋歷史，尤其在石寶山之古寺所供奉之菩薩、佛相，多同中原寺廟。㉛

3. 方國瑜先生說，阿吒力應當即梵語 Ācārya 的譯音。

4. 侯沖教授說，阿闍黎是梵文 Ācārya 的音譯，譯音無定制，異譯爲阿吒力也是可能的；但阿吒力最早是在明永樂年間的大理碑刻中出現，作「阿拶哩」；《景泰雲南圖經》中記作「阿吒力」。或說都是出自《白古通記》，但該經並不可信。

㉙ 參見藍吉富編，《雲南大理佛教論文集》，高雄：佛光出版社，1991 年，頁 150-170。
㉚ 參見藍吉富編，《雲南大理佛教論文集》，高雄：佛光出版社，1991 年，頁 241-242。
㉛ 參見佛光電視台《走遍中國》專輯紀錄片。

　　此外，關於南詔之崖墓石像。大約在東漢末朝雕刻
的麻浩崖墓門楣上的坐佛像，以及彭山東漢崖墓出土搖
錢樹座上的一佛、二菩薩是我國已知的最早佛教造像。
自長江上游大渡河以南的昭覺、劍川，唐後期屬於南詔
國（738－902），兩地石窟造像也多屬南詔國時期。在
四川昭覺西六十公里處的博什瓦黑南坡，有一片南詔、
大理之交留下的佛教刻石造像畫面共二十六幅，面積約
四百四十平方米，分別刻在十六塊岩石上，內容有佛涅
槃像、釋迦坐像、觀音、天王、明王、菩薩，供養人像
等屬密宗題材。一塊石面上的陰刻紋《出行圖》，前行
二人戴花瓣式之高冠像是前導官，後面二人戴幞頭，衣
衫窄小是僕從，隊列右側二犬相隨，其中一隻是獅子
狗，表現了地方王族生活。其佛教刻石題材、風格、供
養人服飾等，都與唐、宋時期的漢地相似，顯示著中古
末期邊陲宗教藝術風格對內地的認同。㉜

　　綜合我們對雲南地方，尤其是對《白古通記》的
研究，和對阿吒力教經典之研究做出下列結論：唐代
佛教傳入南詔，因其地方宗教信仰，佛教多所修正，

㉜　參見張弓，《漢唐佛寺文化史》，北京：中國社會科學出版社，1997年，
　　頁 593-611。

到宋、明以後地方信仰更隆，所以阿吒力教從明初傳入
雲南大理，也即該地流傳的佛教中的「應赴僧」。「應
佛僧」，也即是明洪武十五年「將佛教三分之禪、講
（懺）、教的教」，明、清至今阿吒力和應赴僧，都是
以經懺科儀爲法事活動；諸如爲齋主超度亡人、祈福消
災，慶祝其「本祖」聖誕及開光等。

　　以前應赴僧由僧人充任，不排斥僧人有家室；現在
已無這種僧人，是受過菩薩戒的居士，或受過僧戒者爲
阿吒力。❸

（二）對南亞之影響
1. 隋唐遣使南亞

　　隋煬帝遣使西域，《隋書・西域傳》云：「遣侍
御史韋節，司隸從事杜行滿使於西蕃諸國。至罽賓得瑪
瑙杯；王舍城得佛經。」舊、新《唐書》、《通典》
云：隋唐與南亞諸國官方接觸尤繁。計「貞觀十五年
（641），天竺人自稱爲摩伽陀王之遣使尸羅逸多來
貢，太宗厚贈其使，從遣衛丞李義表回報」；「貞觀十

---

❸　侯沖，《雲南與巴蜀佛教研究論稿》，北京：宗教文化出版社，2006年，
　　頁242-244。本節討論多摘錄自此書。

九年前後，太宗遣王玄策招撫天竺四國及玄奘將梵本佛典六百餘部而歸」。

王玄策爲天竺所攄，泥婆羅（尼泊爾）發騎兵與吐蕃共破天竺有功，永徽二年（651），天竺王又遣使朝貢。貞觀十一年（637），貞觀十六年（642），顯慶三年（658），開元七年（719），開元二十七年（739），天寶四年（745），先後有罽賓（今阿富汗）遣使來朝。

迦濕彌羅（今克什米爾）先後於開元八年（720）、二十一年（733）遣使來朝。還有大小勃律（Bolor，今屬巴基斯坦），於開元八年（720），冊立其王蘇麟陀逸爲「勃律王」；開元初小勃律王亡謹忙來朝，玄宗以「兒子」畜之，以其地方爲「綏遠軍……詔策爲小勃律王」，經天寶六載，因蘇失利另立爲王，爲吐蕃所控制不朝，乃詔高仙芝伐之，執其王及婦至京師，改其國爲「歸仁」，設歸仁軍。（以上均見《西域傳》）

2. 唐代與南亞科技交流

自漢、魏晉、南北朝以來，印度佛教經典中之有關科技亦隨之傳來，中國佛教僧侶只顧及到「義學」，而少涉科技，科技則爲官方或民間科技人士所留心、研

究。印度教的婆羅門，印度各宗教之僧侶，包括佛教在內，他們都必須研究「五明」，所以到中國來傳佛教的印度周邊僧侶，大都會天文、曆算、醫術，到了隋唐，對於印度佛教文化可算已孕育完成，進入消化應用期。

《新唐書》卷二十六〈曆二〉：高宗時《戊寅曆》，益疏，淳風作《甲子元曆》以獻。詔太史起麟德二年（665）頒用，謂之《麟德曆》，……開元九年（721），《麟德曆》署日蝕比不效，詔僧一行作新曆，……一行是唐代著名科學家，復拜普寂為師出家，又拜不空金剛學密法，睿宗、玄宗請入內集賢院，詔住興唐寺，著《開元大衍曆》五十二卷，《宿曜儀軌》、《七曜星辰別行法》、《北斗七星護摩法》及《梵天火羅九曜》各一卷。❸❹佛陀本家瞿曇家族，族人中有五代人先後在唐任職，瞿曇羅在高宗麟德二年（665）已是司天台的太史令，到武后神功二年（698），作《光宅曆》，至少任職已三十四年，其墓誌銘記載他是皇朝太中大夫，司津監，贈太子僕。❸❺

《新唐書》卷二十八〈曆四〉：《九執曆》出於西

---

❸❹　參見《宋高僧傳·一行傳》。

❸❺　參見《舊唐書·曆志》。

域，其計算皆以字書之，不用籌策（籌碼、珠算），亦即依 0 至 9 阿拉伯數字，完成印度人首先的發明，來運算天文、事物。「曾以一象限爲 90 度，每度 60 分；並將一象限分爲三相，每相爲 30 度，內分 8 段，如此每段爲三度 45 分，或 225 分，而每象限 24 段。」

「假定第一段 3 度 45 分，對角線（句）之值爲 225（內帶弦或半徑的分母，以後各段都帶此分母），因此形成各角度的正弦數值，……其內各值與現代三角函數表，實際數值比較稍有出入，尚不超過 0.0002。」❸⑥可見印度三角函數表，在唐代已傳入我國。

印度的「醫方明」在醫、藥上，在《高僧傳》中舉出了很多來華之印度高僧，也長於醫術、藥學，也載明很多佛教經典，也有醫、藥方面的知識文獻，對於中國醫、藥歷史上也有很大影響：

晉代葛洪曾編有《肘後救卒方》三卷，到南梁時，陶弘景加以增補，名爲《補闕肘後百一方》。他少讀葛洪《神仙傳》，十九歲爲官，四十一歲辭官，受正戒皈依佛門，他的《百一方》都是引用佛典中之「醫方明」

---

❸⑥ 參見李儼，《中國古代數學史料》，上海：中國科學圖書儀器公司，1954 年，頁 176。

而成的。

據《舊唐書》本傳，孫思邈弱冠喜讀老莊，兼加釋典。他著有《千金要方》、《千金翼方》，他依佛經，人為地、水、火、風四大所組成，四大和順，則健康；若互有盈虛，則體衰弱。

據《新唐書》本傳，晚於孫思邈的另一唐代醫藥學家王燾，出身於仕宦之家，曾為官，數從高醫遊，因以所學著書《外台祕要》。成書於天寶十一年（752），集前人六十九家醫方成四十九卷，具六千餘方，介紹很多南亞的醫藥知識。

此外，唐、宋時代僧侶關心醫、藥的著作：如義淨的《南海寄歸內法傳》配合佛教戒律撰寫了四十個問題，關於衛生保健、醫藥治病。他又譯《根本說一切有部毗奈耶藥事》及《根本說一切有部百一羯磨》；宋法賢譯《救療小兒疾病經》及《迦葉仙人說醫女人經》等。

在建築方面，據《高僧傳》卷一，《攝摩騰傳》，漢明帝時自天竺到洛陽西門外立精舍，即白馬寺，應是鴻臚寺改建而成，所以《魏書》卷一一四《釋老志》：「白馬寺盛飾佛圖，畫跡甚妙，……凡宮塔制度，猶依天竺舊狀而重構之，從一級至三、五、七、九，世人相

承，謂之浮圖。」尼泊爾的白塔式之寶塔，在五台山、北京之妙應寺、北海的白塔，都有相似之風格。印度、尼泊爾之佛塔是紀念、崇拜用的，而中國之佛塔演變成高矗的寶塔，雖供崇拜也用作鎮壓寺廟風水及紀念等作用。

唐代寺廟規模較大，多以凹字形，中爲主殿、兩邊爲配殿，盛唐以後成院落式。由之塔寺分離，所以中國民間房屋亦採用凹字形，乃至院落。到了宋代有三道門，現存河北正定隆興寺，即是一例證，建築具有縱深，可能是仿山東泰山孔廟格式而成，其實，北京元、明、清三朝之紫禁城，未嘗不是宋式寺廟建築模式之擴大。

3. 對音韻、文學之影響

音韻爲文學、戲劇、舞蹈之源泉，鳩摩羅什著有《通韻》之《悉談（檀）章》中的內容是印度聲（韻）明學爲最初課本。印度音韻、聲明，遠自《蘇摩吠陀經》時代，傳到中國有沈約、謝靈運、慧叡、周頡，乃至日本僧人安然對音韻、聲明學在中、日發展均有貢獻，然後才有唐詩、宋詞、元曲，明、清之《西遊記》、《紅樓夢》等大部文學作品。

在文學思想之傳入，首爲佛陀傳記的《佛所行

讚》、《佛本生經》、《百喻經》等。佛傳傳到中國，
如謝靈運一批文學家，轉變到遊記、山水文學，法顯乃
至玄奘的《西域記》都受其影響。《洛陽伽藍記》都是
極好的文學作品，皆具有寫實作用。中國人是一個務實
的民族，連文學也是首在寫實。

　　《百喻經》之寓言，到了中國魏晉南北朝時代，
形成志怪文學，雖有了一些想像力，但多不了解印度佛
教《譬喻經》的深義。例如《舊雜譬喻經》有一則「梵
志吐壺」的故事：說古代有一國家的王太子，看見母后
（也許是后妃）態度「輕浮」，心理不屑離宮出走，以
求清淨。在山中遇一梵志在他面前做一幻術，從其口中
吐出一壺，壺中有一女人，梵志即睡去；此女人亦吐出
一壺，壺中有一少年，與該女共（淫）樂。事後女人將
少年收入壺中，將壺吞下。梵志亦醒來，將女子收入壺
中，又將壺吞下。從現象上看，當然是一志怪故事。但
其深義是梵志與壺中女人的兩支壺，壺代表的是「眾生
心」。《維摩經》中說「心淨則佛土淨」，梵志意在告
訴此王子，雖其母后（妃）妖嬈，只要自己心淨，又何
必出宮求取清淨？

　　佛教大乘經，幾乎都是以戲劇方式表現的，先說
明時間、地點、人物、背景，然後才有劇中人物一一呈

現，演繹佛教經典的要義，可說是「境由心造」，一切法空。

所以一切佛教譬喻、經典，乃至中國歷代名著諸如《西廂記》、《鏡花緣》、《紅樓夢》等，其深義都可用《梵志吐壺》的故事去加以詮釋。

漢之「建安文學」學習了民歌的創作精神；兩晉及南北朝玄學風幾乎為貴族所作，內容極為貧乏；兩晉為遊仙文學；梁陳即宮體文學，內容都是貴族生活；六朝詩人只有陶潛等少數人出身貧窮，具有現實社會色彩；到了唐朝，有名作家大半出自民間，都有豐富的社會生活與體驗，如李白、杜甫、韓愈、柳宗元、元稹、白居易等，都是從流浪、奮鬥中出來的；加之唐代之科舉考試，打破了門閥世襲；而且唐代皇帝多愛文學，太宗開放文學館。高宗、武后好樂舞，中宗君臣賦詩宴樂，玄宗自己是詩人、是樂師兼優伶。白居易死，宣宗以詩追悼：

綴玉聯珠六十年，誰教冥路作詩仙；浮雲不繫名居易，造化無為字樂天。

童子解吟長恨曲，胡兒能唱琵琶篇，文章已滿行人耳，一度思卿一愴然。

　　其實中國文學遠自《詩經》、《山海經》、《水經注》等地理著述；才有兩晉山水遊記；東魏楊衒之的《洛陽伽藍記》；發展到佛教僧侶之法顯、玄奘、義淨等遊記名著。

　　到了唐代佛教義學發展成熟，宗派先後成立使佛教僧侶更深入經藏，初唐沙門玄應自貞觀十九年起（645－656），在慈恩寺參譯佛經，著《大唐眾經音義》；智騫撰《眾經音》和《蒼雅字苑》；法藏弟子慧苑撰《新譯大方廣佛華嚴經音義》二卷。中唐大文字學家慧琳（737－820）疏勒國人，是不空三藏弟子，精於印度聲明及支那音韻，在西明寺二十餘年（783－807）撰《一切經音義》。義淨著《梵唐千字文》，漢梵對照，是傳習梵語的標準《唐梵語樣》；釋全真著《唐梵文字》一卷，將義淨《梵唐千字文》拆解爲梵漢的單詞，又增梵漢對照密教語詞，爲瑜伽密教的《語樣》。智廣又著《悉曇字記》，他與道一（709－788）同時，在其自記傳習《悉曇字記》稱：「『南天竺般若菩提《悉曇》』。般若菩提『自南海而謁五臺』，傳其師般若瞿沙的字學，智廣從其受學。他將般若菩提所出，『研審翻注，即其杼軸，科以成章』，成《悉曇字記》。」❸

4. 盛唐以後釋、道、儒之會通

神清（756？－814）於大曆（766－779）中受戒於綿州（今四川綿陽）開元寺，貞元年間（785－804）詣上都，入內供奉，援儒、道入佛，著《北山參玄語錄》十六篇：

> 古者黃帝晝寢，夢遊「華胥氏」之國，不知斯齊國幾千萬里，蓋非舟車足力之所及，其國無師長，自然而智，……不知背逆，不知向順，故無利害。……怡然自得。吾考思其國，若北鬱（北俱盧洲）之天下也，居九圍之外，在瀛海之中，……故神所遊焉。……
>
> 夫欲絢美玄黃，先潔其素；欲涉道德，先履仁義。故大聖遺法二千年，而中華之人，以先有孔、老虛無仁智，而後識精真之教。……四夷之人，非二教（儒、道）所罩，於今猶不能齋戒，……故釋教籍二教，以為前驅也。

北宋熙寧元年（1068），邱浚著〈「北山參玄語

---

❸ 張弓，《漢唐佛寺文化史》，頁 713-726。

錄」後序〉，比喻爲：會粹百家之州府，天下文林之巨
壑，兩百年間無一大儒能加疵詬。喻神清爲釋門之韓
愈，韓愈爲唐儒「文起八代之衰」，宋人對神清合釋、
儒、道三者爲一之氣象讚譽有加，於此可見。❸

三、對西域文化之影響

中國中央王朝與中國北方的部族在中亞之爭戰，互
有勝敗，在漢武帝初期匈奴與月氏在河西走廊角逐，漢
武帝於元朔七年（西元前 122），派霍去病攻克河西走
廊，打開了西域的通道，先後經張騫、班超出使西域，
鄭杏任西域都護府（西元前 60）。直到桓帝元嘉二年
（126），其間雖各代有強弱不同時期，總之賡續地共
經營西域有兩百四十八年之久。

漢以後之魏晉及十六國分立期之前涼、前秦、後
涼、北涼、都沒有放棄對天山南路的經營。尤其後魏世
祖太武帝（437）時也經營到天山南北兩路。

隋統一後，煬帝巡幸河西，但有與突厥之爭，與高
麗之戰未能暇及西域，唐太宗貞觀四年（670）滅東突
厥，隨後亦滅西突厥，取高昌，得天山南北兩路，在龜

---

❸ 張弓，《漢唐佛寺文化史》，頁 726-730。

茲，隨後亦設安西都護府。天寶九年（750）石國（塔
什干）王無禮唐之使者，唐將高仙芝往討殺其將擄其王
歸，附近諸國遂附隨大食，與唐大戰於怛羅斯（Talas）
河、唐大敗，留給吐蕃與回教在天山南北活躍。唐在西
域有一百二十年之久。❸

　　中原及中國北方五朝在西域經營自西元前一百二十
二年，到西元七百五十年可說沒有中斷過，只是影響的
大、小而已。可是中原文化沒有在西域生根，只是在軍
事管、行政上的管理，駐於重鎮，未及深植民間文化，
而只是吸收印度、西域佛教文化以後之反哺而已。

　　佛教壁畫東傳華夏後，又向中亞反哺。新疆柏孜克
里十六、十七兩窟是鄰近的大型洞窟，有共同的窟前建
築，應是同期所建，十七窟門前有內壁，存有男供養人
像，據學者研究，其服飾、人物造型屬突厥人，應是唐
西州時期突厥部落貴族們修建的。其兩窟之整體風格都
屬於中原佛教藝術體系。但第十七窟的《觀經變》繪在
長條窟頂，又為中原洞窟所罕見，……「九品往生」中
各種「凡夫」的姿態、服飾、物品，都有自己的特色。

---

❸　參見羽田享著，耿世民譯，《西域文化史》，烏魯木齊：新疆人民出版
社，1981年，第6、第9兩章。

因而柏孜克里的第十七窟的《觀經變》與習見的敦煌莫
高窟的《觀經變》獨具特色，應是高昌地方傳統文化與
中原大乘佛教理念相結合的產物。❹

關於新的《觀經變》形成為何？沒有在高昌地區發
現，當與安西都護府移治於龜茲，西州的政治、軍事地
位發生有關。安西都護府移到龜茲後，升為安西大都護
府；西州則降為「都督府」，也使中原佛教回饋西州的
力度大大降低，而代表中原佛教藝術高峰的敦煌佛教造
型藝術，對西州的影響也逐漸減弱，隋代、唐初在敦煌
出現之一經、一圖的大型「經變圖」，在西州沒有形成
主流。與西州相比，龜茲漢風洞窟很快出現了與莫高窟
模式完全相同的「經變圖」。

受中原石窟影響最明顯的是「阿艾石窟」，位於
庫車東北六十公里克孜里亞山一條山溝裡，是一單獨洞
窟，是唐代居住在龜茲的漢人為主體的群體開鑿的，其
大的背景是唐代在西域實行長達一個世紀半的統治，建
立有效的行政管理，有大批漢民及官吏、僧侶移居龜
茲，最盛時多達三萬人。天山以南、蔥嶺以西之大地在
絲路、文化、社會之交流發展使龜茲為新疆重鎮。❹

---

❹ 霍地初，《西域佛教考論》，北京：宗教文化出版社，2009 年，頁 552。

　　這條峽谷是通往古烏孫和天山北部的通道，又是煤、鐵、銅的生產地。現仍留有煉冶銅、鐵之遺址。阿艾窟北十餘里尚有古城遺址爲唐代重要軍事關隘。由於這些條件，使得此一地區居民大多來自中原，或娶本地婦女，但他們均有同一信仰，特別信仰東、西方淨土、華嚴思想和四大菩薩，正如阿艾石窟的佛像、菩薩像一樣，並有唐開元至天寶年間（733－755）文書數件，在地下墳墓中發掘出現。

　　善導的淨土信仰在唐代西州很盛行，善導俗姓朱，山東臨淄人，初學「三論宗」，二十歲依妙開律師受具足戒，得《觀無量壽經》，深契淨土法門，並承繼有之淨土理論，著有《觀無量壽經疏》，提出往生極樂的系統思想，曾繪《淨土變相》三百餘壁，但今不存，奉唐高宗敕令，於洛陽龍門監造「千古流芳的毘盧舍那石雕佛像」。

　　日本大谷光瑞於一九〇八至一九〇九，派橘瑞超和野村榮三郎在吐魯番地區考察，在吐峪溝獲得一批文書，其中有一《阿彌陀經》殘片，殘片末有善導的「跋

---

❹　霍地初，《西域佛教考論》，頁489。又見韓翔、朱英榮，《龜茲石窟》，烏魯木齊：新疆大學出版社，1990年，頁326-330。

文」，在一九一五發表；此外，在同地也發現了善導所作《往生禮讚偈》殘片。善導是實際中國淨土眞實的創始人，❷而大谷光瑞爲日本淨土眞宗，西本願寺第二十二代宗主，所以此一殘片跋文對他來說意義至爲重要。另外，同時更發現了吐峪溝善導所著《往生禮讚偈》殘片。此偈與刊藏經的經文有所不同，似乎不是善導的原作，而定爲「異本」，但主要內容是一致的。

吐峪溝等二十窟其左右壁，有《淨土觀想圖》如《花塵觀》、《樹觀》、《玻璃觀》、《水觀》、《寶樓觀》及《普想觀》等，其第三窟壁畫中建築祥雲上有坐佛，坐佛下有水榭風物等，爲「淨土變」壁畫。這些皆可證明在唐盛世在新疆置大都護部、淨土思想在高昌柏孜克里民間亦極爲流行。

至於在新疆地下考古，所發現唐代遺物，無論數量、種類，大陸有考古年鑑之專刊不再多贅。❸

庫木吐拉是漢版壁畫之集中窟區，漢版題材主要是經變、創作時期都在唐以後，漢式以佛、菩薩爲主，而龜茲以供養人人像爲主。庫木吐拉漢版有十六個左

---

❷ 法然他是道綽的弟子，以長安爲活動中心，重在民間教化，影響了日本。

❸ 詳見霍旭初，《西域佛教考論》。

右，約占畫窟一半，多在靠近山窟下層於河灘的地方，其布局多在主室的左、右壁畫通壁一舖大幅經變，如西方淨土經變、藥師經變等。圖中的佛、菩薩、天人等人物，都是褒衣博帶，雙肩不袒，衣領以左壓右，菩薩梳高髻，帶小花鬘冠，胸前著細瓔珞，上身披巾下垂，橫於胸腹之間，都是唐裝菩薩相；世俗人著襟衫、幞頭，皆中原形象；圖幅天為敦煌式，衣紋皺褶多變化，背景建築為富麗堂皇的漢地樣圖；裝飾於四壁與窟頂的蓮花，團花圖案也是中原式；聽法諸眾，長衣大袖，皆立雲端之上，這些圖與格式，同莫高窟的唐代壁畫一模一樣。❹

　　炳靈寺的北魏窟龕，以第一二六窟最具代表性，窟正壁為釋迦、多寶兩佛高肉髻、無螺紋，……二佛的侍立菩薩戴花鬘冠、披帛在胸前交叉作結垂於膝下。兩脇侍菩薩，一持蓮花合十、一持供物。唐高宗至唐玄宗時，是炳靈寺開鑿最盛行期，唐窟造像多為阿彌陀佛、彌勒佛及觀世音菩薩等，顯示了淨土宗的流行，唐代造像的特點是比較注重形象動態節奏，身姿相當優美。溝北的一七一號窟是一尊結跏趺坐的彌勒佛摩崖大像，石

---

❹　韓翔、朱英榮，《龜茲石窟》，頁 329。

胎泥塑，高約二十八米，係唐德宗時期涼州觀察使薄承祚供養，於貞元十九年（803）造，是河西第一大佛。大佛像依山而建的七層樓開覆護，甚爲壯觀。❹

　　同書亦載《史韻》：遊鴻翩至之美：如榆林二十五窟，敦煌四五五窟各鋪一《耕穫圖》分別畫出了唐代地主莊園生產營運的過程；「轉騰婆娑」：佛寺歌舞百戲，如敦煌圖一一九，圖版十、十一，第二二〇窟一鋪。貞觀十六年（642）的《淨土經變》「佛國淨土」天宮伎樂，實爲人間宮廷樂舞的展示；「風塵事相」：反映社會現實，涉及軍、政、商，⋯⋯及民間習俗，如敦煌二二〇窟《帝王群臣圖》，一五〇窟《吐蕃贊普出行圖》，一五〇窟《張議潮出巡圖》，⋯⋯于闐國王，《西夏王妃供養圖》等。已將宗教信仰之崇拜變爲對王權貴冑之炫耀。

四、吐蕃與唐之關係

　　七世紀，松贊干布在西藏高原建立了吐蕃王朝發展了吐蕃的政治、經濟、文化，又派屯米桑布札去印學習，帶回佛經，創立較進步之文字，設譯場，印、漢僧

---

❹　張弓，《漢唐佛寺文化史》，頁 551-553。

侶都曾參與譯事。

《舊唐書》〈吐蕃傳〉：貞觀八年（634）間開始與唐交涉，唐太宗派馮德遐充當信史前往吐蕃答禮，又兩年唐太宗陸續將皇妹南陶公主嫁突厥，又應吐谷渾之請婚，吐蕃松贊干布也賡續向唐請婚。太宗初未應允。請婚使者回報，恐係吐谷渾從中作梗，吐蕃於貞觀十二年（638）出兵攻破吐谷渾，又破青藏黨項，白蘭等怨人小邦，又率兵二十餘萬侵入唐境松（潘）州，並派使者攜黃金、布匹再度請婚。

文成公主於貞觀十五年（641）嫁至吐蕃，於高宗永隆元年（680）死於吐蕃，她在西域住三十九年。而松贊干布於高宗永徽元年（650）逝世。文成公主與松贊干布一起生活不到九年而已。❹不過，自娶文成公主到他死為止之十一年中，松贊干布曾贈金鵝祝賀唐太宗親征遼東，出兵助唐將王玄策打天竺。他一直與唐朝保持著良好關係。

他死後，由其孫芒松芒贊贊普繼位，其年幼，由權臣祿東贊輔政，因唐高宗顯慶四年（659），用兵遼

---

❹ 根據王堯、陳踐譯註，《敦煌本吐蕃歷史文書》（北京：民族出版社，1992年，頁145）指出，文成公主與松贊干布同居一起只有三年而已。

東乘機克吐谷渾，逼突厥十姓無主，唐高宗乾封兩年
（667），祿東贊死，其子欽陵贊婆先後於唐高宗咸亨
元年（670），陷西域十八州，新疆南北路盡爲其所
有，南臨天竺，西取龜茲、疏勒、北抵突厥，東向大
理，吐蕃因唐用兵遼東而坐大，也因安史之亂危及唐室
生存。❼

　　唐憲宗元和十年（815），墀德松贊過世，由其幼
子熱巴堅即位，篤信佛教，將全國大、小政務均交佛教
喇嘛主持，致使貴族聯合發動政變被殺，由朗達瑪繼承
王位，於唐文宗開成三年（838），他反佛教，指文成
公主爲夜叉女，帶來釋迦牟尼夜叉神災禍吐蕃，焚經驅
僧，毀寺搗佛，在唐武宗會昌二年（842），爲僧人所
殺。吐蕃從此陷於分裂，唐趁勢收復若干失地。吐蕃一
朝其文化已在康、藏、青海、甘肅一大地區生根，在西
域亦保持佛教信仰，保護佛窟。❽

　　松贊干布是本教的「扶持之王」，雖倡立佛教，

但根據敦煌發現古藏文《歷史文書》，信史中絲毫看不到他提倡佛教的記載，可以說他並不是佛教徒。因為唐朝與泥婆羅都是佛教國家，所以墀尊與文成公主都是虔誠的佛教徒，佛教對他的感化力自然甚強。他調徵了漢、泥工匠，分別在羅娑山腳為泥國公主建「四喜幻顯殿」，即今大昭寺的前身；另為文成公主建漢式佛像，稱「邏娑幻顯殿」，即今小昭寺的前身，但只是香火廟，各顯殿雖派尼、漢僧守護，並無僧人弘法，可做為佛教傳入吐蕃的象徵。

松贊干布根據初期傳之佛教思想，頒布「十善」、「十六要律」的「民眾守則」。所謂「十善」是：1. 不殺生；2. 不偷盜；3. 不邪淫；4. 不妄語；5. 不兩舌；6. 不惡口；7. 不綺語；8. 不貪欲；9. 不瞋恚、10. 不邪見。

所謂「十六要律」是：1. 虔信佛教；2. 孝順父母；3. 尊敬高德；4. 敦睦親族；5. 幫助鄰里；6. 出言忠信；7. 做事謹慎；8. 行為篤厚；9. 要錢知足；10. 報德報恩；11. 如約還債；12. 斗秤公平；13. 不生嫉妒；14. 不聽讒言；15. 審慎言語；16. 處事寬厚。❹

---

❹ 另見弘學，《藏傳佛教》，成都：四川人民出版社，1996 年，第二章所述。

從以上可知都是佛教「五戒」，及中國民間之教
化而擬訂的，在當時之吐蕃社會大多行不通，就「不殺
生」來說就根本做不到，甚至連現在在西藏的喇嘛也做
不到。

七○五年，伊拉克的屈底波發動「東征」，于闐與
中亞僧人大批逃向西藏。時為赤德祖贊主政，他曾組織
小組，翻譯桑布從漢地帶回的經典，把當時反對佛教首
腦瑪尚仲巴活埋，將達扎路恭流放到藏北。吐蕃又趁唐
有「安史之亂」大拓疆土。

然後派人到芒域，把釋迦牟尼佛像迎回，又同時
派遣使者迎請高僧寂護（音譯希瓦措，意即靜命）。以
後寂護返印，又迎來蓮花戒及其弟子二十五人一齊入
藏。❺

隨文成公主下嫁亦有僧尼護持，後就看守小昭寺的
前身「邏娑幻顯殿」。可見吐蕃佛教興起，與唐代具有
相當關係。

總之，在新疆歷來都是中國北方與西南部族同中

❺ 漢僧在西藏講學及漢譯藏工作較久，領袖稱為「大乘和尚」以弘揚禪宗
的頓悟，見性成佛思想，勢力甚盛，他和蓮花戒論戰，雖敗下陣來，但
仍有其影響力，在西藏史籍中，對「大乘和尚」尊稱為「禪宗七祖」。關
於兩者之論辯及有關在《吐蕃僧諍證》一書中考論甚詳。

原王朝先後興替，即使是在南北朝，與五代中國分裂時期，新疆一度爲當地強權割據，仍與之有文化、商業上之交通。仍保留了中原對西域之影響。

五、結語

霸道的征服，遠不及王道的文化；征服會產生世世代代的仇恨，王道的文化會帶來世世代代的和平。在亞洲歷史上，最早由歐洲侵入亞洲的強權是馬其頓的亞歷山大，在西元前三七六年滅波斯，西元前三二三年攻入印度信德，留下了大夏政權，將希臘雕刻藝術傳到犍陀羅，影響到以後佛像、菩隆像的造像。

中國北方的匈奴早在先秦受其騷擾，與漢在塞北中西爭雄，於三七五至四五五年西漸，使羅馬帝國分裂，逼東羅馬割地賠款，侮辱西羅馬皇帝，使日耳曼人興起，最後失敗，殘部留在東歐建立匈牙利政權；在文化上留白。

與匈奴同時代的大月氏，駐在河西走廊，受到匈奴連番追擊，遠到天山南北，又被烏孫趕到阿姆河流域，漸漸壯大南下滅大夏成立貴霜國，成爲印度正統王朝，保護佛教，傳入中亞、中國。第三世紀國家分裂，但保留「天子」之虛位，四世紀爲笈多王朝所滅。自中

原「天子之國」出走，在「印度居天子之位。」發揚佛
教，開啓漢朝佛教之先河，始有隋唐亞洲新文化運動之
契機。

　　突厥人也屬匈奴後裔，發源於北魏期，統一北方
部落，興於東、西魏時期，北齊、北周爲其附庸。隋唐
統一中國接受冊封，其強大時與唐對抗，東止遼河，西
抵裏海，南到罽賓，北至貝加爾湖。引用粟特文造象形
字，後用阿拉伯字母拼音形成突厥文，也因此由薩滿教
改奉伊斯蘭教。其官制多採用北魏，一般仍因襲匈奴傳
統，由於幅員廣大，設東、西突厥，又稱東設、西設。
「設」（Shah. Sad）有沙、赦不同譯音。唐爲抑制突
厥，扶持回訖，天寶元年（742），西突厥可汗被殺，
他的公主及其子逃回唐室受封；天寶四年（745），回
訖懷仁可汗殺東突厥白眉可汗，將其首級送唐示好。北
魏殖民中亞均自稱中國（原）人，最後東、西突厥滅
亡，是唐促成回鶻所致，即使如此，其亡後汗室仍受唐
室保護，突厥因襲北魏，其宗教已奉伊斯蘭教，雖有突
厥文字，仍難形成單一統一的治權，但宗教信仰的影響
遠大於語文的力量，何況武力！

　　回訖後改爲回鶻，回鶻一朝大多受到唐的節制，在
西域雖承突厥語文但仍奉佛教，尤其在唐玄宗、肅宗時

代，外有吐蕃侵唐，內有安史之亂，回鶻仍忠心爲唐室勤王，使唐代對西域仍保留一定影響力。

元蒙帝國建立跨歐、亞、非的四大汗國；但其中央政權仍在中國。爲了滅宋，繞道先滅漢唐政權所未及的大理；在北方留下俄國沙皇（Sad）；在中亞之窩濶台，西亞之伊爾汗的子孫阿克巴南下印度成立莫兀爾王朝。而蒙古政權所產生之文化，除建築外實無什麼可述。

以上這些強權除了使大地易主而外，也能造成文化之變遷。但對亞洲來說，實不如漢傳佛教在隋唐時代所造成亞洲一種新的文化運動。最後，我得重申：漢傳文化也是隨漢傳佛教全面地影響中國周邊國家的。

商周時代漢文化雖已傳到朝鮮半島，但直到佛教尚未興盛前，朝鮮半島尚無自己的文字。早在一世紀，漢文化已由朝鮮半島傳到日本，但日本佛教興盛前日本也沒有自己之文字。南方南詔、大理乃至越南，即使佛教最盛仍是使用漢文。越南在法國殖民以後，才用法文字母拼音。日本在平安時代（794－919），才利用漢字偏旁造平假名拚音形成日本文，那時日本的佛教早已興盛了。

這已在在證明，漢傳文字、文化雖早已傳入四境，

但其真正漢傳文字、文化仍未在四境生根，而是相隨漢
傳佛教而同時興盛起來的。尤其在中亞漢唐都曾長期設
治，即使在南北朝及五代十六國時代的十六國，都對中
亞保持有短暫的或部分的殖民與交通，但他們使用的都
是漢文，漢語文雖不能在中亞存活，但唐代的淨土佛教
信仰，卻能反哺回到中亞。由此看來，隋唐漢傳佛教已
形成了亞洲新的文化運動，其影響已持續形成了一道歷
史的長河，漢傳佛教最後也許將會流向全世界。

從佛教人文倫理精神
對中國當代社會之反省

提　要

　　佛教原屬印度之宗教，為印度文化之一環。印度文化之特質是宗教的。印度宗教最高之倫理是求解脫；但仍以人文之倫理做基礎。

　　中國的文化基本上是人文的，所以倫理也是著重人文的；而且，更偏向道德。所以中國人之「道德」，也幾乎已成為「倫理」的代名詞。

　　西方人的道德是論應不應該；其倫理則論善不善，其極致則是真、善、美，其神學家們則將真、善、美歸之於上帝。

　　印度人之宗教倫理，有似西方宗教之倫理；其人文倫理則亦如中國之道德倫理。在印度各宗教中，耆那教與佛教是最主張和平的宗教。

　　本文則從佛教史、佛教文獻，及其影響等方面檢驗其和平精神：從佛教史看，凡信奉佛教後之印度國王，多由殘暴而轉變成仁王；就文獻看，佛教文學、經典均無輕慢、粗鄙之文字，而且充滿著慈悲濟世精神；就佛教影響所及的國家，其國王，乃至民眾多傾向和平。

　　佛教在印度史上，是被定位為「重商時代」；佛教傳入中國，乃至東南亞，亦形成繁榮的商業社會；而現

代佛教在全世界亦正方興未艾，亦值中國經濟起飛之時代，對中國現代社會亦應有所反省。

關鍵詞：倫理、佛教重商時代、人文精神

一、引言

　　有的學者將印度佛教興起之時代稱爲「印度的重商時代」。❶這是由農業、手工業所發展而成之商業時

---

❶ Oroon Kumar Ghosh, *The changing Indian civilization*, pp. 460-467, first published, July 1976。此外，我們還可舉出若干文獻說明佛教與商人之間的關係。

1. 佛陀前生：曾爲一商人，名薩薄，因住宿過佛弟子家，聽聞過佛法，心、口、身十善具足，與同賈五百人，想往富饒的鄰國去經商，但有鬼神「閣義」食人當道，薩薄獨力將其收服，救了五百商人。(《舊雜譬喻經》卷上・《大正藏》第 4 冊，本緣部下，頁 510 中 -511 上) 尚有《六度集經》中第 33-39 諸經，都有類似的故事。(《大正藏》第 3 冊，本緣部下，頁 19 上 -21 下)

2. 佛陀本人與商人之關係：眾所周知佛陀的祇園精舍，是一位大商人、大地主悉達多所贈予的，因爲他樂善好施，所以大家稱他爲「給孤獨長者」。《雜阿含》，《增一阿含》中很多經，佛陀都是在這裡講的。(《雜阿含經》卷 3，頁 1240-1304 爲主，佛光出版社)《增一阿含經》大部分都是「一時，佛在舍衛國祇樹給孤獨園」。這位長者終其一生，無論生病、死亡，都受佛陀的關懷。(見《中阿含》卷 6，《大正藏》第 1 冊，頁 458 中；《雜阿含》卷 22，《大正藏》第 2 冊，頁 158 中)

3. 佛教僧侶與商人之關係：簡單地說，佛教有賴商人沿途供養傳教，商人有賴佛教佛法之保護獲得財富，因爲在印度出家人的地位是崇高的。見拙譯《印度通史》上冊，頁 156，而且阿育王，「還要求商人在外經商，也同時傳播佛教。」佛教僧、尼與商人同行傳教的資料很多，不勝枚舉。如《摩訶僧祇律》卷 27，《大正藏》第 22 冊，頁 450 上：「若比丘共商人行，至布薩日，有恐怖難，商人行不待，得行作布薩。」乃至或睡或坐均可自行方便作布薩，不必按一定宗教形式。又如《十誦律》卷 61，《大正藏》第 23 冊，頁 457 中 - 下：「有比丘，以此布薩日，欲共賈客主去。」在商主不能等的情形下，只有以「三語說」、「各各口說」，乃至以「一心念」的方便方式來作布薩了。又如《根本說一切有部目得迦》卷 8，《大正藏》第 24 冊，頁 447：「村中有一長者，……請

代；而我們現在所處之時代更是一新的重商時代。不
過，現代之商業時代乃是由十八世紀機器工業所引起
之大變局：由生產分配引起市場爭奪，而致有第一、二
次世界大戰，戰後又由消費分配而引起資本主義與社會
主義之冷戰，形成兩大集團。

時下，資本主義與社會主義之意識型態已日趨緩
和，國際勢力有待重新洗牌。中國分裂要求統一之契
機，亦漸趨到來。兩岸的經濟均在起飛階段，如何迎接
新科技工業所引起之新重商時代，我們不妨藉佛教重商
時代之和平精神，做爲今日中國當今社會之反省。

以下筆者從佛教史、佛教文獻及佛教影響來檢驗佛
教的和平；最後對當代中國社會做一反省，以迎接中國
新重商時代的來臨。

二、從佛教史看

佛教在歷史上所感化的重要歷史人物，茲舉阿闍世

諸尼眾，就舍而食，……是時，有一乞食苾芻共諸商旅遊歷人間，……
聞已詣彼。」按僧律，僧、尼同受供養時，僧應爲上首，受供養後還得
說法。此比丘恐怕耽誤時間，跟不上商隊，所以不必按戒律，自己在一
邊，吃完便走了。在《大藏經》的律部有很多類似的資料。尤其在阿育
王時期僧侶與商隊同行，將佛教行商組織起來，達到雙重目的已成爲政
府之政策。

王、阿育王、大天與龍樹四人為例。他們在未受佛教教
化之前，或為殺戮成性的暴君，或為十惡不赦的壞人；
皈依佛教以後都成明主，或大宗師。

　　（一）阿闍世王：摩竭陀國（Magadha）頻比沙
羅（Bimbisara）王以一十五歲的少年即王位（西元前
546？），採行擴張政策，做了中部、東部地區諸國之
盟主，禮敬宗教師，健全行政組織，訓練強大作戰象
隊，獎勵商業貿易，保護傳教師，可說其國力是空前強
大。但最後為他的王子阿闍世（Ajata-satra）所弒。❷

　　阿闍世王更是雄才大略，進一步將其保護國併吞；
而收服了夕拉瓦斯地（Sravasti）、跋耆國（Vriji）、
牯辛拉（Kusinagara）及帕瓦（Pava）等地。占領這
些地方以後並在補怛羅（Pataligrama）築城，其梭納
（Sona）城堡遺址至今尚還存在。在國內他消除異己，
殺害舊臣，在印度歷史上，也是有名的暴君。❸但他
後來皈依了佛教，❹也經常參加佛陀所主持之法會；而

❷ 見《長阿含經》卷17，《沙門果經》第8：「我父摩竭（陀），瓶（比）
沙王，以法治化無有偏枉，而我迷惑五欲，實害父王。」《大正藏》第1
冊，頁109下。同見拙譯《印度通史》上冊，臺北：國立編譯館，1981
年，頁87-88。

❸ 《印度通史》上冊，頁89-91。

❹ 同註❷，《沙門果經》：「佛為說法，示教利喜，王聞佛教已，即白佛

且阿闍世王請示佛法而命名之經典，有四種之多。❺雖然，他在皈依佛法之後，已改過遷善，但他也因為信奉了佛教而篤信因果，因恐懼因果的報復而憂鬱身死。❻也就是死於現代所謂之精神病吧！

（二）阿育王：當三二○年，希臘的馬其頓王亞歷山大侵入印度時，即受到以養孔雀為職業的犍陀羅笈多（Chandragupta）強力的反抗，待其擴張，征伐成功後即是所謂之「孔雀王朝」（Maurya Dynasty）。其子毘陀沙羅王（Bindusara）所征伐之土地幾乎統一了北印度以及東南印度的大部分領土，僅剩下凱靈伽（Kalinga）王國尚未被征服。毘陀沙羅王兒女也眾多。原本要傳位給他的太子蘇深摩為王的。他的另一兒子阿瑟伽（Asoka），即阿育王在其親信羅提掘多的促

言，我今歸依佛、歸依法、歸依僧，聽我於正法中為優婆塞，自今已後盡形壽不殺、不盜、不婬、不欺、不飲酒……。」並對引見他皈依佛的壽命童子致謝。次日，在王宮設齋供養佛。（《大正藏》第 1 冊，頁 109 中 - 下）

❺ 計《阿闍世王經》二卷，後漢支婁迦讖譯，《大正藏》第 15 冊，頁 389。《阿闍世王問經》卷 1，西晉法炬譯，《大正藏》第 14 冊，頁 775 下。又同《大正藏》第 14 冊，有《阿闍世王授決經》卷 1，頁 777。甚至連因阿闍世王的女兒所問之佛法，也命名為《佛說阿闍世王女兒有阿術達菩薩經》，西晉月氏國三藏竺法護譯，《大正藏》第 12 冊，頁 83 下。

❻ 《印度通史》上冊，頁 89。

使下，殺害其兄及有關人員；反僞稱重病，違背父令，不肯遠征，暗自奪取王位，氣死父王；甚至殺害忠諫之臣民有五百之眾；有一次其宮女們只是偷偷採了宮庭庭院他最心愛的花，也一律加以處死；後來，又聽羅提掘多獻計，認爲國王親自戮人不好，而「簡選惡人以治有罪」，於是，找到一名殺害父母的耆梨，來幫他執行殺戮工作。❼

阿育王整肅內部以後，即決心征伐他父親尚未征服的凱靈伽國。由於受到堅強抵抗，所以阿育王以嗜殺成性，便血洗了凱靈伽，爲一次大的殲滅戰。❽

自此戰役後，阿育王皈依了佛教，深深懺悔，成了佛陀預言的轉輪聖王。❾他之所以皈依佛教正是如一般

---

❼ 拙譯《印度通史》上冊，頁 147、152。又見《阿育王傳》卷 1，《大正藏》第 50 冊，頁 100 下 -101 上。又根據周祥光《印度通史》，大乘精舍印行，頁 74：「阿育王有兄弟 101 人，彼殺死了九十九人，只剩下一個兄弟諦閑（Tishya）未戮。」周氏僅說，此是「根據錫蘭民間所傳」；根據同註拙譯，提到：「阿育王曾論到他兄弟們的妻子，反對他，辜負了他的善意。」

❽ 拙譯《印度通史》上冊，頁 100：「波羅婆國投入步兵三萬，騎兵四千，三百戰車，兩百象隊。」

❾ 《阿育王傳》卷 1：「時有長者夫妻，相將入海採寶，到於海中生一男兒，即爲立名之爲『海』，經十二年乃出於海，逢五百賊劫其財物，殺害長者。於是，子海便出家學道。」遊方到了阿育王的華氏城，認爲有如地獄，便想逃出，守城的善梨及阿育王以杖打、火燒均不爲所動，猶如結跏趺坐在千葉蓮花中。海比丘的威儀感動了阿育王皈依了佛法。

史家所說，是由於反省到戰爭之慘烈，而悔愧自己之嗜殺。

阿育王對佛教之貢獻影響最大者，一爲經典結集，❿其次，是將地方性的佛教，普遍地傳布到全印度，甚至今之緬甸、錫蘭、克什密爾，乃至阿富汗以西，而成爲當時的國際性宗教。⓫

至於他的教化政策是遠邁古今的：諸如其個人放棄一切娛樂，鼓勵后妃做慈善工作；以慈悲精神普遍設置義倉，人與動物均設有醫院；廣開大道，植樹、設驛，供應茶水；廢棄軍備，僅保留司法、警察；在各地立碑爲銘：孝順父母，友善動物，要人們看到自己靈性深處。⓬就是今之福利國家，由政府成立動物醫院、放棄軍備，這兩點也是做不到的。

（三）大天：根據《異部宗輪論》之所以佛教有上座部（Sthavira）與大眾部（Mahasamghika）之分，是由大天（Mahadeva）五事所引起的。⓭

《大正藏》第 50 冊，頁 101 中 - 下。

❿ 阿育王究竟主持的是第幾次，有各種不同的認定，見拙著《中印佛學比較研究》頁 20，但這一件事是有的。

⓫ 釋印順，《印度之佛教》，臺北：正聞出版社，1985 年，頁 95。

⓬ 同註❷，拙譯《印度通史》上冊：頁 159-162，〈阿育王的事功與教化〉及〈孔雀王朝早期的行政制度〉。頁 192-194。

　　在此，我們先談大天其人，據《大毘婆沙論》：末土羅國有大商人子名大天，因其父經商在外，乃與母通，其父返，又弒其父，恐一苾芻知其罪，後殺了這位和尚；後其母又與他人有染，乃弒其母。過苾芻，求其剃度出家，未久，即通三藏，善能化導，國王數度請入宮說法。但「彼後既出（家）在僧伽藍，不正思惟，夢失不淨，然彼先（自）稱是阿羅漢，而令弟子浣所汙衣」。**⑭**

　　大天犯母、殺父、殺比丘、殺母，按現代刑法，他起碼應被判三個死刑。由於佛教的慈悲，而度他出了家，他亦真能痛改前非，精進不已。但卻經常自言自語地大歎：苦哉！苦哉！也因其夢遺後，還要弟子洗瀆衣，有同修指責他，他卻為自己辯護道：

　　　餘所誘、無知、猶豫、他令入、道因聲故起、是名真佛教。

　　大天的意思是說：即使是已證得羅漢果位的人也會

⑬《異部宗輪論》，《大正藏》第 49 冊，頁 15 上。
⑭《阿毘達磨大毘婆沙論》卷 99，《大正藏》第 27 冊，頁 510 下 -511 上。

受引誘、也有無知、也有猶豫不決之疑惑！也須接受教
導才能入道，須以叫苦引起道心。他這種主張，獲得了
東方僧眾及年輕比丘之擁護；所以就成為印度佛教史上
大眾部之開創人物；在西方，尤其長老級的僧伽則反對
大天的主張，所以成為保守的上座部。❺

　　在佛教史上，大眾部之思想往往是開放以後大乘
思想之契機。所以大天在整個佛教史上，是占有重要地
位的。

　　（四）龍樹：《龍樹菩薩傳》載：

　　出南天竺梵志種也，天聰奇悟，事不再告，在乳
　哺之中聞諸梵志誦四圍陀（Veda）典各四萬偈。……
　弱冠馳名獨步諸國，天文、地理、圖緯、祕讖及諸道
　術無不悉綜。（其）契友三人亦是一時之傑，相與
　議曰：「天下理義可以開神明、悟幽旨者，吾等盡之
　矣，……然諸梵志、道士勢非王公何由得之，唯有隱
　身之術斯樂可辦。」四人相視莫逆於心，俱至術家
　求隱身法，……四人得術，縱意自在，常入王宮，宮
　中美人皆被侵凌，……召諸智臣以謀此事，……以細

---

❺　釋印順，《印度佛教思想史》，臺北：正聞出版社，1988 年，頁 57-60。

土，……悉閉諸門。令諸力士揮刀空斬，三人即死。唯有龍樹（Nagajuna）歛身屏氣依王頭側。王頭側七尺刀所不至。是時，所悟欲為苦本，……即自誓曰：「我若得脫當詣沙門受出家法」，既出入山詣一佛塔出家受戒。❶

龍樹皈依佛教以後，將佛陀的因緣法與初期大乘之般若思想結合起來，糾正了部派佛教空、有之爭，而形成中觀學派（Madhyamika），❶在佛教史上，被尊為第二佛陀；在中國佛教史上亦尊之為大乘佛教八宗之祖。可見其地位之崇高。

三、從文獻上看

這一部分，我們主要是從佛教經典、文獻中之戒行、悲智，喻意、批判，來證明佛教的和平精神。

---

❶ 《龍樹菩薩傳》，姚秦三藏鳩摩羅什有兩譯，應是譯自不同版本，本文摘自《大正藏》第 50 冊，頁 184 上 - 中。另一譯在同冊，頁 185。
❶ 參見呂澂氏〈龍樹學說〉，《印度佛教思想概論》，頁 109，臺北：天華出版社，1982 年；及《印度之佛教》，頁 126，〈龍樹的思想〉，頁 127-128。

（一）戒行、悲智

佛教經典雖多，但可歸納爲兩方面：消極面是以「五戒」爲中心；❶積極面是以「慈悲」爲中心。❶五戒是個人的道德修養，要有所不爲；慈悲則是濟世精神，要有所爲；而如何達成五戒與慈悲，則靠「智慧」作橋樑來結爲一體。所謂智慧，即是空慧，即是「空相應」，❶不能與空相應之五戒則是死教條；不能與空相應的慈悲則是沽名釣譽。空相應落實到人生則是「善語法」與「眞人法」。

何謂善語法？「若有成就善語法者，諸梵行者善語彼，善教、善訶、不難彼人。諸賢，或有一人不惡欲，……不念欲者，是諸善語法。」❶善語不是一味討好他人；而是動機善，不存任何企圖心，然後講求方法，即使規勸講重話，也不要使之難堪。

何謂眞人法？「不自意，不賤他，是諸眞人法。」❶

---

❶ 《雜阿含》卷16：「如是不殺、不盜、不邪淫、不妄語、不飲酒。」（《新阿含經》二，臺北：佛光出版社，頁711）
❶ 如《本緣經》，《大正藏》第3-4冊；《法華經》，《大正藏》第9冊，以及其他方廣大乘經典等，都是以救濟眾生者才能取得菩薩果位。
❶ 〈習應品〉卷3，《摩訶般若波羅密經》卷1，《大正藏》第8冊，頁223下-224下。
❶ 〈比丘經〉，《中阿含》卷23，《中阿含經》二，臺北：佛光出版社，頁780。

與人相處之眞正原則是不要自貢高，我字當頭，而是要
尊重別人。但這仍只是消極地自律守戒；積極地仍在慈
悲、布施。

慈悲眾生具三種布施：「財施、法施、無畏施。」❷
財施是一般之社會救濟；法施，是教育界、宗教界之教
育；無畏施是宗教，尤其佛教的慧空解脫之空相應。

因爲布施有四種功德：「云何爲四？知時而施，
非不知時，自手惠施，不使他人，布施常淨潔，非不淨
潔，施極微妙。」❷救濟要救在別人急需之時，親自救
濟才能體會受難者之艱苦。布施不是施捨，將自己不要
的東西捨給別人。布施要給急需要的人，否則便是鼓勵
懶人。所以布施也是需要微妙的智慧，幫助受救濟的人
重新站起來。否則，便不是慈悲。

甚至在僧團中，即使不惡言相向，只是使個悶氣讓
對方難堪也是犯戒的：茲以《十誦律》隨舉三例來說：
彌多羅浮摩比丘，依次輪到一份很差的飯鉢，便對分鉢

---

❷ 〈眞人經〉，《中阿含》卷21，《中阿含經》二，臺北：佛光出版社，頁
728。

❷ 《雜阿含》卷48：「慳悋生於心，不能行布施，明智求福者，乃能行其
惠。」無慳悋心之布施本身即是福。(《雜阿含》四，臺北：佛光出版
社，頁2153)

❷ 《增一阿含》卷19，《增一阿含經》二，臺北：佛光出版社，頁699。

的羯磨不滿，羯磨一狀告到佛陀那裡，佛陀要其懺悔。有一闡那比丘做錯了事，其同修向其規勸，道出實語即可，闡那反向其生惱怒。其同修一狀告到佛那裡，佛令闡那懺悔。❷又有一闡那長老用長了蟲的水澆花，有比丘指責他對蟲蚋無慈悲心，也告到佛陀那裡。以上一一都立了戒爲懺悔罪。❷

《法華經》說：

> 如來滅後，欲為四眾說是《法華經》者，云何應說？是善男子、善女人：入如來室，著如來衣，坐如來座，……如來室者，一切眾生中大慈大悲是；如來衣者，柔和，忍辱心是；如來座者，一切法空是。❷

亦即是以智慧爲中心；內在心地慈悲；外在態度、語言謙和。其實，佛教的三藏也不出這三點範圍。或間有極少的「批評性的重話」，但絕無輕慢、挖苦、謾罵、粗魯的語言。

---

❷ 《十誦律》卷 10，《大正藏》第 23 冊，頁 75 下、76 下。
❷ 《十誦律》卷 10，《大正藏》第 23 冊，頁 79 下。
❷ 《妙華蓮華經》卷 4，《大正藏》第 9 冊，頁 31 下。

（二）喻意與批評

眞正說來，在佛教大、小乘文獻中，我們都可見到「佛陀竟感化了在他先前時代的諸神、諸魔成爲弟子」，如《吠陀經》（*Veda*）中之因陀羅（Indra）雷神、魔神羅刹（Raksa）等。這無非是說，佛法比一切法都崇高。它對異教也充分表達了這優越的地位。茲舉幾個例子如後：

> 有比丘分衛道住，促迫卒失小便，行人見之，皆共譏笑言：「佛弟子行步有法度，被服有威儀，而此比丘立住失小便，甚可笑也。時有外行尼揵種，……裸身而行、都無問者！……如是者，我曹師爲無法則，故人不笑耳……。」便自歸佛所作沙門。❷

尼揵種（Nigartha）本屬六師外道之一，爲耆那教（Jainism）之先祖，主張絕對無私，故行天體信仰，重苦行；佛教主中道修行。這故事在於諷刺耆那教：即使佛教比丘在工作中憋不住尿急，當眾失禁，也比光著屁

---

❷《舊雜譬喻經》卷下，《大正藏》第 4 冊，頁 517 下。

股的耆那教和尚有威儀。

　　昔者外國婆羅門，事天作寺舍，好作天像，以金
作頭，時有盜賊登天像挽取其頭，都不動。便稱
（念）南無（歸依）佛，便得頭去。……諸婆羅門
言：天不如佛。皆去事佛。❷

　　這故事是說，即使是作賊，只要皈依了佛法，亦有
好的果報；只有佛法才真實，根本沒有天神的存在。
　　在佛教史中，早期如來藏之經典，主張有「如來藏
我」；而般若系之經典主張「一切法空」，所以批評如
來藏系，犯了「空過」，背叛了佛教的教義，所以沒有
拜佛的資格：

　　諸佛世界一一佛所供養，恭敬尊重讚歎，無空過
者，至此佛所頂禮雙足……。❸

　　而如來藏系則強力反彈：

❷ 《生經》卷 5，《大正藏》第 3 冊，頁 108 上 - 中。
❸ 《大般若波羅蜜多經》卷 1，《大正藏》第 5 冊，頁 3 中。

十地菩薩亦復如是，於自身中觀察自性起，如是、如是無量諸性種種異見。如來之藏如是難入，……不惜身命而為眾生說如來藏。㉛

更有進者：

菩薩摩訶薩為一切眾生演說如來常恆不變如來之藏，當荷四擔。何等為四？謂兇惡像類常欲加害，而不顧存亡，棄捨身命，要說如來常恆不變如來之藏，是名初擔；重於一切眾山積聚，兇惡像類非優婆塞，以一闡提而毀罵之，聞悉能忍，是第二擔……。㉜

就筆者所知，這已是佛教文獻中使用「最激烈的字眼」了；可是，也只是自己以身命保護自己的主張，卻並未提到要傷害對方，僅指責其「兇惡」而已。但仍未超越出本緣經中所說諸魔、諸賊「兇惡」以外之詞句。至於也有諸魔引誘諸佛菩薩之禪定，而受佛法之降服，

㉛ 《央掘魔羅經》卷2，《大正藏》第2冊，頁525中‐下。
㉜ 《央掘魔羅經》卷4，《大正藏》第2冊，頁538上。

那也只是突出佛法高於魔法、正法高於邪法而已，並不
減低佛教一貫的和平婉約。

四、從佛教影響來看

（一）佛教的人文精神

從古至今，以印度教立國的印度，除婆羅門專門從
事宗教外；尚有專門負責作戰的刹帝利（Ksatriyas），
他們必須接受軍事教育。❸佛教則是反戰的，反神論
的。茲舉一則故事：犍陀羅國（Chandra）商隊中，有
佛教隨隊拜佛塔，眾婆羅門嗤笑他，為何不拜毘紐天神
（Visnu）。並且說道：

　　我天彎弓矢，遠中彼城郭。
　　一念盡燒滅，如火焚乾草。

這位佛教徒即反唇相譏地說：

　　汝等所供養，兇惡好殘害。

---

❸ 賴麗美，《佛陀時代的社會風氣探討》，中國文化大學印度文化研究所碩
士論文，1985 年，頁 93-99。

汝若奉事彼，以為功德者。

亦應生恭敬，獅子及虎狼。

於是，婆羅門帶著懷疑的口語問：那麼，你們的佛一定是一位偉大的仙人，能以神咒滅人國土？如然，佛也很凶惡；如不然，佛就不算偉大！

這位佛教徒說道：只有有貪、瞋、癡的人，才作凶惡的咒語。佛已斷了這三毒，以慈悲化度眾生，能服一切外道，還不偉大嗎？❸

（二）佛教對社會之貢獻

事實上，佛陀反對有神論，反對階級社會，提倡眾生平等，是社會革命的宗教祖師，從佛陀本人之佛教到今天的佛教，佛教的寺廟、道場大多成為社會的教化中心，乃至教育中心。❸

---

❸ 《大莊嚴經論》卷 10，《大正藏》第 4 冊，頁 257 上 -258 下。

❸ 佛教的諸經都有「一時佛在某某處說法」，而也派弟子到處說法，阿育王時代僧伽幾乎是他的宣教師、布政司。在中國歷代均有佛教高僧做國師，隋、唐的立譯場，及寺廟是官設，等於是國立的佛教太學。宋、明以後之叢林高僧，主持叢林，自耕自食，自行負責僧侶之教育，出了很多大禪師，大禪師之影響直到官員、士紳，使佛教中國化之過程於焉完成。關於這方面，拙文曾在「佛教與中國文化國際研討會」中，發表有專文，在中華佛學研究所《中華佛學學報》第八期發表。直到今天保存

　　而且，寺廟往往也是財富社會化之分配所。從印度、中國乃至其他亞洲國家之王公大臣、地主、紳士，對佛教之「供養」往往盡心竭力，無怨無悔，以求身、心平安。寺廟的住持們所募來的錢或莊嚴道場，成國家文化資財；❸或創辦事業，服務社會。❼至少每年有冬令救濟，解決很多孤苦、貧窮的社會問題。其以宗教立場，辦理社會救濟比一般政府所辦之救濟工作更能達到教育、感化作用。

（三）佛教對鄰國之影響

　　我們可分根植的、增益的兩方面來說：即是說，對本土文化淺薄之地區所發生根本的影響，亦即是受佛教根植之文化我們稱為根植文化，如錫蘭，中南半島諸

　　中國古代之建築、雕刻以及最悠久的名勝、古蹟大都在佛教及道教之寺廟中。各寺廟所辦之法會乃至作觀光對社會的教化都有正面的貢獻。這些都是現實的事實，不必多論。

❸　如中國的各大名山及大叢林，現在都成為中國大陸的觀光重點，最主要是保存了中國建築的藝術，為文化財。

❼　中國佛教以前之貢獻主要在經濟、文化、教育上面，對於社會事業則少涉及，因為為了規避戒律經商貪財之嫌，但在無人煙之孤峰峻嶺建立道場，使沿途居民落籍定居，對土地之開發利用，在社會經濟貢獻上是很大的。至於現代，自太虛大師乃至臺灣的法鼓山、佛光山及慈濟功德會，無論在教育、文化、社會改革方面都有很大貢獻。

國；對本土文化已深厚的地區所影響的我們稱爲增益的影響，如中國、韓國乃至日本。如相對地看，中國文化雖初期一度傳到日本，但是，日本正式得到文化之根值，仍是自唐代傳入佛教以後的事。茲分別論述如後：

1.首先談增益的影響：中國文化發展到先秦，無論文化思想、政法制度都已成熟，當佛教傳入，中國正是此一文化軌跡之降孤期，有了佛教之傳入，始有中國宋、明諸子之理學發展，這不是說中國文化思想在隋、唐已經沉沒；而是，已沉澱在佛教思想中；亦即佛教中國化之形成，而過渡到宋、明理學。❸基本上，全中國人無論表現在學術、思想，乃至生活上都與佛教思想有不可分的關係。所以說：佛教對中國之影響是增益的。

至於朝鮮半島，自先秦、隋、唐，乃至宋、明，與中國文化都有著密切關係，所受佛教之影響與中國雖然不是同步，也只是先後之不同，我們稱之爲「次增益的影響」。

而日本雖然與中國、朝鮮半島，同一文化圈；但其早期文化由朝鮮半島從中國傳入日本。諸如最早之〈千

---

❸ 拙文〈佛教中國化過程之研究〉，中華佛學研究所《中華佛學學報》第 8 期，1995。

字文〉……徐福等之移民並未使日本成爲當時之現代
化，直到唐代以後，佛教傳入日本，有了文字，自第八
世紀才有文化可言。所以說，實際上看，佛教對日本的
影響是根植的影響。❸就此而論，日本之「大化革新」
實在是「大化創新」。這並不是說，佛教影響了日本的
大化革新：而是佛教傳入日本後，中國文化才在日本隨
同佛教起了根植之影響。所以我們仍然將佛教對日本的
影響列爲增益的影響。

2. 其次，我們論佛教所根植影響的地區：

（1）先說西藏與蒙古。西藏，古稱羌，歷來爲中
原之外患，直到唐貞觀十五年（641）將文成公主和
親，以後始有印度僧侶蓮花戒等相繼入藏，西藏才有佛
教。棄宗弄贊卒（649）後，吐蕃與唐來往不多。唯高
宗顯慶三年（650）冬十月，吐蕃贊普也曾來請婚。❹
自此以後用梵文字母創造了西藏文；以佛教做爲政法
制度；以佛教代替了原來苯教的信仰；由武力轉向和

---

❸ 拙文〈佛教對中國與日本影響之比較研究〉，日本佛教大學，日、韓第十
二回佛教學研討會論文集。

❹ 「按唐似未允，因唐與吐蕃均無是記載。」（王吉林，〈唐初與吐蕃關係之
發展〉，1988 年 10 月，文化大學，蒙藏學術研究中心主辦「蒙藏學術會
議」《論文集》，頁 219）

平。❹

　　蒙古自黃帝時代到唐、宋都一直是中原的外患，但
長久以來均無文字。元憲宗時，皇帝忽必烈底定吐蕃，
佛教薩迦宗之教宗入元，爲皇帝「潛邸舊侶」中的主要
人物，說服了皇室信仰佛教。其姪子八思巴，早年隨其
伯父入朝亦深獲信任，在至元六年（1269）奉命以梵文
及藏文之音韻造文字始有蒙古文，當蒙古佛教化以後，
蒙古對於中原之威脅也緩和了。❹

　　（2）其次，論中南半島：在佛陀時代，尤其在阿
育王時代，印度人的海上探險、貿易向來沒有中斷，甚
至更可追溯到印度奧族（Australoids）之長期經過南太
平洋向澳洲遷移，成爲澳洲人的土著。❹因此說：「從
第二至第五世紀之間，類似印度殖民王國已分別在馬來
西亞之檳榔嶼、高棉、安南以及爪哇之蘇門答臘等各島
存在；而且，該地區的有些國王的姓名，就是印度人的
姓名；甚至，他們的宗教、社會民俗習慣、語言、文字
都已印度化了。」❹

---

❹　同註❹《論文集》，頁 618-619，「Ven. Samdony Rinpoche, Tibetan Culture:
　　Nature and Process」。

❹　參見《宋史》〈八思巴傳〉。

❹　拙著《印度思想文化史》，19-20 頁，臺北：東大出版社，1995 年 4 月。

　　從歷史與文獻上均可證明印度人確實在當時之扶南，即今寮國之南部建立了坎布伽王國（Kambuja），隆盛時幾乎占領了中南半島全境，先後有國一千多年，最有名的伽耶王朝（Jaya）以其一、二、七三世之國王最為有名，到七世以後更深受佛教影響，漸漸放棄武力政策，國勢日微。占婆與吳哥窟之建築及其文獻均可證明，也是世界性的文化財。❹

　　至於今日之室利蘭卡，印度人向來稱其人民為羅剎。羅剎在《吠陀經》中稱之為魔，後又形成為酋長統治之海盜國度。❻到大乘佛教《楞伽經》中，主持集結成該經之會主就是該島之楞伽城王。雖然該島至今仍屬小乘佛教，可是以後，在印度文獻中，似乎再也沒有對該島有輕視性的文字之記載。

　　現在，我們可以對佛教增益與根植影響做一結語了：凡佛教根植影響的地區，其所受平和性的影響即較深；凡受佛教增益影響之地區其所受之平和性則較淺。至於為何如此，我們在下面將會檢討此一問題。

---

❹ 《印度通史》上冊，頁 334。

❺ 《印度通史》上冊，頁 335-337。

❻ 羅剎（Rakṣa）會吃人畜（*Ṛg-Veda*, X, 87, 16-17）；在羅摩史詩（*Rāmāyaṇa*）中，島上酋長，搶了羅摩王子之妃子西妲（Sītā）為壓寨夫人。

五、對中國社會之反省

（一）中國人文思想之源頭

世界人類文化有一共同點，即在母系社會時代為緬懷母親的死亡而拜共同之象徵，即女性之生殖器；但到了大狩獵以後，男人占有勤勞之優勢地位，而崇拜男生殖器。如近東之宗教向西發展之十字架；印度之濕婆（Śiva）、❼中國之拜祖宗都是此一信仰之遺跡。不過，猶太教一系之宗教，及印度之宗教，演為創造神；而中國則未形成創造神之宗教，仍保留崇拜祖宗之宗教形式。

如中國之「祖」字是從示、從且。示，表示祭祀，❽示以吉凶也，「｜」示祖宗，「一」示天地之道，「二」神在天地大道之上，「川」神在左右，即孔子所說：「祭如在」、❾「如在其上，如在其左

---

❼ 至今印度大學（Benares Hindu University）的濕婆寺的主殿供養的靈伽神（Linga），它象徵濕婆神的生殖器，亦即神的創造能力，有似中國《易經》生生之德。

❽ 趙進編著，《漢字的來龍去脈》，頁281：「示，象堆滿供品的供桌。」云云，已不是祭祀之原始意義，而是引申出來現代人的觀念。

❾ 《論語・八佾》：「祭如在，祭神如神在。」

❿ 《中庸》第16章：「齊明盛服，以承祭祀，洋洋乎如在其上，如在其左右。」

右」。⓾「且」，原來象形之字爲「ㅁ」亦即是男性生殖器。演變以後成爲墓碑形狀，所以中國文化是人文的；孔子的祭祀觀，是「祭如在」，如果眞有神在，就算拜祭了神；如沒有神，也費事不大。孔子這種祭祀觀，是現實的，也代表了中國傳統以來的人文思想；⓾也正是存疑神道，「民惟邦本」的儒家道統思想。中國歷代皇帝稱之爲「天子」，亦即形式上之政教合一；可是中國皇帝都藉天子之名，行統治之實，其目的是要在萬民之上，「享受人極」。⓾

（二）對中國人文精神之反省

任何民族，只有其民族文化一旦形成，除非有大移民、大毀滅，此一民族文化才會衰微、消失；否則，仍會綿延流長，其他外來強勢文化也只是增益影響而已。

⓾ 《尙書·夏書》：「五子之歌。」其實，《四書》，尤其《尙書》中各先秦帝王之言行紀錄都是重視人民的：如〈秦誓〉：「天視自我民視，天聽自我民聽。」只是帝祚日久生頑，新興政權代之而起，要求民治。無論其動機爲何，「民惟邦本，本固邦寧」之體認，總是一致的。

⓾ 如《尙書·夏書》之「甘誓」，夏伐有扈氏：「有扈氏威侮五行，怠棄三正，天用勦絕其命，今予惟恭行天之罰。」又《商書》之「湯誓」，湯伐夏：「非召小子，敢行稱亂，有夏有罪，天命殛之。」（吳璵註，三民版）周代商亦復如此，都是藉天命行征伐之實。成功以後，即是「遵命天子」，直到清朝尙保留皇帝祭天的祭祀活動。

　　儒家人文精神之憑藉是相信人有良知、良能；❸
雖然孔子說過：「徒善不足以爲政，徒法不能以自
行。」❹但是，在儒家骨子裡仍是以道德之良知、良能
爲依歸。故中國歷來重人治而輕法治。但良知、良能容
易形成主觀，如寡頭的聖人之治，也未必是善。所以大
則造成國祚更替；小則形成地方割據。地方割據，容易
造成國本動搖；而每次朝代更替又鮮少不是由幾次大的
殲滅戰爭才取得政權。至於其取得政權後對國家人民究
竟有什麼德政、功勳是否高於前代，歷史已有公論，自
不必在此多說。

　　不過，中國儒家一直保存著道德勇氣及其批判精
神；❺也是常態社會穩定的重心所在。至少，每個朝代
在其政權鞏固之後，需要儒家學說爲其服務，這也是儒
家人文化成，所謂經世之學的用心所在。

---

❸ 《大學》第 1 章「明『明德』」；《書經‧康誥》之「克『明德』」，《書
　經‧太甲》之「顧諟『天之明命』」，以及《書經‧堯典》之「克明『峻
　德』」；到《孟子‧盡心上》：「人之所不學而能者，其良能也，其所不
　慮而知者，其良知也。」這也是王陽明「大學問」之根據所在。
❹ 《孟子‧離婁上》。
❺ 如孔子著《春秋》，孟子遊歷各國宣揚仁政，文天祥在其〈正氣歌〉中所
　說之人物，以及其後之方孝孺、顏習齋、王船山及至今日之讀書人，都
　有一貫之批評精神，這才是眞正之大人儒。

（三）對當代中國社會之反省

我們已指出，佛教對中國之影響是增益的、添加
的，只有在文化、思想上豐富了中國的文化、思想；但
對中國之政治、政法毫無影響，不但未能中國佛教化，
倒是佛教中國化了。

今天，世界列強，一方面發展高科技的攻擊武器；
又同時發展高科技武器，防止攻擊，使可能性的毀滅戰
爭愈升愈高，這不啻是抱薪救火。即使非核戰爭，一旦
發生，傷害都是很慘重的。我們並不奢望國人能接受佛
教反戰思想，因為即使中國自己的聖人孟子也說過「善
戰者，服上刑」之重話，❺尚且不能改變爾後歷代為爭
奪帝王而引起的大殲滅戰；❺何況是外來佛教之主張。
但至少我們可以反省：

佛陀既是社會的改革者，也是大宗教家，他崇高之

---

❺ 《孟子・盡心下》：「有人曰：我善為陳，我善為戰。大罪也。」又告子
　下：「今之事君者，……我能為君約與國，戰必克，今之所謂良臣，古之
　所謂民賊也。」又《孟子・離婁上》上：「爭地以戰，殺人盈野，爭城
　以戰，殺人盈城。此所謂率土地而食人肉，罪不容於死，故善戰者，服
　上刑。」

❺ 如秦滅六國時之「馬陵」、「長平」之戰，攸關三國霸主之「赤壁」之
　戰，北宋與遼之「黃天蕩」之戰，清與明之「薩爾滸」之戰；如果是末
　季朝代已形成群割據，如漢、唐乃至清末民初所引起之統一戰爭對峙愈
　久，勞命、喪財所引起之民疾也同樣慘痛。

倫理及道德感締造了一個和平的商業時代；而中國經過三百多年的苦難好不容易熬到今天在經濟上已有小成的局面，可以藉現代佛教興盛之勢，再創中國同於隋、唐時代的繁榮。至少可藉佛教和平精神之理想，再反省中國孫子兵法所說之「不戰而屈人之兵」。以避免中國再有因改朝換代，而發生殲滅性的戰爭，希望能永遠脫離這可怕歷史之夢魘。

這在近代史上，也是有紀錄的，例如甘地（Gandhi）以「非暴力」（Ahiṃsa）領導印度獨立成功。其非暴力，就是佛陀的「五戒」之一的「不殺生」而來的。❺❽換句話說：甘地是以「不殺生」而領導印度獨立成功的。不過，需要大智慧、大悲心、大願力。這雖是近乎聖人的志業，也不妨做為典型加以反省，正如孔子說：「我欲仁，斯仁至矣。」❺❾

六、小結

佛教精神是和平的，能以其偉大的慈悲與智慧感

---

❺❽ 梵文「himsa」本義為「害」，連接前之「阿」（A）為否定，是「不害」、「非害」，佛陀引申為「不殺生」，甘地引申為「非暴力」，也都是耆那教、佛教，乃至印度教的共同戒律。
❺❾ 《論語·述而》：「仁遠乎哉？我欲仁，斯仁至矣。」

化怨敵，甘地幾乎將佛陀的教化應用得出神入化。[60]但是佛教根植影響地區則沒有那麼偉大的宗教家或政治人物，不但不能化解怨敵；而且，也失去自衛之戰鬥能力。中國雖然不會也不希望像受佛教根植影響的地區那樣，喪失自衛戰鬥能力；但亦應反省佛陀、阿育王、甘地那樣避免戰爭也能達成國家、社會之創新、改革與統一。

在重人文的中國社會，我們雖不必同意西方乃至印度之宗教倫理；但佛教之人文倫理、道德，無論在語言、文字上，不漫罵、不挖苦、不粗鄙：保持寬容的和平精神、減少社會的暴戾之氣，與中國儒家是同一的，[61]這樣才能培養真正平和、平等的社會。就這一點論，佛教的人文倫理和平精神與中國的人文精神也是有所同然的。所以我們反省佛教的和平精神時，即使不感到親切，至少不會有陌生感。

---

[60] 雖然，甘地在其自傳中已指出影響他最深的是托爾斯泰（Tolstory）、羅斯金（ruskin）等人及《薄伽梵歌》（*Bhagavadgītā*）；但他的基本思想仍是「非暴力」。印度當時民間盛傳他就是羅摩（Rāma）及佛陀轉世。至於「非暴力」之精義。請見拙著《印度文化思想史》，頁 317-319。

[61] 《中庸》第 33 章：「詩云：予懷明德，不大聲以色。子曰：聲、色之於化民，末也。」

佛教對中日文化影響之比較

提　要

　　佛教傳入日本後，始將中國大陸文化根植在日本，促成日本「大化革新」，繼而發展成「律令國家」。所以，佛教對日本之影響是根本的。

　　佛教傳入中國時，中國已度過了春秋戰國時代第一個學術思想之黃金時代，正是隋、唐鼎盛第二個學術思想之先期時代，所以佛教對中國之影響雖是全面的，但絕非是根本的。

　　中日兩國，都因軍事的目的，西向開拓，而傳入了佛教。雖初期都是由外國人傳入佛教；但正式傳入佛教，日本政府卻是主動、有計畫地派遣學僧輸入佛教及中國之典章、制度。

　　中國政府從未主動派人到西方，而是由民間佛教僧侶憑自己之信仰與毅力前往。其結果，影響中國的，只是佛教及其文化、藝術。印度之典章、制度，對中國了無影響。

　　溯其原因，大和民族為新興民族，是根植文化，重團體、重知識；中華民族為古老民族，是原生文化，重傳統、重思想。從確定時間看，根植文化，欣欣向榮；原生文化，衰弊不振。但從長期看，根植文化亦將會持續地受原生文化之制約。

（本文曾於一九九○年日本佛教大學日韓二十四回佛教
學術會議中發表）

關鍵詞：原生文化、根植文化、中國文化、日本文化

一、前言

中國《左氏春秋》有云：「祀者，國之大事。」又曰：「古者，國之大事在『祀與戎』。」❶這兩句話，不僅是中國，也是世界人類社會共同發展的史事。

大凡人類社會都是始於採擷而遊牧，初民基於對大自然之敬畏，就產生了宗教感；基於採擷、遊牧之競爭而有戰爭。因此，印度迄今在民間還保留有祭師（brahman）與武士（kṣatriya）階級，為社會的領導分子，這是「國之大事在祀與戎」的典型例證。

所以，在文化的發展上來說，雖然，我們也得承認，「戰爭」與「宗教」都有貢獻，但戰爭的貢獻是痛苦的、短暫的；而宗教的貢獻卻是和平的、持久的。宗教不僅是創造文化的動力，也是維持文化、社會之安定力量。我們環觀世界各民族，其文化之精髓無不源於宗教，其精髓之保持亦是宗教之貢獻。❷

---

❶ 《左氏春秋》「文公二年」；《左氏春秋》「成公十三」。

❷ 如「OM」一字，原是印度人《愛陀奈耶梵書》（Aitareya 5, 32）書中所載，為諸神之祭司，與神溝通的信號，中文譯為「唵」，猶太教系之基督教、回教譯為「阿門」。印度之梵天（brahma）係來自宗教之祈禱（bṛh）。中國最早之文字──早骨文，最早之經書──《易經》，是因祈禱、卜筮而生，諸如天「一」，人「兀」，祖「π」等。中國人奉天、祭

其次，從歷史上觀察，新興民族，一旦接收了文化的熏陶，或新文化的洗禮，就會變得更優秀。歐洲的日耳曼人，東北亞的大和民族，乃至中國隋、唐皇室，元、清兩朝之蒙、滿兩族均是其例證。❸

佛教是世界歷史悠久的偉大宗教之一，尤其對亞洲文化思想影響最多，對中、韓具有「普遍」之影響，對日本更具有「根本」之影響，對印度自身則有刺激、振奮性之影響。

祖、形成儒家思想就是這樣產生的。至於現存於世界上偉大精心之藝術作品，無論音樂、建築、雕刻、繪畫，大都表現在宗教上，唯有宗教虔誠的藝術家，才能創造得出那些不朽的藝術，諸如印度之寺、塔，中國之石窟，日、韓現存之古代寺廟，以及羅馬教廷之石刻、壁畫等。一部世界藝術史如果沒有宗教藝術，藝術史是極為貧乏的。

❸ 日本大和民族接受了中國及佛教文化便有了「大化革新」，本文後有詳文討論。歐洲北蠻、日耳曼人接受了羅馬帝國文化之後，於九世紀初有查理曼（Charlesmagne）建立歐洲最大之帝國。十世紀東法蘭克王國的國王鄂圖一世（Ottc I）在羅馬接受教皇加冕，改國號為神聖羅馬帝國（Holy Roman Empiri）。中國元、清兩朝之蒙、滿兩族受中原文化後所締造之帝國，聲威遠播，自不必提。就是隋、唐之開國者，也都是胡人或漢化了的胡人。「隋之祖先既仕於胡族，居於胡地，當然為胡化之漢人，故楊堅之胡姓為『普六茹』，……隋皇之母系則為胡族。……唐皇室父系、母系與胡族有關係，……至於唐皇室之母族之明證更多。」（鄺士元，《國史論衡》冊1，臺北：里仁書局，頁372-374）就以臺灣原住民為例，一九五○年代尚在狩獵，穿丁字布之草萌期生活，迄今四十年來，經過中華民國政府之教化，山地同胞已人才輩出，無論在科學、藝術、運動，以及行政工作上都極為優秀。這些都說明了，新興民族一旦接受教化後，一般說來，較之古老民族具有更大的活力、與開闊的心胸。

之所以有不同之影響，是因為：日本由於佛教之傳入，中國之文化、典章、制度才得隨之在日本生根。中國本身已有很根深的本土文化，佛教只是同質之「添加」而已，因為它是人文的，又與中國儒、道兩家相應和。而佛教卻是印度傳統文化的反動，所以對印度自身只有刺激性的影響。

本文主要就日本所受佛教之「根本影響」、中國所受佛教「普遍影響」做一比較研究。

二、文化背景

（一）日本

洪積世初期，日本群島部分與大陸連接，至第四洪積紀時，因阿爾卑斯山之造山運動到洪積世初期，約距今一萬年前始從大陸分離。在日本所發現之新石器文化與大陸之新石器是同一文化。

日本與大陸中國各民族同屬烏拉山，阿爾泰語系（Ural-altaisch sprach）。《史記‧吳泰伯世家》：「泰伯奔荊蠻，文身斷髮。」日本亦有文身之俗，藤原兼原、中巖圓月等學者認為日人是「泰伯」之苗裔。❹至於

---

❹ 林明德，《日本史》，臺北：三民書局，頁 4-6。

秦人於西元前二一九年率童男童女入海求仙,定居日本已是不爭之史事。

　　中國最早記載日本之文獻為《山海經》稱倭:「蓋國在鉅燕,南倭、北倭屬燕。」次為班固《前漢書·地理志下》:「夫樂浪海中有倭人,分為百餘國。」這與日本史是一致的,日本到「大和朝廷」才有賴統一的政權。至早亦只是四一三年的事。

　　中國文獻上為何稱日本人為「倭」,迄無文獻可據;唯蝦夷人稱為倭奴(ainu),如僅讀重音「AI」即是「倭」;還有日本人立意講話之前,至今尚習慣先說一句阿諾(anou),也近「倭奴」之音,這只是筆者個人之假設而已。根據東初法師:「大化元年(孝德天皇年號、唐太宗貞觀十九年,公元六四五年),宣詔蕃國,始稱曰:『明神御宇,日本天皇』。……仍以漢字之名稱為限,至於其國人之訓讀,則日本亦仍為『ヤマト』,亦即『邪馬臺』之意。至唐玄宗天寶十一年(752),始由大倭國與大養德之訓讀,改為漢字同音字的大和,所以後來的大和國、大和文化、大和民族等,其實,仍都從『大倭』演變而來。」❺由此可知

---

❺ 釋東初,《東初老人全集》之二《中日佛教交通史》,臺北:東初出版

「大倭」、「大和」都是中國《六書》中「形聲」而得，與筆者之設想若合符節。

中國文化大量傳入日本是在「飛鳥時代」，聖德太子攝政的時期，又稱之爲「大化革新」。在這之前爲「大和朝廷」。其統治不靠成文法典，而賴自然發展的社會組織之「氏姓制度」。氏之首長爲「氏上」（Ujino kami），由豪族「氏上」聯合組成政權。所以汪公紀說：「那時日本的君主，實際上也沒有什麼幹頭。古代日本以職業來分爲姓，大概有八種姓：曰臣、曰連、曰君、曰別、曰直、曰首、曰造、曰史，各有專司，而以臣、連、君三者爲最高層的階級。『臣』大約是專司行政，連是軍人，而『君』則管祭祀、事鬼神。」❻總之，日本已有了政、治制度之基礎。

這一時期在國力上與朝鮮半島之「百濟」、「新羅」互有消長。在文化上僅有「古墳文化」，可以看出當時統治者之生活：「埴輪」（haniwa）的種類有人物、動物、住宅，住屋有主屋、副屋、倉庫。殉葬品中，貴族有由中國大陸技術燒成的硬質土器，稱爲「須

社，1985 年 4 月再版，頁 72-73。

❻ 汪公紀，《日本史話──上古篇》，臺北：聯經出版社，1994 年 6 月初版 8 刷，頁 24。

擊器」（sueki）；而一般庶民之陪葬物多是繼承彌生或土器、赤褐色素陶，稱之爲「土師器」（hajiki）。❼

　　這時，日本尚無文字，官方所用之文字，以及主持文化活動的都屬歸化日本的人。根據辻善之助博士云：「要之，我國上代無文字說乃不容否認之事實者，……大和民族自定居於斯土便屢與大陸交涉往來。……這些倭國人或未必就是今日之日本人之祖先，但居住於日本土地之民族與大陸間之交通，自古便已存在。」❽「在雄略天皇時代（456－479），秦人在京畿人口中竟占九十二部，共一萬八千六百七十人。欽明元年（540），秦人戶數計爲七千零五十三戶。」❾

　　漢文最早傳入時間，據《日本書紀》是在應神天皇十六年（285）二月，「王仁自百濟來，太子菟道稚郎子師之」。王仁亦漢高祖之後裔，到日本後名爲「和爾吉師」，據《古事記》赴日所攜經典即《論語》十

---

❼ 《日本史》，頁 24-25。
❽ 《東初老人全集》之二《中日佛教交通史》，頁 89，引辻善之助之《日本文化史》。
❾ 《東初老人全集》之二《中日佛教交通史》，頁 77。並於頁 79-80 詳列有「日本上古時代之歸化漢人系統表」，有秦、漢、吳、魏之皇室後歸化日本後之日本姓氏，計四十二家。復據源光圀之《大日本史氏族志蕃別》漢士傳載，漢靈帝之苗裔歸化日本者就有「秌上」、「山口」、「高田」等三七氏。

卷、《千字文》一卷。❿第五世紀六朝《宋書・倭國傳》裡記載了雄略王之國書，用漢文駢體以討新羅諸國。宋封其為「安東大將軍」，已知其正式使用漢字。《日本書紀》：佛教正式傳入日本始於欽明天皇十三年（552），其後敏達天皇六年（577），百濟王再獻經論、律、禪師及工匠，……相繼傳入日本。

總之，日本此一時期，除軍事、政治維持了統一之外，在文化上，實無何成就。尤其宮廷中，兄妹、叔姪、叔嬸、……之間之亂倫，而雄略天皇本人「殘忍凶暴，他早上看中的女人，晚上就殺了，晚上看中的女人，早上就殺了」。最後知道叔叔草香王子家裡有位妹妹，便差了親信去求親，……殺了他弟弟白彥王子、黑彥王子、其姪押仙王子，以及圓大臣全家，納其女「韓姬」入後宮。強占其手下武士吉備田狹之妻「稚姬」。⓫亦可見當時尚無倫理規範。

（二）中國

日本自大化革新，聖德太子攝政，才有計畫地傳

---

❿ 《日本書紀》、《古事紀》都是八世紀初所撰，分別完成於七二〇、七一二年。只不過一種傳說而已。

⓫ 《日本史話──上古篇》，頁 15-21。

入中國文化與佛教,那是推古天皇元年(593),也正
是中國隋文帝開皇十三年,南北朝大統一,國勢最盛時
期。換句話說:至大和朝廷終期,中國文化已經過了春
秋戰國學術思想之黃金時代,而墜入衰微期;卻又進
入中國文化第二個學術思想之黃金時代初期,亦即所謂
隋、唐盛世前半期。此期印度也已經過了《奧義書》
(Upanisadas)學術思想之黃金時代,而墜入衰微期,
尚且已進入大乘佛教興盛之後半期。

　　中國在隋文帝以前,六經及諸子百家已經完備。
秦、漢大一統對中國之政刑制度大致確立了。尤其漢武
帝、和帝之北伐匈奴,使得匈奴西據東歐,逼迫歐洲蠻
人到處逃竄,搞垮了那時的西羅馬帝國;⓬間接或直接
使印度佛教傳入到中國。

　　在時代思潮上,戰國末期,因百家爭鳴,莫衷一
是;乃有陰陽家、法家興起;漢初雖在政策上用董仲
舒之言,「定儒學為一尊」,但社會學術界仍是宗於

⓬　漢武帝於元溯元年至三年(西元前 128-126),派衛青三次北伐,復於元
　　狩元年(西元前 122)、元狩四年(西元前 118)派霍去病與衛青打垮了
　　匈奴的勢力,到了翰海(戈壁)舉行了「封、禪」禮。東漢和帝永元三
　　年(91)派大將軍竇憲北伐大勝,南匈奴降,徙居塞內,為五胡亂華之
　　禍首;北匈奴竄入北歐、東歐,成為西羅馬之禍根。(鄺士元,《國史論
　　衡》冊 1,臺北:里仁書局,頁 199-203)

道家、陰陽家；乃至魏晉南北朝特重易、道、佛三家之玄學。玄學就是形上學，它脫離了社會實際生活，造成了社會、經濟之頹廢，人心思變。而道家思想迎合佛教的般若思想；陰陽家之讖緯思想又迎合了佛教的輪迴思想；而儒家又迎合了佛教的大乘精神；尤有進者，北方胡人政權又想藉新的宗教或思想以對抗中原文化；此外佛教本身之高深、圓融固為傳入中國重要之原因；而佛教之教主釋迦牟尼本人是太子也使得中國人之王室容易產生尊敬與信心；也因此普遍地影響到政府官員及百姓之信仰。❸

　　此一時期，來中國參與譯出佛經的西域及印度僧侶有七十三人；中國僧侶到西域、印度求法者亦有三十餘人。來華譯經者以安世高、鳩摩羅什最為有名。前者所譯多屬小乘，偏重禪觀，且博學天文、算學。後者所譯均屬中觀、大乘典籍。其他重要典籍如《大涅槃經》、《大智度論》、《法華經》、《華嚴經》六十卷、《舍

❸　參見拙著《中印佛學之比較研究》，臺北：中央文物供應社，1986年，頁363-366。

❹　乃魏晉南北朝劉宋時代（420-479）曇濟所著：即本無宗、本無異宗，即色宗、含識宗、幻化宗、心無宗、緣會宗。前本無宗、本無異宗合為一家。（《中印佛學之比較研究》，頁366）

利弗阿毘曇論》卷亦在相同時期譯出。

中國本土已形成「六家七宗」❹及三論宗。❺中國三論宗早期祖師僧朗、僧詮、法朗；天台宗主要祖師慧文、慧思、智者思想已形成；華嚴宗初祖杜順已是大禪師；禪宗二祖慧可則於此時圓寂。至於道安、道生、僧肇、謝靈運早已卓然成家了。❻

自東漢到隋文帝開皇十四年（594）法經等人所編之《隋眾經目錄》計二千二百五十七部；五千三百一十卷。❼

中國石刻已盛行於殷商（西元前 1668－1028），以大理石雕成石虎、石梟、造型近人形，而外表尚刻一些與此動物無關之花紋。漢代豫章中有石鯨三丈《三輔

---

❺ 《南齊書・周顒傳》，吉藏大師，《大乘玄論》卷 1，《二諦義》卷上，《大正藏》第 45 冊，頁 24 下。

❻ 道安（372-434）對佛教中國化之格義佛教極有貢獻；道生（372-434）對佛教中國化之般若思想、禪觀思想極有貢獻；僧肇（405-409）將道家思想與般若思想會通，對三論宗之思想啟發很大；謝靈運為南朝宋武帝（420-422）在位時之太尉參軍，著有《辨宗論》，以孔子之學為漸，佛學般若為頓，多發揚生公之頓悟義。居士佛學家對儒、佛之融和很有貢獻。（參見湯用彤，《漢魏兩晉南北朝佛教史》下冊，臺北：臺灣商務印書館，1979 年，頁 179-181）

❼ 《大正藏》第 55 冊，頁 150 上。至法經等人所撰之本目錄，連以隋前歷代所撰計三十種之多，僅南齊建武（494-497）僧侶所撰《出三藏記》十五卷尚存，餘均不傳。（參見釋道安，《中國大藏經雕刻史話》。臺北：中華大典編印會，1978 年，頁 190-192）

黃圖》，昆明池中有石刻牽牛織女像，都是巨大之石刻。佛教傳入中國後，石佛藝術自北魏（386－534）起在雲岡、龍門石窟造像。北魏石佛一般都傾向瘦削、臉部沉靜自足，嘴角上翹，展現自足之微笑。

根據後漢書，明章永平十八年（75）在洛陽城西，雍門外建白馬寺，壁上有千騎繞塔之壁畫，如然是爲中國建佛寺已始。又百年後，漢靈帝三年在豫章建大安寺。北魏石像藝術大興後，以後之塔、寺建築藝術亦隨之發展。⑱

後漢順帝永和六年（141）蜀人張陵著《道書》二十四卷，將中國歷來巫教與道家思想加以融合而成道教，自稱爲「天師」，始有中國之道教。自此以後道教與儒家並行在中國發展。道教對中國之醫藥學發展貢獻尤爲偉大。⑲

---

⑱ 除白馬寺外，山西省、趙城縣，後漢建和年間（137-149）光林寺，（今之天寧寺）雖經歷代修建，而其形式、浮雕仍具印度建築特色。

⑲ 中國哲學發軔於《易經》與道家思想，故中醫無論診斷、治療，都是根據陰陽之理、五行之平衡。五臟六腑各配以五行，經絡貫通手足，各有三陰三陽。

中國藥學《本草》一辭，首見於漢書《郊祀志》，成帝建始二年（西元前31），令供奉內廷之「方士、使者、副佐、本草待詔七十餘人皆歸家」，爲中國集體研究藥學之始。《神農本草經》實成書漢代，傳至南北朝時始有手抄本。與陶弘景之校訂與集經本。其他如東漢會稽眞人魏伯陽之

　　總之，相應日本大化革新前之時期，隨印度佛教傳入，除了文學、音樂、唯識思想外，其他已全面影響到了中國。可說是佛教文化已經進入中國文化第二個學術思想黃金時代之前半期。

三、佛教賡續傳入

（一）日本

　　推古天皇元年（593）正是中國隋文帝開皇十三年。推古天皇冊封「聖德太子」，並立為攝政。雖年僅二十，但天才橫溢，文武兼修，術德皆備。二十五歲，在宮中開講《勝鬘經》，親自註疏《法華》、《維摩詰經》。註疏曾參考中國《尚書》、《春秋》、《論語》、《孝經》，以及僧肇、法雲有關著述。他自己所主持建築之「四大王寺」、「法隆寺」最為有名。在上行下效之下，三十年之間全國佛寺共四十六所，僧尼一千三百八十五人。❷⓪

　　推古天皇二十二年（604）始採用中國劉宋文帝時何承夫所創之「元嘉曆」。頒布十七條憲法，是揉合儒、釋、神道三教宗旨而成，第二條即是「篤敬三

　　《參同契》，以及晉葛洪之《抱朴子》兩書均可佐證。
❷⓪　《日本書紀》「推古天皇三十二年九月」條。

寶」。以制定冠位，仿中國《史記》「天官」及仁、義、禮、知、信、智五德一智，各以「大、小」二分，分爲十二冠位。❷

推古天皇八年至十六年（600－608）曾五次遣使至隋，直接吸收中國文化，計有學問僧十人，使節五人，其中「小野妹子」竟出使四次。這些人大都爲歸化日本的漢人，其中尤以「高尙玄理」與「僧旻」對於「大化革新」貢獻最大。❷

唐代自貞觀四年，即日本舒明天皇二年（630）至唐昭宗乾寧元年，即日本宇多天皇憲平六年（894），這二百六十四年間遣唐留學生有姓名可考者二十七人，留學僧八十九人，共十九次，實際到達唐朝爲十三次，總計人數約二千五百四十七人。❷

學生共攜歸書籍，總共一萬五千五百一十六卷，包括經、史、子、集計四十種。留唐學僧攜回佛教典籍有二千七百五十四部。其他有關詩、碑、帖、醫藥書、雜文等五十部，以及法器、文物、佛像等。❷

---

❷ 〈輿服志〉下，《後漢書》卷 40。宛井小太郎，《日本儒教史》，頁 32。
❷ 《東初老人全集》之二《中日佛教交通史》，頁 114-115。
❷ 《東初老人全集》之二《中日佛教交通史》，頁 147-151、頁 154-163。
❷ 《東初老人全集》之二《中日佛教交通史》，頁 146-147、頁 164-169。

　　這些留學生及留唐僧，除了攜回以上經典、文物外，回國後亦參與革新工作具有成就者如：吉備眞備對日本朝廷之禮儀、音樂、築城戰術、曆法改革均有貢獻，並曾任太宰大貳之官職，仿唐製造棉冑、織染，尤其以中國楷書偏旁做成片假名，對日本貢獻最爲重要。菅原清公曾任式部少輔奏令天下儀式，服制悉依唐式。藤原貞敏先後任仁明、文德、清和三代天皇新樂師。圓仁爲著名畫師。阿倍仲麻呂在文史上極負盛名，曾在唐進士及第任御史、都護官職。孝謙之膳大丘拜爲博士，奏請尊孔爲文宣王。大和長岡對日本之法治厥有貢獻。春苑玉成專治陰陽家，長於天文。菅原梶成爲鍼博及侍臣。㉕

　　其中最有成就者是最澄與空海。最澄乃漢孝帝後裔，歸化日本後賜近江國，滋賀之津地方，爲日本天台宗開山祖師。著述二百餘部，今存有六十部。空海回日本不獨弘揚密教，能詩、能書是日本書道之宗師。日本

㉕《東初老人全集》之二《中日佛教交通史》，頁 143-145、頁 164-170。同見木宮泰彥著，《日華文化交流史》，東京：富山房，1955 年，頁 81-84。

㉖《東初老人全集》之二《中日佛教交通史》，頁 152-153、頁 263-267、頁 258-262。

語文初依《波呂歌》，及《五十音圖》之發明，後由空海從梵文及漢字創製平假名。以後日本才有屬於自身之文字。❷

　　唐亦有遣使，或護送日本留學生去日本者，其中亦有就地歸化日本者，都為日廷所重用。如以音樂見長之袁晉卿敕任大學之「音樂博士」，皇甫東朝及皇甫昇女原為唐代樂工，賜姓「榮山忌寸」於舍利會奏唐樂。道明赴日為大和長谷寺開創人。東渡成就最大的是鑑真法師，他於天寶十二年（753），十二月抵日，連同中日僧尼共四十九人；並在東大寺建「戒壇院」開始傳戒，次於天平寶字三年（759），建「唐招提寺」，他能詩、書、文，在日本傳律，並攜去華嚴、天台、真言各宗文獻，此外亦精於本草，中世以降，日本奉祀為醫事之祖。孝謙天皇天平寶勝八年（756）任大僧正，「東大寺」是為日本佛教之「總本山」。未去日本前，鑑真已為唐之高僧，不准其東渡，經過五次偷渡始成願，其在唐，已修造古寺八十餘所，隨其東渡之弟子中，建築、美術、雕刻、書法家可說人才濟濟。❷終至奈良時

---

❷　參見《續日本紀》，寶龜九年十二月廣宣條。宋越倫，《中日民族文化交流史》，臺北：正中書局，頁133。

代，中國佛教各宗，在日本均已繁衍。

三論宗由高句麗僧慧灌於天武天皇九年（681）傳入日本，慧灌首入唐隨吉藏學三論。元興寺道照入唐求法，依玄奘學唯識十三年，於天智天皇四年（665）回國傳法相宗，亦同時傳入俱舍宗。至於禪宗，道昭、最澄均有接觸，散附於各宗，直至宋代才有大量日僧紛往中國學禪宗。㉘

其他如唐之「大雲寺」與日本之「國分寺」；洛陽「大銅佛」與東大寺「大銅佛」無論形式、建材，乃至制度均有著密切關係。㉙

日本大化革新內在原因是由於中國文化及佛教之傳入，外在原因是借鑑中國隋代之大一統。經過十五年後，六一八年唐興，新羅漸強且與唐接近，內部有留唐學生僧旻、高尚玄理根據唐制之改革成功，仍圖對新羅、高句麗保持影響力。但為唐劉仁軌、李勣、薛仁貴在白江口、平壤於六六二及六六五年兩次所敗。戰後七

㉘ 白雉四年（653）道昭見隆化寺慧可之法嗣孫悲滿，天平八年（736）道叡常參神秀法嗣普寂；最澄於台州禪林寺學牛頭禪。以上參見《中日佛教交通史》頁 424 所引《元亨釋書》「三國佛教傳通緣起」。

㉙〈唐揚州大雲寺鑑真傳〉，《宋高僧傳》卷 14。關野貞博士，〈西遊雜信〉，《建築雜誌》第 384 號。其另文〈洛陽龍門盧舍那佛大石像〉，《帝國大學新聞》第 117 號。

年，日本仍忍辱遺使大唐，全面學習大陸文化、政制與
佛教，終於成爲一法治的「律令國家」，亦稱爲奈良時
代之「天平文化」，可說是日本對唐文化之吸收期。直
到平安時代，日本國史已編修、建築內飾已日本化，以
及日本語之形成，已是日本對唐文化之消化期，而開始
創造自己文化之特色了。

（二）中國

唐代東來之譯經師，有史可考有二十九人。其中
印度二十人，于闐四人，唐居一人，吐火羅一人，龜茲
一人，西域一人。唐代西行求法者，北行十七人，其中
以玄奘最爲有名；從南海往返者三十五人，其中以義淨
最有貢獻。玄奘大師攜回佛典五百二十篋，六百二十七
部，譯出七十五部，一千三百三十卷。爲中國法相宗之
祖師，其《大唐西域記》對當時西域、印度來說，至今
成爲珍貴之史料，爲中國開拓西域之極先鋒。其次是義
淨（635－713），年三十七（672）始立願西航，在印
度那爛陀寺住十年始東返，六九五年返回洛陽。往返歷
經二十五年，經三十餘國，攜回經四百部，譯出五十六
部，又別撰《大唐西域求法高僧傳》，及《南海寄歸內
法傳》。**㉚**

在中國各宗發展方面：天台二祖灌頂（561－631），乃至九代法將湛然（711－781）已爲天台正式立宗。三論吉藏（549－622）已立宗。華嚴初祖（556－640）、二祖智儼（602－640）、三祖法藏（643－712）相傳不絕。禪宗之五祖弘忍（602－674）、六祖惠能（637－713）已啓開了禪宗黃金時代。

　　隨著佛教傳入，印度之文學、音樂也於開元中（713－741）大量盛行。涼洲〈進涼州曲〉，後賜名爲〈霓裳羽衣〉，一時習染成風。西方樂譜有調無詞，正合遷就流行之詩篇，這就是開元年間七絕、五絕所以特別流行之原因。㉚至於民間文學多從佛學典籍中之文體，演變而來，稱之爲「變文」，㉜因而戲劇與文學、音樂同時傳入。據傳說唐玄宗曾親自主持在御花園之「梨園」演出。㉝

　　總之，隋、唐已是中國學術思想第二個黃金時代。

㉚　參見《求法高僧傳》，《大正藏》第 51 冊，頁 1-12。
㉛　《國史論衡》冊 1，頁 510。又根據清代所編纂之《全唐詩》共錄二千三百多家，四萬八千九百餘首，其他可想而知。
㉜　劉大傑，《中國文學發展史》中，上海：復旦大學出版社，2016 年 3 月，頁 21、頁 32-45。
㉝　中國民間劇團至今仍供奉唐玄宗神位，爲劇團之守護神，並自稱爲「梨園弟子」。

佛教對中國此一時期之影響是全面的、普遍的。

四、影響之比較

　　按日本《古事記》所載，王仁在二八五年始攜中
國《論語》及《千字文》至日本；《日本書紀》則以五
五二年始傳入日本。其中，日本與新羅、百濟也在不斷
交往，而已歷時二六七年，中國文化通過朝鮮半島傳到
日本，居然未對日本起多大教化作用。直到佛教傳入日
本，才引起「蘇我氏」進步派人士所接納，並且利用
「歸化人」推展佛教，日本才開始有文明氣息。四十一
年以後不到半世紀，這種氣息已能培養出「聖德太子」
那樣英明的學者與大政治家。

　　五九三年，他受冊封爲太子，兼攝政，我們把這
一年以前，追溯到二八五年，稱之爲日本文化之草萌
期；而中國已進入第二個學術思想鼎盛的前半期。佛教
開始傳入中國時是西元第一世紀末稍。四世紀中，大部
分重要佛教經論已被譯出，中國各佛教宗派稍後即陸續
發展。

　　簡言之，中國文化早已傳入日本二百六十七年，
而竟未影響日本當時之文化進步，直到佛教傳入日本以
後，中國文化隨著佛教才在日本生根萌芽，成爲日本

「大化革新」之文化背景。

　　為什麼中國文化一定要伴著佛教才能在日本生根呢？那就如我們在前言所提，宗教才是發展文化之主要動力。雖然中國儒家思想、道家精神具有宗教情操，但畢竟不能從信仰上去體認，而要透過理性去體認，這就不是一個沒有文化的民族所能了解的。而佛教既是信仰的，也是人文的，所以真正根植中國文化於日本的，實應歸功於佛教。所以說，佛教之於日本文化之影響確實是根本的。

　　由於中國本土已有根深柢固的文化，佛教只是豐富了中國文化，對中國文化的影響在幅度上，確實也是全面的、普遍的。亦可見，在此一時期，中日兩國在文化差距上是相當懸殊的。

　　自五九三年至八九四年是佛教賡續傳入中國與日本最盛的年代。日本是大化革新後之「律令國家」。律令國家也就是當時日本的現代化，也就是一切典章制度及文化、教育力求唐化。日本就在這三百年間，趕上了唐的盛世。而唐帝國卻已是「文明無限好，然而已日暮西山」之際。自此以後日本更開始創造自己的文化。

　　為什麼日本能在三百年間，就能趕上唐帝國承襲三千多年的中國文化呢？這也正如我們在前言中所說，

一個新興民族，一旦接受了文化的薰陶，就會變得極為優秀。因新興民族沒有文化包袱，就沒有狹窄的文化意識，於是，就會有較開放心靈接受外來文化。日本以後西化運動之「明治維新」，乃至現代仍舊具有此一特性。

所以日本輸入中國文化及佛教，是主動地吸收；中國卻一直是採取被動的。中國政府從未派人到印度去考察、留學。像法顯、玄奘等所有到印度求法的，全是民間自行前往。雖然歷代朝廷對佛教也很尊崇，但也是由於北方胡人吸收佛教已有相當成效後，隋、唐，乃至南方各朝才重視佛教。

日本沒有文化包袱，自然是其優點；其另一方面亦算是一缺點，那就是沒有自本自根的文化，也就是沒有自本自根的文化思想，也就不容易產生創造性的思想家、發明家。而中國則由於文化悠久，則較易產生思想家與發明家。

日本無論在大化革新，或明治維新，都是由政府有計畫地集體派人到外國研究、學習。所以至今，日本比較著重集體研究，發揮團隊精神。中國是自己個別在印度求法，乃至滿清之變法自強、洋務運動所派遣出去學習的人才都不是有計畫、集體地研究、學習。

相對地，中國著重思想，所以是個別研究、學習。因思想是不能集體同時表現的，只能因襲承傳。而日本因為著重集體工作，所以就在佛教經典註疏、研究上大都是集體、共同戮力以赴。集體可做有計畫之研究，也正是現代的科學精神。日本近百年來對中國反為文化、技術之輸出國，僅就佛學而言，至少已領先中國半個世紀。而中國偏重思想，思想家是不能加速、或速成的，也不能規約、或計畫的。但卻有待時代之激勵。與時代背景有著密切關係。

在佛教傳入上，中日兩國都有相同的原因：那即是日本以軍事、政治上之目的，而通新羅、百濟、……，因而接觸中國文化與佛教。中國也因同一目的而有漢朝通西域，致使西域佛教能傳入中國。

但其結果，卻不盡相同，由於韓國具有中國儒家精神，重氣節，不屈不撓，所以難以被征服，因而日本向來對朝鮮半島之野心終未能實現，而且，在文化上，尚不如半島來得悠久，還曾受其承傳，而為開化之新興民族。中國之於西域卻已列入版圖。其原因是：西域本身沒有原生文化；以後之佛教文化輸入中國，其文化已與中國同質，而喪失其民族思想之特色；也由於西域氣候土質變化太大，人口亦大量減少；而中國歷代仍鍥而不

捨地經營。

　　相對地，由於佛教傳入中國，中國僧侶也提供了西域及南洋之地理、國情、民族采風錄等資料。這對唐以後的中國人，乃至全世界文化都做了無比的貢獻。❸尤其對於大乘佛教之持續發展，使中、韓、日三國都同時居於主導地位。

五、結論

　　宗教啟迪了人類文化，日本大和民族，為新興民族，其文化根基完全賴佛教之傳入，而中國文化才隨之而根植於日本。新興民族具有無限活力與銳氣，對於外來文化吸收最強。但移植之文化卻不如原生文化來得根深柢固，而是表面的、堆積的。所以日本學者多名聞國際，但是思想家卻不多見。因為學術有利於集體研究、討論而發展。

　　而中國是有原生文化的民族，佛教的傳入只是添加了、補充了原有之文化而已。所以中國人重思想，思想是個人的、主觀的，不利於集體研究、討論發展。因為

---

❸《東初老人全集》之三《中印佛教交通史》，頁 408-414。主要提出四點：1. 為海外華僑開發之先鋒，2. 為史地學之鴻寶，3. 為文化傳播之先驅，4. 為中印文化溝通之功臣。

我們只能討論佛教的思想，但佛陀的思想，畢竟只是他個人的，而不是大家討論出來的。

因此，當代日本學者在佛學上有組織之集體研究下較為發達，也較有成就。近百年來，日本對於中國文化做了更多的反哺，佛教亦是其中之一。中國到日本留學學習佛學的，不絕於途；而卻沒有日本學生在中國學佛學的。其中原因固然很多。諸如，經濟、社會、政治等，但根本因素還是得歸之於原生文化與根植文化之特質所使然。

根植文化從量上、形式上，短期看是比較強；但從實質上、內容上，長期看，仍受到原生文化所影響。

或者我們可能問：西歐如日耳曼人不也是與大和民族為同一時期所發展出之新興民族嗎？他們也是沒有原生文化，為什麼也能產生許多思想家呢？那是因為歐州為大陸塊，更容易受文化思想之熏陶；而大和民族，孤懸海島，不容易受到大陸文化思想之熏陶。有如學中國語言，在日本學仍多是日本腔調，如在中國本土學，就會與中國人說得一模一樣。

我們甚至可以說，從中日所受佛教影響來看有所不同；也可以擴大來看，做為中日兩國在各方面發展不同之根本原因。換句話說，我們只要了解到了中日所受佛

教影響之所以有所不同；我們也就會了解今天中日在各方面之發展之所以不同的根本原因。

我們可以說：佛教傳入中日兩國，而有不同之影響，也就成爲今天比較中日兩國發展之度、量、衡。

從《成唯識論》煩惱法數分析
玄奘與護法之近似情、智特質

提　要

　　在《成唯識論》中，有關煩惱法數理，引發不同論師之觀點；除極少處指出特定論師之名字外，其他多稱「有義」，意思是「有的論師如是說」。

　　對於不同法數往往有二師、三師乃至四師，各有不同的意見；依該論之慣例，無論有二師、三師、四師，總之以最後一位論師之觀點，被視為「正義」。因此，本文在該論未指出特定論師名字時，便依例以：二位論師之第二位、三位論師之第三位、四位論師之第四位，視為護法的思想。

　　護法是玄奘之師戒賢的老師，玄奘與護法是一脈相承，玄奘以護法思想為「正義」，是很自然的事；所以二人之情、智在唯識學上必有所同然。因此，本文之目的就是在探討二人的情、智特質。

關鍵詞：護法、玄奘、煩惱、法數

一、前言

（一）佛陀為了解決眾生的苦，所以才求得解脫智、行化世間，苦就是有情眾生最現實的煩惱。《成唯識論》中之煩惱法數是引自各論典而來，不過稍加歸納、泛引各識家之意見，而成更有系統而已。

佛教所講之「心」即是指眾生心，佛教所講的「心所」有二義：一指心所緣之外境，一是指心所緣之心內的善惡意念。無論所對為外境或意念，都是依「意識」──第六識為主體，因為外境與意念，都繫屬於第六識。

如將「心所」加以分類，可有五十一個心所：即遍行於六識的，稱「遍行心所」，有五個；有差別、不一定遍行在六識之中的，稱「別境心所」，有五個；再依善、惡加以區分，則善心所有十一個；根本煩惱有六個，隨煩惱有二十個；而善、惡不定四個；合起來共有五十一個。

但本文只討論六個根本煩惱及二十個隨煩惱，其實六個根本煩惱中之第六個「惡見」亦有五個，因其惡見之差別，而受苦亦有差別，合之亦稱十煩惱。

（二）為什麼本文要選擇「煩惱」，來做「抽樣」

的考察呢？有數點原因：其一，爲佛教以解脫眾生煩惱爲己任，可是唯識學者，很少人對「煩惱」問題提出研究。其二，煩惱之研究也即是心理的分析，是心理學的一部分，對以救度眾生的佛教來說，當然更爲重要。其三，筆者曾引導研究生，從事此一論題之研究，但都裹足不前。其四，如要研究煩惱，不能規避如何斷滅煩惱之研究，這就關係到修證的層次，這也是筆者自身都無法逾越的困難。

所以本文只是從「煩惱法數」，以釐擬護法與玄奘兩人之觀點，來分析其情、智，並不敢觸及到其解脫、斷煩惱之修證問題上；其實佛教總的講，眾生有八萬四千煩惱，豈只這五十一個煩惱而已？

（三）根本煩惱與十煩惱就是貪、瞋、癡、慢、疑、惡見等，認爲這是一切煩惱的根源。從這樣看來，一切煩惱仍是出於主觀個人心理上的作用所引起的。列舉說明如下：

1.貪：甘願付出心、身之苦，以求取非分、非正當之利益。

2.瞋：對不利己之事物、人士，或嫉妒他人優於己者，產生之憎恚。

3.癡：不明事、理，冀求不可求得者。

4. 慢：自以為比別人優秀、輕慢他人者。

5. 疑：對於事、理猶豫不決。有的認為雖有猶豫，最後必定有一簡擇力，所以猶豫中含有智慧；有的認為簡擇力是依識而定，非依慧。

6. 惡見：顛倒因果、事理，又可分成五種：

（1）薩迦耶見：又稱「身見」，以五蘊為我、一切我所見皆眞實。

（2）邊見：或以世間法，執為「斷」、「常」二邊。

（3）邪見：毀謗因果、世界諸法與倫理。

（4）見取見：執我有、我所取有之一切法有。

（5）戒禁取見：如諸外道之禁戒，依之身、心能得解脫者。這有不同之說法：以自我為中心者之私見稱為見取；以自我能得解脫。例如：在其見中執拜老鼠為淨，在其戒中以禁傷害老鼠執為最勝。總之，一般民間信仰對人生毫無補益之禁忌。

六根本煩惱之前五個及第六根本煩惱惡見之五個，合稱為十煩惱。

（四）二十隨眠煩惱分：十個小煩惱，即忿、恨、覆、惱、嫉、慳、誑、諂、害與憍；兩個中煩惱，即無慚及無愧；八個大隨眠煩惱，即掉舉、昏沉、不信、懈

怠、放逸、失念、散亂及不正知。

十個小隨眠煩惱，之所以稱爲小煩惱，因爲它們是個別生起之煩惱，力道較小；中煩惱，無慚、無愧，遍通不善法；而八個大煩惱，因遍通一切染心，所以稱大煩惱。

本文之目的是將《成唯識論》中，有關煩惱法數各論師，分別其言說之不同，做一分析、比較，以擬似護法、玄奘之說，從而再分析二者之情、智特質。

（五）從初步分析，可知玄奘在揉合本論時，大都臚列諸師，每一「法數」最後論者，通常即是指護法。因爲在該論中有其一定之模式可尋。又在該論中經常載有「有說」，並未指出是何人；只有很少處例外，指出某某師所說。凡未載名者，本人就分別列爲第一說、第二說、第三說、第四說，無論有幾師所說，凡各師被列爲最後者，均釐擬是護法所說。

二、煩惱之法數列舉與分析

（一）等無間緣（開導依）

1.第一說：五識生起的一個刹那，前一刹那的自類及後一刹那的他類，不能相續無間，必須由第六意識做它的開導依。例如第一刹那所看的是一本書，後一刹那

所看的是一枝筆，兩剎那相續是無間的。這「無間」必待六識來連接，稱之為「開導依」。

第六識不但引生五識前後剎那，也為五識所引生，而第六識自身就有前後相續的自力；因此，六識以自識及五識，又是其前六識做開導依。

2. 第二說：第一說，只是限於凡人眾生而言，諸菩薩都能對境自在、五根互用、眠可聞聲，……並不必意識做五識之開導依。而且五識專注一境，如觀佛意識與眼識，均不曾頃刻捨離，應是多念相續。

3. 分析：第一說，六識為五識之開導依，而六識之前，為其後之開導依，此時五識亦引起六識的自識。第二說，認為只要專注一境，眼識和意識都是相續而轉，眼識自己沒有分別力，是由第六意識引生，而不用特別強調開導依的功能，也補充了第一說沒有提的聖位連意識都不必，而是五根互用，也就不必什麼開導依了。

（二）第七識所緣不是外境，而是自己之所依

1. 第一說（難陀）：七識緣八識心所變成執「我所」，七識緣八識體執為「我」。心所是不離識體的，所以緣心所緣識不相違。

2. 第二說（火辨）：七識緣八識見分——執為

「我」，七識緣八識相分──執爲「我所」。因見、相二分都是以識爲體，所以即是緣識。

　　3.第三說（安慧）：七識緣八識現行藏識──執爲「我」，七識緣八識種子識──執爲「我所」。因爲種子是現行藏識的功能，並非另外眞有什麼種子「緣彼」即攝此藏識、種子在藏識內。

　　4.第四說（護法）：第七識之我見是任運一類相續而生，如何有「我」、「我所」二境？也不可說前念執我、後念執我所，因爲第八識只有一味轉起，沒有前後差別。第七識只緣藏識之見分爲「自內我」。

　　5.分析：前四說，第七識均緣第八識；前三說都說七識緣八識而有我、我所；前三說都將心所、心體各有不同之異名。第二說之心體爲見分，心所爲相分；第三說將心體稱爲藏識，將心所稱爲種子識。而第四說，第七識緣八識見分，所以我與我所同一。不像前三說七識相分、種子、心所而生執我所。

（三）第七識相應心所有幾？

　　1.第一說：只有九個，即癡、見、慢、愛四根本煩惱及觸、作意、受、想、思五遍行法。與七識恆時相應。

2.第二說：七識與根本煩惱俱，指的是觸等之餘的隨煩惱，而不是指觸等五法而言。

3.第三說：第七識與十隨煩惱相應：放逸、掉舉、昏沉、不信、懈怠、邪欲、邪勝解、邪念、散亂、不正知等，使一切染汙心生起，主在邪念、邪勝解使凡夫生起一切煩惱。

4.第四說：第七識的相應心所有十八個，即四根本煩惱：癡、見、慢、愛；五遍行：觸、作意、受、想、思；八個大隨眠煩惱：掉舉、昏沉、不信、懈怠、放逸、失念、散亂及不正知；尚有一別境：「慧」。

5.分析：第一說與七識相應，除四根本煩惱外，還有五遍行法。這九個心所與七識恆時相應。第二說，根本煩惱必定與隨緣煩惱俱，不是指觸等五遍行法。第三說，十煩惱也遍與一切染心相應。第四說，七識與十八個心所相應。第一說、第二說、第四說，都提到根本煩惱與七識俱，只有第三說，十隨煩惱與七識俱。無論根本煩惱或隨煩惱，遍與一切染心相應。唯有第四說提到八個大煩惱，加上一「別境慧」，……共有十八個心所，更具有代表性。

（四）七識與憂、喜、苦、樂、捨五受何者相應？

1. 第一說：與喜相應，因為使恆向內執第八識為我，而起了我的喜愛執。

2. 第二說：七識與憂、喜、樂、捨相應：緣不善業生入三惡道與憂受相應；緣善業生到欲界人天，色界初、二禪天與喜受相應；緣有樂地善果與樂受相應；緣有善業果生到第四禪天，乃至無色界的非非想天，便與捨受相應。

3. 第三說：凡夫七識相應心所可如前兩家之說；轉為平等性智時，唯與五遍行、五別境、十一善，共二十一個心所俱起；第八識轉依、位大圓鏡智，與捨受相應。

4. 分析：第一說僅對世俗凡夫言，第二說擴及到四禪天，第三說以轉識成智言。

第一說為通說；第二說以禪修境界說；第三說依轉依、轉位說。第三說更深化了修證層次。

（五）七識之不共無明

1. 第一說：第七識與根本煩惱之「我癡」俱，與我見、我慢、我愛其它三根本煩惱不相俱，所以稱為不共無明；因為後三者屬隨眠煩惱故。

2.第二說：第七識恆與癡、見、慢、愛四根本煩惱相應，怎麼不是其共法呢？且在隨煩惱中無我見、慢、愛三惑，是屬六根本煩惱。當然七識與無明共俱。

3.第三說：不共佛法，唯佛獨具，不與二乘、菩薩共有；所以這無明也唯第七識獨具，餘識都無。所以無明唯七識有。也唯第七識通善、惡、無記三性，其他識則不然，所以唯第七識不共無明的癡；不說見、慢、愛三根本煩惱。

4.分析：三說都偏向第七識與六根本煩惱之「癡」無明不共；但第一說將根本煩惱之我見、我慢、我愛列為隨煩惱，認為這三者之無明性較淡。第二說將後三者仍視為根本煩惱，同「癡」一樣，所以此四者均屬不共；第三說唯有「癡」與第七識共俱，因為第七識與共之無明，障蔽了「無我」與「無漏」；並非其他識全無煩惱，及三性。

（六）六識與三性

1.第一說：六識與三性不能俱起：因為第六識與五根識同緣外境；而善、惡、無記三性不能相容，所以六個識與三性不能同時生起；而且五識要靠六識，才能六個識共同起作用；五識作用有別，不無間地互用，所以

六識與三性不能同時俱起。

2. 第二說：六識與三性或可偶然俱起：因為有善的色境，如美景、天樂聲；不善香境，如劣質的化妝品及搖頭丸；無記之觸境，如觸及不生苦、樂、欣厭之物。當這五境現前，第六識勢必與五識並緣之。

此外，如在定中遇聲起座，是耳識與意識同時俱轉，所以不必五根識與六識俱轉。

3. 分析：第一說，六識與三性不能同時生起、存在，是合乎邏輯的，是純理；而第二說，更合乎現實生活，也是綜合的立論，即六識與三性既可能俱起，亦可能分別起。

（七）意識是否與苦受俱起？

1. 第一說：與意識相應的稱作「憂受」，因為五識所受之逼迫才是「苦受」，如為五識依五根受勞作之苦；意識所受之逼迫才是「憂受」，如意識的功能是「了別」，是意識、感情作用，所以是「憂受」。

2. 第二說：與意識相應的有「苦、憂」二受：在人、天二道所受之逼迫，通常稱為「憂受」；在畜生與鬼界的逼迫中夾雜喜樂的稱為「憂受」；如果在地獄受純苦楚，那就是「苦受」。

3. 分析：第一說，第六識只有「憂受」；第二說，
認為六識均有「苦、憂」二受。此說既同意第一說，五
識是「苦受」、六識是「憂受」；所以即說地獄眾生尚
有五識有「苦受」；人天尚有意識有「憂受」；畜生、
鬼界雜有喜樂，亦稱「憂受」。第二說只是擴大第一說
之主體，增加了天界、畜生、地獄等眾生。

（八）六識與苦、樂、捨三受

1. 第一說：六識與三受不俱起，因為五識與六識都
同緣外境，而三受是不同互違。如一念有三受便與六識
同緣的理論相違。

2. 第二說：六識與三受是可以俱起的，因為六識無
論認知的是所欣的順境、或所厭的違境、或無記性的外
境，都可以能俱起；但不是與五識、三受相同。

3. 分析：第一說，認為五識已併入六識中，沒有
各別之作用，所以六識與三受不俱起，因為三受是互克
的。例如一念心的當下不會有三受，或有生、住、異、
滅。第二說，五識中眼所欣之色與舌所欣之味，⋯⋯都
不一定相同；但五識進入六識，若專於一順境即是樂
受，專注於逆境便是苦受，專注於無偏，專注在順、逆
境時便是捨受。

　　第一說，重在一念中六識不可能有三受；第二說，六識共五識專注順、違、無記三境時，六識是可以有三受的。前者重在一念言；後者重在專注順、違、無記三境而言，兩說可以互資，並不相違。

（九）前五識中是否有「別境五法」？

　　1. 第一說：欲、勝解、念、定、慧（別境五法）在五識都沒有，因為五識只緣現境，所以沒「欲」；不能審決，所以沒有「勝解」；不緣過去，所以沒有「念」；隨緣隨境，所以沒有「定」；不能思辯，所以沒有「慧」。

　　2. 第二說：五識中可能俱有「別境五法」，因為五識也有微細的樂境，所以有「欲」；也有微細審決外境，所以有「勝解」；雖無記憶，但對境具有微細的專注感，所以有「念」；雖沒有等引定，但仍有微細的等持定，所以五識有「定」；雖沒有思辨力，但仍有微細之簡擇力，所以五識亦有「慧」。在凡夫位，五識別境或有、或無；在佛地聖位，五識能緣三世，故五法皆具。

　　3. 分析：第一說，別境五法全都無，其理由是五識只能緣當下之境；同時自性散亂不能專持一境，也無簡

擇審定能力。第二說，是以五識各有所專，既「專」其
五法雖不深密持久，但至少有些微細的別境五法。前者
是以五識，對境只在當下，所以五識與別境五法不俱；
後者是以五識各有專，五識各對五塵既有所專，故必潛
存輕微的別境五法。前者重理，後者重事、理之分析。

（十）什麼是欲？

1. 第一說：凡對可欣喜的事，有欲見、欲聞、欲
覺、欲知的希望，都稱爲欲；否則，即是無欲。如希望
離苦，其本身即是苦，不是欲。

2. 第二說：所欲即是對於所樂、所求之境界，未得
求得、既得求不離；對可厭之事，未得求不得、既得求
離。無論可欣、可厭之事，隨願求得、求離，均屬欲。

3. 分析：第一說是積極地註解欲；第二說，從積
極、消極兩方面詮釋。第二說較爲周延。

（十一）欲、勝解、念、定、慧五法是否俱起？

1. 第一說：五法互助俱起；隨一法生起，其他四法
必定同起。

2. 第二說：五法不一定俱起；因此五法或稱五心
所，是緣四種不同情境而生的：如欲緣所樂，勝解緣決

定，念緣曾習種種，定、慧緣所觀境。這能緣的五個心所，所緣之四種情境不可能同時生起。而且在「定、慧所觀境」也有有定無慧、有慧無定的情境，所以說五法不一定俱起。

3. 分析：第一說，將五心所視為同質關係，所以一法生起，其他四法同應。第二說，從五法雖同質，但各不同境，所以不能同時俱起。前者從主觀立場上說；後者從客觀之境上說。對第二說，可試舉例：即便同一聖者五法皆備，但要起用，必待不同之緣，是可以認定的。

（十二）五別境心所法──欲、勝解、念、定、慧，與喜、樂、憂、苦、捨五受，何者相應？

1. 第一說：欲與喜、樂、捨三受相應，憂、苦不是欲所欣喜之境。其他四心所──勝解、念、定、慧，通五受中之四受，除不與苦受相應。因與苦受相應之五識裡，沒有苦以外的四個心所。

2. 第二說：這五個別境心所與五受均相應：苦受與五識俱，憂受與六識俱，那麼，憂受與苦受既不同在一識，怎能相應呢？因為六識之憂根，對於聖法欲求得證，所欲心所與憂受相應；見純苦地獄、畜生，有

苦根，希望解脫，也有欲心所，所以欲心所也與苦受相應。苦根既與欲心所六識俱，那其他四心所定與苦受相應了。

3. 分析：第一說，由於五識裡只有苦受，所以沒有勝解、念、定、慧四個心所，欲心所和喜、樂、捨三受相應，除憂、苦二受不是欲的所樂境。仍是站在五識只有苦受，沒有苦以外之四受。第二說，認爲五個心所都與五受相應，立論在於求解脫必有苦根，而求解脫也必有欲心所，如然則憂苦相應，則六識相應的勝解、念、定、慧——四心所與苦受也相應，便可同俱了。前者重在五識之苦受立論；後者則在重視現實生活。前者重理，後者重事。

（十三）疑

1. 第一說：疑以慧體，因爲猶豫不決、有所簡擇就是疑；但疑本身也潛存著慧，否則便是無所知，所以疑以慧體。

2. 第二說：疑別有自體，反而使慧不能簡擇，所以疑不是慧。因爲在貪、瞋、癡、慢、疑、惡見六個根本煩惱中，除「見取」是假有外，其餘五個煩惱皆有自體，所以疑並不以慧爲體。

3.分析：第一說，認爲之所以有疑，雖非決定；但有所疑亦是慧，慧是因、疑是果；第二說，疑本身是因，使慧不能決定才是果。二者把疑與慧之因果關係做相反的論述。

（十四）十煩惱之慢與苦、樂、憂、喜、捨五受，何者相應？

1.第一說：無論是俱生所起之慢，或分別現世所起之慢，除苦受外，均與其樂、憂、喜、捨等四受相應。

2.第二說：不但分別所起之慢與苦受相應，即便是俱生所起的慢也與苦受相應。因爲意識所起之苦，是由意地所生之慢，都是苦受。在純苦趣中如地獄，既不能造作引發惡趣的業，也就沒有現世之分別慢了。

3.分析：第一說，無論是前世、今生所起之慢，不與苦受同俱，而與其他樂、憂、喜、捨四受相應。至於爲何慢會與憂受相應呢？因爲在苦趣中的眾生，自恃苦劣所起的慢，與憂受是相應的。第二說，俱生所起之慢與苦受相應，因爲意識有苦受；後天分別所起之慢一定也有苦受，在地獄純苦不能引發新業，所以就沒有後天分別慢可言。前者之慢與樂、憂、喜、捨四受相應；第二說與第一說相反，認爲俱生所起之慢也與苦受相應，

而且認爲分別所起之慢在純苦中根本不存在。前者認爲
無先業或現世之慢與同俱樂、憂、喜、捨四受；後者認
爲俱生先業所生之慢，與苦受也相應，與其他四受當然
更相應了。後者並不否認，分別所起之慢與四受也更相
應；而否定在地獄中之眾生，已無所造作，自然沒有慢
的煩惱。前者主俱生、分別所起之慢，都不與苦受俱；
第二說主張俱生所起之慢，也與苦受相應；但在苦受之
地獄，則無慢的煩惱。前者偏重慢煩惱較輕，尚有樂、
憂、喜、捨四受；後者慢煩惱較重，雖四受猶有苦受，
慢煩惱較重。但提出在地獄之眾生是沒有慢煩惱的，也
顯示第二說，苦受是通人、天、地獄眾生的。

（十五）身、邊二見與五受之何受相應？

1. 第一說：俱生的身、邊二見，除苦、憂二受外，
與其他三受相應；而分別生起之身、邊二見，則除苦受
外，與其他四受相應。因爲這二見俱起是意識，所以無
苦受；又是無記，所以無憂受；而分別所起之身、邊二
見除苦外，也與喜、樂、憂、捨四受俱起，因爲執五蘊
苦的人恐常而不斷，執五蘊樂的人恐斷而不常，所以有
憂受相應。

2. 第二說：同意第一說之分別所起之身、邊二見

說；但不同的是不同意其俱生的身、邊二見不與苦受俱，所以主張俱生的身、邊二見與苦受同俱，因為純受苦之惡趣，是與苦受相應的。

3. 分析：第一說，俱生之身、邊二見，沒有苦、憂二受；分別身、邊二見沒有苦受，而與其他四受相應，其中含憂受在內。第二說，不同第一說者，唯在俱生身、邊二見也有苦受。並引論典說，俱生一切煩惱，都在苦、樂、捨三受中，所以說身、邊二見也與苦受俱起。前者主張身、邊二見沒有苦、憂二受；分別生起之身、邊二見沒有苦受，有其他四受，包括憂受在內。第二說認為，俱生之身、邊二見也有苦受。後者同意前者之分別所起之身、邊二見之說；卻反對前者，唯在俱生身、邊二見不與苦相應。可見，兩者都重視分別現時所起之身、邊二見，有憂受之存在，而後者特重俱生所起之身、邊二見有苦受。總的說，前者對俱生身、邊二見是樂觀的；後者則是悲情的。

（十六）掉舉

1. 第一說：掉舉屬貪的性質，因為是追憶往昔樂事而生的。

2. 第二說：掉舉不但屬貪的性質，因掉舉是不寂

靜，也是煩惱的共相所攝，離開煩惱就別無掉舉，而且比煩惱更重，所以為貪分所攝。

3. 第三說：掉舉除貪性等外，還別有自己之體性。有如不信、懈怠是屬癡的性質，但並不是說因此連不信、懈怠的自體也不是實有。

4. 分析：第一說，掉舉屬貪的性質，因為追憶過去的樂事而有所著意。第二說，掉舉不但屬貪的性質，更屬煩惱性質，如沒有煩惱就不會有掉舉。第三說，掉舉有自己之體性，雖然說屬貪性，但仍有其自性。

第一說，以貪過去之樂事視為掉舉。第二說，將煩惱與貪二者都視為掉舉的因。第三說，掉舉雖屬貪性，仍有掉舉自己之體性，有如人屬動物類，但並非因屬於動物就否定人有自己之體性。

第一說，只是為掉舉下了一個定義。第二說，為掉舉指出了產生之原因。第三說，顯示掉舉有其體性，並非假有。掉舉本身即是因，不是果。

（十七）昏沉

1. 第一說：昏沉是癡的性質，昏沉就是癡的行相。

2. 第二說：昏沉不是只屬癡的性質，而且「無堪任」事，因為一切煩惱都是無堪任的；因其癡性特重，

所以是癡的性質所攝。

3. 第三說：昏沉別有其自己之體性，那只是癡分的等流，並非等於癡性，所以說是實有。

4. 分析：第一說，昏沉不但是癡的性質，也是癡的行相。第二說，昏沉視為無堪任，甚至一切煩惱都是無堪任的；而且昏沉是最重之煩惱，所以認為昏沉屬癡的性質。第三說，昏沉只是癡性的等流，別有自體。

第一說，簡直將昏沉視為癡分的性質與行相，等於是癡的同胞兄弟。第二說，昏沉因無堪任，所以屬煩惱性質，不屬癡性質；因癡性重，所以有的將之列入癡性。第三說，認為昏沉別有自體，是因不是果，故是實有。

（十八）失念

1. 第一說：失念是五別境心所法之「念分」所攝，與煩惱相應，所以失念。

2. 第二說：失念是「癡分」所攝，因為癡能令念忘失，所以稱失念。

3. 第三說：失念是念、癡二者所攝，因為失念是俱遍染心的。

4. 分析：第一說，念因與煩惱相交，故失念。第二

說，失念是癡性所攝，癡令失念。第三說，綜前二者的
觀點，失念是念與癡二者所攝。

（十九）散亂

1. 第一說：散亂爲癡的性質。

2. 第二說：散亂屬貪、瞋、癡三毒的性質。

3. 第三說：散亂別有其自身之體性，雖同貪、瞋、
癡所攝；但並不等於三毒，而是有其自己之體性。

4. 分析：第一說，散亂爲癡性所攝。第二說，散亂
屬三毒所攝。第三說，散亂別有體性；同意第二說，雖
具有三毒性質，但並不同體性。這三說，後者比較前者
認知之癡分更爲濃重，而有獨立自體。散亂自身爲因，
不屬任何三毒之果。

（二十）不正知

1. 第一說：不正知是與煩惱相應之不善慧所攝。

2. 第二說：不正知是屬癡的性質，因爲論上說：癡
能令知解不正知。

3. 第三說：論說不正知是遍染心，所以慧、癡都攝
有不正知。

4. 分析：以上三說，後者均嚴重於前者，使不正知

的濃度、廣度都增加了。

（二十一）十煩惱是否與五受相應？

1. 第一說：十小隨煩惱除了諂、誑、憍外，其餘七個唯與喜、憂、捨三受相應，而諂、誑、憍三煩惱，除苦受外，也與喜、憂、樂、捨四受相應。

2. 第二說：十小煩惱之諂、誑、憍三者與五受相應，其餘七個小煩惱，除不與樂受相應外，與喜、憂、苦、捨四受是相應的。

3. 分析：十個小煩惱是忿、恨、覆、惱、嫉、慳、諂、誑、害、憍，五受是喜、樂、憂、苦、捨。第一說，七個小煩惱之忿、恨、覆、惱、嫉、慳、害，與喜、憂、捨三受相應；而諂、誑、憍與喜、憂、樂、捨四受相應。第二說，第一說所說小煩惱那七個與喜、憂、苦、捨四受相應，不與苦受相應；而諂、誑、憍則與五受全相應。茲列表如下：

十小煩惱		五受相應
第一說	諂、誑、憍	喜、憂、樂、捨四受相應
	忿、恨、覆、惱、嫉、慳、害	喜、憂、捨三受相應
第二說	忿、恨、覆、惱、嫉、慳、害	喜、憂、苦、捨四受相應
	諂、誑、憍	喜、憂、樂、苦、捨五受相應

由之可見：第二說都有苦受，第一說均無苦受。

（二十二）悔、眠

1. 第一說：悔、眠以癡為體，屬於癡性，非別有自體。

2. 第二說：悔、眠屬染，也通善性；就染說以癡為體，善性就無癡性，所以說悔、眠屬於隨眠。

3. 第三說：悔、眠是以思、慧二法為體，能生夢境，所以悔、眠二法非別有體，屬於染汙，是癡的等流，是世俗有的。

4. 第四說：悔、眠之體性是纏，不屬思、慧、想；悔、眠二法各別有實體。

5. 分析：第一說，悔、眠以癡為體。第二說，悔、眠有染也有善。第三說，悔是惡作，以思、慧為體；因

為明了所作業有悔，睡眠以思、想為體；兩者非別有體，屬癡的等流。第四說，悔、眠的體性是纏。

第一說，悔、眠以癡為體；第四說，悔、眠以纏為體；第三說，悔、眠以思、慧為體；唯有第二說是主張悔、眠有染、善。

由上推知，第三說，悔、眠較偏有善性；第二說，善、染兼具，較為中性。第一說以癡，第四說之纏，二者相比，當然以纏為嚴重；纏就是業力，業力是普遍存在一切煩惱之中的，也可以說是一切煩惱之體性。

（二十三）尋、伺

1. 第一說：尋、伺二法與第六識，五識俱起，任運分別即前五識。尋、伺有七種分別能力，即：有相、無相、任運、尋求、伺察、染、不染。

2. 第二說：尋、伺二法只有與六識俱，因為論上說伺察七種分別是意識所獨有的能力。且尋、伺與意識的憂、喜相應，不曾說與五識的苦、樂相應。

3. 分析：兩說都承認，尋、伺有七種分別能力。而第一說以為七種分別能力中之「任運」，與五識俱起，所以說，尋、伺與六識、五識都俱起；第二說則認為，只有意識與尋、伺相應。

（二十四）修到無想天，六識是否全滅？

1. 第一說：從生至死之無想天，都無前六識；因聖教說彼天沒有六轉識。

2. 第二說：無想天人命終將生下地，定有潤身愛如自體、境界、當生等愛潤其業種子。

3. 第三說：初生無想天及無想天命終，這兩個時間都有六轉識，因爲其投胎「中有」，必定要起潤生愛的煩惱。

4. 分析：無想天始終都無六轉識，命之始、終兩時都有六轉識，二、三說都認爲無想天在生滅一期中無六轉識。

其實，二、三說都歸到中有之中陰身仍有六轉識，從前世之終到此生之始，即是中陰身之過程。所以第二、三說應是同一回事，除非無想天不轉世上生，否則必待「轉識」爲動力。

（二十五）無心位究竟有幾個？

1. 第一說：無想天、無想、滅盡定、睡眠、悶絕等五個外，實應有生、死二位，共七位是無心位。

2. 第二說：生、死、無心二位應併入「悶絕」無心位中，五無心位仍通過藏識的意識種子現起意識，否則

入無餘依涅槃，意識永不復生。

3. 分析：第二說改正第一說，生、死二位歸屬悶絕位，可說，五位無心，沒有六識俱。但應有凡聖之分別，凡夫沒有滅盡定；三乘聖人沒有無想天及無想，佛及八地以上唯有滅盡定一位。

第二說，在五無心位沒有六識，但凡夫仍依託藏識中的意識種子，在四無心位中重現。可見五無心位其中四位，是指凡夫而言。

（二十六）第八識中是否有「疏所緣緣」？

1. 第一說：只有親所緣緣，它是隨著「業力因」任運變化，所以沒有作意才起的疏所緣緣。

2. 第二說：親、疏兩種所緣緣都有。如第八識為一切種子識，若無其他識種子，八識一切種子便不能形成，一切種子便是八識的親所緣緣；其他識種子便是第八識的疏所緣緣。

3. 第三說：自身、他身、自土、他土都可互用。自然有疏所緣緣。第八識的疏所緣緣在一切因果情境中，或有疏所緣緣、或無疏所緣緣，並不一定。例如：色界仗他界則所緣緣；無色界無所依仗即「因」不足；就佛言，佛能緣無為及過去、未來是無，緣現世法是有，之

所以如此，因爲「佛果」不定。

4.分析：在我們世間而言，任何成就都賴親、疏所緣緣；而第八識之投生轉世，靠自己之業因是親所緣緣；但其業因則是緣其識種子之力而成，即是疏所緣緣；這是第一、二兩者之說。第三說認爲有凡、聖之分，色與無色界之分，而不一定產生疏所緣緣，或沒有疏所緣緣。

三、分析後之統計

我們將以上法數中各家之詮釋與論點一一分析以後，特別將對法數最後一位之論者，再加分析所得做成統計表；在這裡要把本表之製作做一說明：

「說別」一項：在《成唯識論》中，對論者並未指名，僅標「有義」、「有義之說」，本文一律改爲第一說，……第四說；有的「法數」或二位、或三位、或四位，所以本表設此「說別」欄。欄下有兩位論師，就是法數的第二位論師；如是三位、乃至四位，就是法數的第三位、第四位論師。

因爲每法數之最後一位論師，在《成唯識論》中，往往代表一種權威性。眾所周知，該論是玄奘大師以護法思想爲主體所揉合而成的；所以本文就是試圖用這一

方法，看是否能抽離出，屬護法與玄奘二人的具體思想；再以此試圖看出護法與玄奘二人的情、智特質。

因此，把各法數（論師法數），最後一位的論點分為批判、修正、補充、新增、綜合、卓見、其他七項。其界定說明如下：

1. 批判：指前者所立論之批評較具體的。

2. 修正：同意其部分、修正其部分者。

3. 補充：同意其全部，另有所補充、增益者。

4. 新增：就前論者未論及部分，新增一二心所、煩惱等。

5. 綜合：並無新意，僅綜合前者論師諸家之說。

6. 卓見：排除眾議，獨樹一論者。

7. 其他：為備用欄，列示前面六項所不能涵蓋者。

如果各位讀者，從本表再與本文〈二、煩惱之法數列舉與分析〉相對照，可能不能一一完全對應；因為「煩惱」法數一一對應各論師之說，也實在「太煩惱」了。但我們特別著重在「卓見」一欄，其次為「新增」，再其次為「綜合」欄。

（一）法數分析表

序號	法數
1	等無間緣（開導依）。
2	第七識所緣不是外境；而是自己之所依。
3	第七識相應心所有幾？
4	七識與憂、喜、苦、樂、捨五受何者相應？
5	七識之不共無明。
6	六識與三性。
7	意識是否與苦受俱起？
8	六識與苦、樂、捨三受。
9	五識與五別境。
10	欲。
11	欲、勝解、念、定、慧。
12	五別境心所法——欲、勝解、念、定、慧，與五受——喜、樂、憂、苦、捨，何者相應？
13	疑。
14	十煩惱之慢與苦、樂、憂、喜、捨五受，何者相應？
15	身、邊二見與五受之何受相應？
16	掉舉。
17	昏沉。
18	失念。
19	散亂。
20	不正知。

說別	說別特點						
	批判	修正	補充	新增	綜合	卓見	其他
2	✓	✓		✓			
4、護法	✓	✓	✓			✓	
4	✓	✓				✓	
3	✓			✓		✓	
3		✓			✓	✓	
2				✓	✓		
2			✓	✓			
2	✓				✓		
2	✓	✓	✓			✓	
2	✓				✓		
2	✓	✓		✓		✓	
2	✓		✓	✓	✓	✓	
2	✓					✓	
2	✓				✓	✓	
2	✓	✓		✓			
3	✓					✓	
3	✓					✓	
3		✓			✓		
3					✓	✓	
3	✓		✓		✓		

21	十煩惱是否與五受相應？
22	悔、眠。
23	尋、伺。
24	修到無想天，六識是否全滅？
25	無心位究竟有幾個？
26	第八識中是否有「疏所緣緣」？

（二）分析統計表

法數分類	序號	法數
諸識之相應	1 至 9	五識 1；六識 3；七識 5。
諸煩惱與心所	10 至 23	二十個煩惱：十個小煩惱、二個中煩惱、八個大煩惱。 六個根本煩惱：其中之惡見，行相差別不一，又分五見，與貪、瞋、癡、慢、疑，合為十煩惱。 五受：憂、苦、喜、樂、捨。
修證	24 至 26	無想天 1；無心位 1；第八識與疏所緣緣。
三類	1 至 26	1. 七個識與心所等之相應。 2. 三十個煩惱與五受。 3. 修證三境。

	批判	修正	補充	新增	綜合	卓見	其他
2		✓				✓	
4	✓	✓				✓	
2	✓	✓				✓	
3	✓		✓		✓		
2	✓	✓	✓			✓	
3			✓	✓		✓	

說別	說別特點						
	批判	修正	補充	新增	綜合	卓見	其他
五個2； 二個3； 二個4。	6	4	3	3	3	4	
八個2； 五個3； 一個4。	10	6	1	3	5	10	
一個2； 二個3。	2	1	3	1	1	2	
十四個2； 九個3； 三個4。	18	11	7	7	9	16	

四、信然與擬然

從本文二十六個法數分析、歸納、綜合之結果，筆者確信：《成唯識論》中論及諸師所說，列在最後論師的意見被視為「正義」，已成為全論之範式。本文只是從有關「煩惱法數」抽出做一試探而已。

如然，此諸正義之師，應即是護法的意見。因為在該論中，「有說」之處太多，如玄奘都一一列出護法，豈非成為「一家之言」？所以玄奘一律列在「有說」之中，以示編者之平等陳述。

但在日本「性相學聖典刊行會」出版之《成唯識論》中對見、相分之分判，七識所緣境，……及七識相應心所等，都將「護法之正義」，列在三位論師之後，做為歸結。其「證自證分」正是護法的「卓見」，也算修正、補充、新增、綜合了前面安慧、難陀、陳那三者的意見，當然也批評了前三者之意見。

雖然本文所分析之法數是「擬然」，無明文可資；但從護法之思想、《成唯識論》之論式，筆者確實相信就是護法的思想。諸讀者依本文所列出之三種表，去按符〈二、煩惱之法數列舉與分析〉文，或許有幾分「信然」。

五、擬似護法與玄奘之情、智特質

（一）最後我們從本文〈三、分析後之統計：
（二）分析統計表〉，再做一總的分析，即可指向兩位
大師之情、智特質概要：

1. 在二十六法數中，獨排眾議之「卓見」就有十六
個，可見其是自有見地之思想型人物。

2. 在二十六法數中，「補充」與「新增」見解，合
計為十四個，雖次於其卓見之十六個，以此亦可見其超
越前者之見解。

3. 在二十六法數中，「修正」有十一個、「綜合」
有九個，合計二十個，也可表示其對前者之說，也有相
當地認同與尊重。

4. 在二十六法數中，「批判」十八個、「修正」十
一個，合起來二十九個，甚至高於全部二十六法數，可
見其有強烈之批判性。

5. 在二十六法數中，有十四次「二師對論」、九
次「三師對論」、三次「四師對論」，總共二十六次對
論。護法均被列在殿後，做為「正義」之歸結。可見護
法在《成唯識論》中之地位。

6. 在二十六法數中之「綜合」內，對前師所引經

論，都從嚴格解釋；而護法多從寬，或修正其解釋，可見護法並重世法現實生活。

7. 在二十六法數中，護法所「補充」、「新增」前師所論，多在人天解脫修證上。可見護法也重在眾生之解脫上。

8. 此外，眾所周知關於種子主本有、新熏說，而護法主二者兼有；關於二諦空、有之爭，護法主亦有亦空；……在其他很多綜合思想中，顯出他的思想具有補充、新增性，形成其「卓見」獨立思想。「有相唯識」已是護法思想之標幟。

（二）玄奘承傳護法思想並非偶然：

1. 北魏宣武帝正始（504）年間，菩提流支傳《十地經論》爲主，以阿賴耶識爲如來藏緣起，以明自性清淨；玄奘去印度（627－643）前，必有所修習。

2. 安慧（475－555）與護法（530－560）雖同世，但護法爲戒賢之師；玄奘從戒賢學，很自然成爲護法的承傳者。所以，玄奘與護法在修習佛法之情、智，自必有所同然。

（三）舉微知著：再將本文二十六個法數中，最後一位論師對其前所有論者之批判要點，再做一比較：

1. 等無間緣（開導依）：第一說，五識之間有賴

意識爲開導依。第二說，第一說只能就一般眾生說，其實只要五識專注一境，即能引起意識隨轉，而且到了聖位五識（五根）互用，連意識也不必了，就不必有開導依。

2. 第七識所緣不是外境；而是自己之所依：前三說，都將心法、心體分開爲二。第四說，第七識緣第八識見分，所以我與我所同一。

3. 第七識相應心所有幾：唯第三說，七識只與十隨煩惱相應；其他三者都說，七識與根本煩惱相應；第四說更說還有八個大煩惱，加上「別境慧」，與七識相應。

4. 七識與憂、喜、苦、樂、捨五受何者相應：第一說，就凡夫言；第二說，擴及修習四禪天言；第三說，提高到轉識成智言，深化了修證之層次。

5. 七識之不共無明：前兩說，七識我癡俱，或與癡、見、慢、愛俱；第三說，無明唯與七識俱，因七識通三性故，強化了七識無明之力量。

6. 六識與三性：第一說，六識與三性不能同俱；第二說，依境不同，三性可與六識俱起。第一說較合理；第二說較合乎現實生活。

7. 意識是否與苦受俱起：第二說擴大了第一說的人

道到地獄與天道。

8.六識與苦、樂、捨三受：第一說，均不俱起；第二說，可以俱起，較合乎現實生活。

9.五識與五別境：第一說，不與五識俱；第二說，五識可與五別境俱，合乎現實生活。

10.欲：第一說，欣喜、希求，從積極上說；第二說，希求與不希求之事，均是欲，從積極與消極兩面界定。

11.欲、勝解、念、定、慧：第一說，五法互助可俱起；第二說，五法不一定俱起。前者主觀之欲，後者重客觀之境。

12.五別境心所法──欲、勝解、念、定、慧，與五受──喜、樂、憂、苦、捨，何者相應：第一說，主有的分別相應；第二說，均相應。前者重五識之苦受、重理；後者重現實生活、重事。

13.疑：第一說，以慧爲體，不知簡擇；第二說，疑別有自體。前者以慧當因、疑是果；後者以疑當因、慧當果。

14.十煩惱之慢與苦、樂、憂、喜、捨五受何者相應：第一說，除苦受外，餘樂、憂、喜、捨均相應；第二說，均與五受相應。前者重樂觀，後者重慧智。

15. 身、邊二見與五受之何受相應：第一說，均無苦受；第二說，均有苦受。前者重情、重樂觀；後者重智、重悲。

16. 掉舉：第一說，屬貪性；第二說，屬煩惱；第三說，除貪、煩惱性所攝外，掉舉別有自性自體。

17. 昏沉：第一說，屬癡的性質；第二說，同意前說，唯加一「無堪任」；第三說，別有體性。

18. 失念：第一說，屬「念分」所攝；第二說，屬「癡分」所攝；第三說，屬前說二者所攝。

19. 散亂：第一說，為癡分性質；第二說，屬貪、瞋、癡性；第三說，同意第二說，但散亂自有體性。

20. 不正知：第一說，為「不善慧」所攝，與煩惱相應；第二說，屬癡的性質；第三說，是遍染心，為癡、慧所攝，在綜合前二者所說。

21. 惱是否與五受相應：第一說，均無苦受；第二說，均有苦受。

22. 悔、眠：前三說，均為不同層次之癡性；第四說，別有體性，以纏為體。

23. 尋、伺：第一、二兩說，尋、伺均有七種分別能力；第一說，尋、伺與六識、五識俱起；第二說，唯與意識俱起。

24. 修到無想天，六識是否全滅：第一說，全無意
識；後二說，在該天生、死二時仍有意識；第三說同意
第二說，該天一期生存中沒有意識。

25. 無心位究竟有幾個：第一說，有無想天、無想、
滅盡定、睡眠、悶絕，生、死共有五個；第二說，生、
死應併入「悶絕」位，只有五位，其另強調通過藏識種
子，使入無餘依涅槃意識才能復生。

26. 第八識中是否有「疏所緣緣」：第一說，只有
親所緣緣，沒有疏所緣緣；第二說，兩者都有；第三
說，自、他身土互用，故有疏所緣緣；在色界因果中，
或有或無疏所緣緣。

六、結語

　　爲了試圖從《成唯識論》中，抽樣出有關煩惱的二
十六個法數，在這些法數中，有關論師在該論中之前後
排列，所呈現之內容、模式，從後陳之論師擬出與護法
思想是否有相同之處，由這些思想中，應可得到擬似護
法的情與智之特質。

　　爲了此一想法，我們首先做了「法數分析」（見
〈二、煩惱之法數列舉與分析〉），將諸論師思想做了
一一之比較與分析；因恐內容繁雜，故又做了三個歸納

的表解（見〈三、分析後之統計〉）；這樣仍難確切證明「最後一位論師」的思想就是護法的思想。因此只能說「擬然」性是有的；但筆者確有幾分是「信然」的。筆者在文中已有所說明。（見〈四、信然與擬然〉）

但筆者仍感到表解所顯示的，雖顯而不著，所以特別點出「擬似護法與玄奘之情、智特質」（見〈五、擬似護法與玄奘之情、智特質〉）來破題，然如護法的特質實際就在其中。為了更為醒目，所以又增列「舉微知著」（見〈五、（二）玄奘承傳護法思想並非偶然〉）；使玄奘對護法之殊勝地位，與擬似護法思想，可以更具體地顯示出來。現在我們可以擬然結語地說：

（一）護法往往是「從寬解釋經論」，盡可能合乎常識、世間法。日本學者平川彰說：「護法的唯識學說，一般是立於『道理世俗諦』」。（平川彰著，莊崑木譯，《印度佛教史》，臺北商周出版社，2002 年，頁 408）

（二）護法「特重煩惱中之苦受」，也是站在眾生有情立場而言。

（三）護法在一切煩惱、五受中，特重各有體性，「使煩惱的體性更深沉化」。

（四）護法對各識、煩惱、三性關係，都重擴大到

人天、地獄，將這三者加以「普遍化」。

（五）無論在分析、綜合前說，都必有自己之所見（「卓見」），不僅是複誦前人所說而已。

（六）護法認為許多「煩惱法數都自有體性」，看似修正了前說，實際是天翻地覆地主張前諸論師顛倒了因果，實是一大是大非。

（七）護法認為「第七識之煩惱最重」，除諸論師俱有十小煩惱外，特重八大煩惱，煩惱即苦的另一意義。護法看重煩惱，更可見其對有情眾生之悲心。

（八）護法「多有自己之主見」，可以見其智慧與自信，為玄奘所尊崇並非偶然。

以上均可看出擬似護法的情、智，其力辯諸賢，於唯識學界一枝獨秀。然而《成唯識論》中法數之「最上位論師」是否即是護法，並無「文獻可證」；只是從思想上之「擬然」而已；然筆者確有幾分「信然」。

本文不在研究該論之煩惱問題，而是在這些法數的諸師之最後論者與護法是否有些同然。結果至此，我的本文是「擬然」的；但我們分析的結果則是「信然」的。

本文雖不在研究該論之煩惱，但各識與煩惱問題就是心理學之一，尤其與病態心理學有關，「研究煩惱」對於救度有情眾生來說，是值得重視的。

論現代心理學爲唯識學的增上緣

提　要

　　本文根據佛教《佛說胞胎經》、《瑜伽師地論》、《楞嚴經》、《舍利佛阿毘曇論》及《成唯識論》論人之受胎、成長、認知，到轉世投胎之過程。與現代心理學從成胎到成長、認知過程做一比較研究。

　　根據比較所得：了知佛教之胎生學雖與現代心理學、生理學有所同然；但佛教卻是根據因緣法及業力說來貫穿整個人的生命過程；而現代心理學及生理學都只是根據事實之描述，無關因緣法與業力說。

　　雖然現代心理學論成胎到成長之認知有遺傳關係亦算因緣法，但只是近因而已；而佛教則是因緣法業力貫通生命之全程而言。佛教偏向哲學、宗教論方面之闡述；而現代心理學則偏向科學事實之研究。但現代心理學並不違背佛教之理論；而且更能成為佛教學說之增上緣。

關鍵詞：心理學、唯識學、胎生學

一、唯識學有關學說

（一）佛教胎生學

1. 不受胎之原因：根據《佛說胞胎經》：「佛告難陀。何故母不受胎？於是父母起塵染心，……來者至前母有所失精（母不能受精），或父有所失、母無所失，……或母爾時藏（胎）所究竟（根本）即不受胎；如是究竟，或有成寒，……滅其精；（或有婦女病諸如）……或合聚如垢，……或無器胎，……或有熱多，或父母（主）務（而）來神（入胎）卑賤。或來神貴父母卑賤……。」此外，「來神（相）應遇父母而當爲子；於時精神或懷二心所念各異，如是之事則不和合不得入胎。」❶

根據《瑜伽師地論》有兩種過患：

（1）種子過患：謂父出不淨，非母；或母、非父；或俱不出；或父精朽爛；或母（卵朽爛）；或（父母精、卵）俱（朽爛）。

（2）宿業過患：謂或父或母，不作、不增長感子之業；或從俱無；或彼有情不作不增長感父母之業；或

---

❶ 《佛說胎胞經》，《大正藏》第 11 冊，頁 886 上 - 中。

彼父母作及增長或餘子之業；或彼有情作及增長感餘父母業；或感大宗業，或感非大宗業。❷

2. 受胎原因：根據《佛說胞胎經》「無前諸雜錯事、不和調事，等意同行，俱貴、俱賤。宿命因緣當應生子」，……佛告阿難：「云何得入處母胞胎，其薄福者則自生念：『有水冷風於今天雨，有大眾來欲捶害我，我當走入大積草下，……或入溪澗深谷，或登高峻，……我當入屋上大講堂，當在平閣昇於床榻，……神（識）入母胎所念若干各異不同。』」❸

所以受胎「不從父母構精，如成胞裏（胎）不獨（立）父母遺體，亦不因空因緣也。有因緣合成，四大等合因緣等現，得佛胞裏而爲胚胎」。❹

根據《瑜伽師地論》

（1）受胎原因之一：「又種子體無始時來相續不絕，性雖無始有之，然由淨不淨業差別熏發，望數數取異熟果，……又於胎中經三十八（個）七日。此之胎藏一切支分皆悉具足，…… 復經四日方乃出生。」❺

---

❷ 《瑜伽師地論》，《大正藏》第 30 冊，頁 282 下。
❸ 《大正藏》第 11 冊，頁 886 上 - 中。
❹ 《大正藏》第 11 冊，頁 887 上。
❺ 《大正藏》第 30 冊，頁 284 中 - 下。

（2）受胎之原因之二：若無種子與宿業過患，則
「得入母胎，彼即於中有處，自見與己同類有情爲嬉戲
等。於所生處起希趣欲，彼於爾時見其父母共行邪行所
出精血而起顛倒，起顛倒者，謂見父母爲邪行時，不謂
父母行此邪行，乃起倒覺見己自行，見自行已便起貪
愛。」❻

3. 神識入胎與父母之關係：「……其成胎者，……
因緣和合而受胞胎，以故非是父母不離父母，……不從
父母不淨，不離父母不淨成身。……，譬如阿難因小
麥出虫，虫不出（自）小麥，亦不離小麥，因小麥爲緣
而得生虫，因是和合自然生虫。」❼

又「神處於內緣，其罪福得成四大，地、水、火、
風究竟攝持，…… 譬如蓮藕生於池中，……成就地
種，攝持水種，分別火種因號，風種而得長大。」❽

4. 受胎性別之成因：「若當欲爲女，彼即於父便起
會貪；若當欲爲男，彼即於母起貪亦爾，乃住逼趣，若
女於母欲其遠去，若男於父心亦復爾。生此欲已或唯見
男或唯見女，……如是如是，……唯見男女根門，即於

---

❻ 《大正藏》第 30 冊，頁 282 下。
❼ 《大正藏》第 11 冊，頁 886 中。
❽ 《大正藏》第 11 冊，頁 886 下。

此處便被拘礙。」❾

　　5.胎藏中之八位差別：「若已結凝箭內仍稀，名羯羅藍；若表裏如酪未至肉位名遏部曇；若已成肉仍極柔軟，名閉尸；若已堅厚稍堪摩觸名爲鍵南；即此肉摶增長支分相現。名缽羅賒佉；從此以後，……眼等根生名爲根位；從此以後，彼所依處分明顯現，名爲形位。」❿

　　6.業力與胎教關係：「於胎藏中。或由先業力，或由其母不避不平等力所生隨順風故，令此胎藏或髮或色，或皮及餘支分變異而生，……由其母多習灰鹽等味若飲若食，令此胎藏髮毛稀甚少，……由其母習近煖熱現在緣故，令彼胎藏黑黯色生；又由母習近極寒室等，令彼胎藏極白色生；由其母多噉熱食，令彼胎藏極赤色生；……由其母多習婬欲現在緣故，令彼胎藏或癬疥癩等惡皮而生，……由其母多習馳走、跳躑，……令彼胎藏諸根支分缺減而生。」⓫

　　7.胎兒性別，胎位不同：「彼胎藏若當爲女。於母左脇倚脊向腹而住。若當爲男。於母右脇倚腹向脊而

住。又此胎藏極成滿時，其母不堪持此重胎。……又此胎藏業報所發生分風起，令頭向下足便向上。胎衣纏裹而趣產門。」⑫

8.受胎時已決定出生後之命運：「若薄福者。當生下賤家。彼於死時及入胎時。便聞種種紛亂之聲。及自妄見入於叢林竹葦蘆荻等中；若多福者，當生尊貴家，彼於爾時便自聞有寂靜美妙可意音聲，及自妄見昇宮殿等可意相現。爾時父母貪愛俱極。最後決定各出一滴濃厚精血，二滴和合住母胎中合爲一段，猶如熟乳凝結之時，當於此處，一切種子異熟所攝，……一切種子識功能力故，有餘微細根及大種和合而生。……此名爲羯羅藍位。」⑬

9.胎兒之形成：胎兒期：共經三十八個七天，即二百六十六天，該位在每一七天胎兒之變化，均有極詳細的說明，隨選擇一、二舉例：⑭

（1）第四個七日：有肉團：「堅者則爲地種，軟濕者則爲水種；其熅燸者則爲火種，間關其內則爲風種。」

---

⑫ 《大正藏》第 30 冊，頁 285 上。
⑬ 《大正藏》第 30 冊，頁 282-下 -283 上。
⑭ 《大正藏》第 11 冊，頁 887 中 -889 下。

（2）第五個七日：「五處應瑞：兩臗、兩肩、一頭。」

（3）第六個七日：「四處應瑞：兩膝、兩肘。」

（4）第七個七日：「四應瑞：兩手曼、兩臂曼。」

（5）第八個七日：「二十應處：十足指、十手指。」

（6）第九個七日：「兩眼、兩耳、兩鼻、口及下（肛門、生殖）九孔。」

（7）第十一個七日：「憙申手腳。其胎轉向。」

（8）第十四個七日：「其精（胎兒）體生九萬筋（神經）。」

（9）第十五個七日：「合爲八萬脈，二萬在胸腹、二萬在背、二萬在左、二萬在右。」

（10）第十九個七日：「得眼、耳、鼻、舌四根（初在母腹即已獲身、心、命三相）。」

（11）第二十個七日：「自然化風名靲靮，吹小兒體在其左足令生骨節，倚其右足而吹成骨，四骨處膝。二骨在臗、三骨在項、十八骨在背、十八骨在脇、十三骨在掌、各有二十骨在左右足。……二骨在肩、十八骨在頸、三骨在輪耳、三十二骨在口齒、四骨在頭。」

（12）第二十六個七日：「假使前世有惡罪行諸殃

來現；……假使有男即趣母右脇累趺坐。兩手掌著面背外。面向其母；……假使是女在母腹左脇累趺坐。手掌博面。」

（13）第二十八個七日：「在其胞裏於母腹藏即起八念：乘騎想、園觀想、樓閣間想、遊觀想、床榻想、流河想、泉水想、浴池想。」

（14）第二十九個七日：「在其胞裏於母腹藏，……顏色固然隨其宿行，宿作黑行色現為黑形體如漆，……宿行白色面貌正白，普體亦然，……是世間人有是六色，隨本所種自然獲之。」

（15）第三十八個七日：頭下腳上，遭大苦惱，向於產門。

（二）佛教根識學

1.何謂六根

云何眼根：眼入名眼根、眼界分攝四大所造淨色，分攝四大所造過去未來現在淨色，分攝已見色、今見色、當見、不定，分攝色光已來、今來、當來、不定、分攝已對色、今對、當對、不定，若眼無礙是眼、是眼入、是眼根、是眼界、是田、是物，……是內入眼見色是名眼根，耳、鼻、舌、身根亦如是。

云何意根：「識陰名意根，云何意根？若心意識、六識身、七識界名意根，云何意根？若識過去、未來、現在，內外、粗細、卑勝、遠近是名意根。」⑮

2. 云何六識身

眼、耳、鼻、舌、身、意六識身。緣眼、色、明、思惟以四緣識生已生、今生、當生、不定是名眼識身。

云何耳鼻、舌、意識身？緣意、法、思惟以三緣識已生、今生、當生不定名意識身，是名六識身。

3. 五識相應與其自性⑯

（1）何謂五識相應地：「謂五識身自性，彼所依、所緣，彼助伴、彼作業，如是總名五識身相應地。」

（2）何云五識自性：

①眼識自性：依眼了別色，彼所依者，俱有依謂眼，等無間依謂意，種子依謂一切種子，執受所依，異熟所攝即阿賴耶識。

②耳識自性：依耳了別聲，俱有依謂耳，等無間依謂意，種子依謂一切種子阿賴耶識。⑰

③鼻識自性：依鼻了別香，俱有依謂鼻，等無間依

---

⑮ 《舍利弗阿毘曇論》，《大正藏》第 28 冊，頁 560 中。
⑯ 《大正藏》第 30 冊，頁 279 上。
⑰ 《大正藏》第 30 冊，頁 279 中－下。

謂意，種子依謂一切種子阿賴耶識。

④舌識自性：依舌了別味，俱有依謂舌，等無間依謂意，種子依謂一切種子阿賴耶識。❶

⑤云何身識自性：依身了別觸，俱有依謂身，等無間依謂意，種子依謂一切種子，即阿賴耶識。❶

4. 六根如何形成❷

（1）眼根：「由明暗等二種相形，於妙圓中粘湛發見，見精（眼識）映色，結色成根，根元目爲清淨四大，因名眼體如蒲萄朵，浮根四塵流逸奔色。」

（2）耳根：「由動靜等二種相擊，於妙圓中，粘湛發聽，聽精（耳識）映聲，卷聲成根，根元目爲清淨四大，因名耳體，如新卷葉。浮根四塵，流逸奔聲。」

（3）鼻根：「由通塞等二種相發，於妙圓中粘湛發嗅，嗅精（鼻識）映香，納香成根，根元目爲清淨四大，因名鼻體如雙垂爪。浮根四塵流逸奔香。」

（4）舌根：「由恬變（？苦）等二種相參，於妙圓中粘湛發嘗，嘗精（舌識）映味，絞味成根，根元目爲清淨四大，因名舌體如初偃月，浮根四塵，流逸

❶ 《大正藏》第30冊，頁279下。
❶ 《大正藏》第30冊，頁280上。
❷ 《楞嚴經》，《大正藏》第19冊，頁123中。

奔味。」

　　（5）身根：「由離合等二種相摩，於妙圓中粘湛發覺，覺精（身識）映觸，摶觸成根，根元目爲清淨四大，因名身體如腰鼓顙，浮根四塵流逸奔觸。」

　　（6）意根：「由生滅等二種相續，於妙圓中粘湛發知，知精（意識）映法，覽法成根，根元目爲清淨四大，因名意思如幽室見。浮根四塵，流逸奔法。」❷

　5.六根間之關係

　　「如是六根，由彼覺明（眞如）有明明覺，失彼精（眞如）了，粘妄發光（非粘精發光）是以汝今離暗離明無有見（物）體；離動、離靜元無聽質；無通、無塞嗅性不生；非變非恬嘗無所出；不離、不合，覺觸本無；無滅、無生了知安寄。」

　　「如是十二諸有爲相，隨拔一根脫粘內伏，伏歸元（本）眞（如），發本明耀，耀性發明，諸餘五粘應拔圓（滿解）脫，不由前塵（五根）所起知見，……由是六根互相爲用。」❷

---

❷ 《大正藏》第19冊，頁123中。
❷ 《大正藏》第19冊，頁123中。

6. 佛教論心、意、識

根據《瑜伽師地論》，阿賴耶識是眾生輪迴之主體，其輪迴之動力則是因個人的業力，男的依母緣為主，女的依父緣為主而生，❷在阿賴耶識中即帶有潛在的五根之用，出生後遇緣而次第發展，❷而後漸顯第六識，❷第七、八識之作用。❷所謂八個識，即是將眾生的心，分為八大作用，五識是知覺感官之知覺作用；第六識為綜合前五識之作用；第七識累積第六識之經驗，而形成習慣、知識進而把這些習慣，知識視為真實；第八識主收藏、保存第七識之習慣、知識，形成一強大的業力種子，轉世投生。所以第八識，阿賴耶識又稱為異熟識。❷

阿賴耶識與其他七種識的關係是：從存在說，前七識是依附第八識而存在，投胎轉世；從發生認識作用來說，第八識依賴第七識，第七識依靠第六識；第六識依賴前五識。從存在說，是種子生現行；從起作用說，是現行熏種子。❷

---

❷ 《大正藏》第 30 冊，頁 282 下 -290 上。
❷ 《大正藏》第 30 冊，頁 284 下 -285 上。
❷ 《大正藏》第 30 冊，頁 285 上。
❷ 《大正藏》第 30 冊，頁 292 下。
❷ 《大正藏》第 30 冊，頁 280 中。

　　西方及印度學者，往往只把佛學分別唯心與中觀兩大派，如《維摩結經》之「心淨則佛土淨」，《華嚴經》之「心如工畫師，能畫諸世間」，唯識之「萬法唯識」等。

　　唯心論的共同點是：「意識決定存在」，如社會之變遷，朝代之更變、科學之發明等都是權威人士之意識決定的；但如依經驗主義論者來看，所謂「意識決定存在」，而決定意識者正是「存在決定意識」。如發明家之所以發明；朝代之所以改變，實有其一定之背景，依此而論，瑜伽唯識才是「最徹底的經驗主義者」。因爲阿賴耶識是從無始以來熏習而成，是經驗所得；就認識論而言，是在阿賴耶識中被熏習之「見分」行成能知，能識；被熏習成之「相分」形成所知，所識之記憶。吾

---

❷ 因爲五識、六識，乃至七識身，俱有依，偎依一切種子阿賴耶識。甚至轉世亦存在阿賴識中成異熟識。全文參見《瑜伽師地論》卷 1 至卷 3。依《成唯識論》卷 3，(《大正藏》第 31 冊，頁 13 下)「第八識雖諸有情皆悉成就，而隨義別立種種名：謂或名心，由種種法熏習種子所積集故；或名阿陀那，執持種子及諸色根令不壞故。或名所知依，能與染淨所知諸法爲依止故；或名種子識，能遍任持世出世間諸種子故。此等諸名通一切位，或名阿賴耶，攝藏一切雜染品法令不失故。」
阿賴耶識之受熏，乃至成爲一切種子，也就是說它現是能藏，也是所藏，就所藏之作用說，也就是前七識之知覺認知了一事物，傳到了第八識阿賴耶識中，也稱「現行熏種子」；但就能藏來說，也是依存在論稱「種子生現行」。

人之所以能認知外境之事物，正是「能知之見分，行於相分」之關係，❷所以見分又稱爲「行相」。換句話

---

❷ 通俗地說，「英雄造時勢」就是「意識決定存在」；「時勢造英雄」就是「存在決定意識」。如就政治思想說，資本主義就是主張意識決定存在，充分發展個人之自由，讓天才領導社會，如發明家之發明可以造福全世；共產主義的信條是要社會平等、要打造一個公平的共產社會，人們在此一平等社會成長才是幸福，那就是「存在決定意識」。

基本上，這是一個哲學問題，一般來說，數學、邏輯，都是在研究一個抽象的「理」，不必要具體的經驗，如 A＞B，B＞C，知 A＞C，可以不必知道 A、B、C 是何物？是何事？是何人？乃至是何理？主張理性主義者，這就是「意識決定存在」；但主張經驗主義者會說：吾人必定已經驗過一一具體的物、事、人乃至理，才能抽象到 A、B、C 之代號。這也可以還原到歷史哲學問題，譬如說，人類何以發生農耕商業、工業、……文明？就農耕之始可能是初民在野外採集到菓子回到洞內，將菓核丟棄到洞外長出了樹，開花結果，聰明的初民有意地種植菓樹，乃至野生可食之植物，於是產生了農業文化。理性主義者說，這是初民之「意識決定了存在」；經驗主義者可說這是「存在決定意識」，如果不是無意識見到洞外所棄之果核所生長出之樹，他就不會有意識地去種植。

依瑜伽唯識學的觀點，「無始時來」阿賴耶識能知之見分與所記憶之相分，已形成一個知識寶庫，吾人之所以能認知外界事物，都是記憶之相分做媒介，換句話說：吾人之所以能認知任何事物，是因爲任何事物之類型已存在阿賴耶識之相分中。所以瑜伽唯識之知識論就是見分行於相分，能知行於所知。

阿賴耶識是無始時來所熏習而成，可算是最徹底的經驗主義者；而阿賴耶識正因爲是「無始時來」也算是先天的，也可以稱爲理性的。也就是綜合了，甚至超越了現在理性與經驗主義者之論爭。

關於「行相」說，請參閱《成唯識論》卷 2：「達無離識所緣境者，則說相分是所緣，見分名行相、相、見所依自體名事，即自證分。」（《大正藏》第 31 冊，頁 10 中）

所謂行相、就是認識論，見分行於相分，能知行於所知。亦即康德「主體行於認知之客體」。

說，見分透過相分爲媒介，而才認知外境之事物的。

譬如「少小離家老大回」，親友已不復認識，但一旦相見傾談，兒時記憶猶新。昔時故友之凋零，景物全非都是因緣變化稱之爲「塵」，而恢復之記憶即是相分，是「塵」的影子，故稱作「似塵」。❸哲學的經驗主義者，尙只是談到現實的認識而言；而唯識學者之見分，相分自無始以來都是得自經驗，豈不更是「徹底的經驗主義者」嗎？

我們雖然這麼說，在現實上唯識學者仍否定有離識之外的東西存在，所謂「萬法不離識」，亦通稱「萬法唯識」，也合乎唯心論之「意識決定存在」說。反之，未嘗不可說有同巴克萊（Berckley）「不被知覺的即不存在」。❸唯識學也算是經驗主義者，就西方學者之觀

---

❸ 「謂識體轉似二分、相、見俱依自證起故」；「諸識生起時變似我法」。（《大正藏》第 31 冊，頁 1 中）

在現實之經驗世界中，確實有外境，有我們自我的經驗；但佛法卻認爲一切變化的事物都是假有的，一切宇宙事物皆是假法，一切眾生都是假我。假法、假我有如，如塵土似的只見短暫之存在，而吾人所有之記憶，相分是得自無始時來之對於塵世之記憶所以稱作「似塵」。

❸ 巴克萊（Berckley, 1685-1753）「不被知覺的不存在」也可以說「存在即是被知覺」。巴氏並非否認房子、桌子之存在，即使沒有人看見它，仍然存在。他的理由是 "The question is not whether the statement is true or false, but in what sense it is true. What does it mean to say that the table is in the room when nobody is present and perceiving it? What can it mean except that

點看絕對唯心論與絕對經驗論已難說得清楚，所以才有康德（Kant）出來分為純理性與實踐論做了一次界線之分際。❷因此，我們也不必說唯識是唯心或是經驗主義加以框住自己，基本上《成唯識論》是偏向認識論，知識論的一部著作，正因為它是一部偏向知識論的書，在科學知識普遍發展的今天，在有些方面可以補助部分唯

---

if someone were to enter the room, he would have the experience which we call seeing a table?" 不在於語言陳訴之真偽，而在於真正地被知覺才能說它存在。如果沒有人看房內有桌子，除非你進入房子認證它的存在。
"A Hislnty of hilorohy" Volume V 205 by The mewman res. Westminster, MD *Philosophical Commentaries*, 75I; I, P. 9I, References to Berkeley's writings by volume and page are to the critical edition of his Works by Professors A. A. Luce and T. E. Jessop. The *Philosophical Commentaries* will be referred to as *P.C.*; the *Essay towards a New Theory of Vision* as *E.*; the *Principles of Human Knowledge* as *P.*; the *Three Dialogues* as *D.*; the *De motu* as *D. M.*; *Alciphron* as *A.*

❷ Kant（1727-1804）「《純粹理性批判》因著那個推證，表示：第一，範疇不是屬於「經驗的起源」的，但卻是在純粹知性中有它們的先驗的地位與根源；第二，由於範疇是獨立不依於對於對象底直覺而只涉及對象一般，是故雖然它們除依應用於經驗的對象外，便不能結成（或產生）理論的（知解的）知識。可是當它們應用於一個『因著純粹實踐理性而被給與』的對象時，它們卻能使我們確定地去思議那超感觸者。」「《純粹思辨理性批判》底讀者將可徹底信服那辛苦的『範疇之推證』是如何高度地必要的，而且對於神學與道德學又是如何地有成果的。」（牟宗三譯註，《康德的道德哲學》，臺灣學生書局，1992 年三刷，頁 402-403）
雖然康德認為純理性批判對神學、道德學實踐理性批判是重要的，但是他明白地說：「實踐的判斷力與理論的判斷力大得多麼多。」（《康德哲學資料選輯》，仰哲出版社，1989 年，頁 118）

識學的不足處。例如佛教認為我們人間世是由六識、六根、六塵這十八界因緣和合所形成，現代物理學、心理學已有更進一步地說明；應可採用，至少具有參考的價值。佛陀說：在他以前的學說凡不違背佛法的稱為「順佛法」；依此類推，在他之後凡不違背佛法的應亦可稱為「隨順佛法」。❸

　　我們所見之有色世界之物質，物理學家分析到最後，只是一種「能」，而物質所顯現之顏色只是一種波長，物質豈不就是「緣起性空」嗎？例如論到五根，佛教就很少有進一步的分析，現代心理學家論到眼根已把眼睛的機能組織都說得很細緻，之所以能夠看到外物是經過視覺系統，光波→角膜→瞳壓→彩虹膜→水晶體→玻璃液→網膜。網膜竟可接受十二億五千個光譜，但人

---

❸ 隨順佛法：何等為四，一曰汝等當知，一切行苦地獄畜生餓鬼中苦，閻羅王苦，惡行者苦，無功德苦，著我我所苦，欲生人天，當種善根修諸功德，遠離八難得無難處，眾生聞已，捨離顛倒修習善根，遠離八難生人天中。二曰汝等當知，一切行苦皆悉熾然如燒鐵丸，一切眾行悉磨滅法，寂滅涅槃遠離熾然清涼安樂，眾生聞已皆修善根，修善根已得音聲忍，得音聲忍已學聲聞乘。三曰汝等當知，學聲聞乘者，為學小智，因他覺悟，更有勝道名緣覺乘，悟不由師，汝等應學，若有眾生樂勝道者，聞此音聲學緣覺乘。四曰汝等當知，過聲聞緣覺，更有勝道，名曰大乘，修菩薩行，究竟六波羅蜜，具菩薩行得不退轉。（《華嚴經》,《大正藏》第 9 冊，頁 618 下）

類有能力分辨最多只有七百萬種顏色，大多僅能辨認一百五十至二百種。

二、現代心理學

（一）產前的生長[34]

懷胎期一般在二百六十六天左右。

1. 受胎兩週：受精卵變成一個凹形的細胞團。

2. 受胎六週：主要發育開始形成，稱為胚胎期。

3. 受胎十週：已有呼吸及吸吮之能力。

4. 受胎十二週：胎兒性別能由專家加以鑑定。

5. 受胎十四週：胎兒已能張開眼睛。

6. 受胎十八週：已發育健全，早產也可存活。

（二）受孕與胎兒性別[35]

一般人都有二十三對染色體，每一對的一半是來自母親，另一半則來自父親，對於個體具有支配之作用。每一染色體所含基因超過一千。女性通常有兩個染色

---

[34] 劉安彥，《心理學》，三民書局，頁 62-63；游仁山編譯，《心理學導論》簡明版，頁 105。

[35] 劉安彥，《心理學》，頁 48；游仁山編譯，《心理學導論》簡明版，頁 100。

體，稱為 X 染色體；正常男人叫 Y 染色體，女性二十三對染色體通常以 XX 代表，男性以 XY 代表。

遺傳變態如女性有一個 X 染色體在算術、空間，形成知覺上有缺陷；如男性有 XXY 型染色體，其睪丸小，精子亦少，但其胸部乳房比一般男性發達，其中一半甚至智能不足。❸

（三）五官

1. 視覺

（1）光引起視覺之刺激：光是在電磁光譜中引起視覺的那小部分。物理學家認為光乃是成束的能源；光本身以微波移動，以波長來加以測量，是心理學家了解色彩所必須。物體之形狀都是不同之光線反射而成。❸

（2）眼的構造：光線透過角膜和水晶體而集中在網膜上，網模乃是視覺系統中感受光線的部位。由水晶體負責調節所能看到物體間的距離。當物體靠近眼睛，水晶體變成後凸，距我們遠時水晶體變為薄扁，毛狀肌的縮張導致水晶體的厚或扁，這樣可以提供我們深度的

---

❸ 劉安彥，《心理學》，頁 48-49。
❸ 劉安彥，《心理學》，頁 221-223；游仁山編譯，《心理學導論》簡明版，頁 183-185。

視覺。

虹膜位於角膜之後，其主要作用因其伸縮而使瞳孔可以放大、縮小。網膜位於眼球最內層，是由爲數超過一億的兩種視覺受納細胞所組成。一爲桿細胞，對於光能十分敏感，對於弱光，夜間視覺極爲重要；一爲錐細胞，估計高達七百萬，對於波長的光線能做不同的反應，具有彩色之視覺。其精細度較前者桿細胞爲強。

眼與腦之中介爲視神經，由左右兩眼之視神經交叉（Optic Chiasma）而傳到大腦左右兩半球的視覺區。❸

2. 聽覺

（1）聲波引起聽覺的刺激：空氣中分子受到壓力產生振動引起聲波，向四面擴散，頻率是指每秒鐘所產生的振動循環爲準，稱之爲和茲（Hz），一般常可聽到高達兩萬和茲之頻率。振幅是指聲波之高度。波長與振動率成反比，波長愈長，振動率愈低。❸

（2）耳的構造：人耳分外、中、內三部分，外耳將外在聲音引入到中耳的鼓膜，產生振動時，引起中耳三塊小骨相互打擊，傳入內耳，其波動即提高到二十倍

---

❸ 劉安彥，《心理學》，頁 223-224。
❸ 劉安彥，《心理學》，頁 229-230；游仁山編譯，《心理學導論》簡明版，頁 191-192。

左右。中耳的鐙骨與卵形窗相連，卵形窗也是一層薄膜，其下又有層薄膜，叫圓形窗，當鐙骨打擊卵形窗時，圓形窗具有平衡內耳壓力的作用。

由卵形窗受擊而產生的振動，向內傳到蝸殼管內的液體，它把液體所受的振動變成神經衝動。蝸殼管內有有基膜，其上有科提氏器官，此器官有許多毛狀細胞所組成，聲波由毛狀細胞轉變成神經衝動，而再由其他聯絡神經細胞傳到腦部而引起聽覺。❹

3. 嗅覺

鼻腔內的嗅覺皮層是嗅覺受納細胞的所在處。該細胞由於是一種具有專門功能，能將外來嗅覺刺激直接傳到腦部，此細胞到腦部主管嗅覺的部位只經過兩道傳遞的過程，因此它是所有感覺系統中最爲簡單的；由於氣味沒有共同一致的名稱可以代表，加上不同之氣味是否由不同的大氣分子所傳導的難題，有關嗅覺的研究有限。嗅覺的敏感度隨年齡增大而減低。女人嗅覺較男人敏感，也因經期而有變化。❹

---

❹ 劉安彥，《心理學》，頁 231-232。
❹ 劉安彥，《心理學》，頁 234；游仁山編譯，《心理學導論》簡明版，頁 193。

4. 味覺

味蕾內的細胞是味覺的受納細胞，味蕾大都聚於舌尖及舌的兩側與舌根。成人味蕾約在一萬，其數目隨年齡而遞減，味蕾約每七天新陳代謝一次。

味覺主要有酸、甜、鹹、苦四種，其他則由四種混合而來，動用味覺時，往往相伴嗅覺、視覺、膚覺等。舌尖對甜味、舌根對苦味、舌兩側對酸味最為敏感。**❷**

5. 皮膚覺

亦稱觸覺，為壓覺、溫度覺和痛覺所組成。溫度覺是由冷、暖兩種不同之受納細胞所組成，但如同時受到刺激所感到的則是熱。

過去心理學家認為自主神經末梢是痛覺的主要受納部位，但是，最近則主張痛覺的產生乃是任何細胞受到過度刺激所引起，並無專司受納痛覺的細胞。但根據「門檻控制說」，痛覺類似一種門檻的功能，由於感覺細胞的活動程度不一，所以有時全開、半開，乃至關閉。若關閉了，痛覺就無法傳到大腦，中醫針灸止痛的道理，科學家尚難解釋。**❸**

---

❷ 劉安彥，《心理學》，頁 234-235；游仁山編譯，《心理學導論》簡明版，頁 94。

❸ 劉安彥，《心理學》，頁 235；游仁山編譯，《心理學導論》簡明版，頁

6. 動覺和平衡覺

兩者與前五種知覺均有相當之關係。所以稱為身體的感覺，維持身體的平衡，動覺的受納細胞通布身體各部位肌肉和筋腱關節，這些上面的受納細胞為我們提供肌肉是伸或縮的重要訊息，關節上的受納細胞則告訴我們身體部位運動和位置。

平衡覺與動覺相協調處理身體重心和整體運動問題，身體之活動定向由其控制，其受納器官是內耳中的半規管和前庭，有三個半規管大致相互垂直。半規管內充滿液體，當我們轉動頭部時，半規管內的液體也隨之流動，並對毛狀細胞產生壓力而引起感覺。

前庭所職司的身體靜止，不運動時的平衡感覺，而半規管所控制的是當身體運動時的平衡感覺。當我們內耳職司平衡覺的部位一邊受損時，我們會產生嘔吐反應；如兩邊均受損卻不會發生重大的平衡困難。❹

7. 知覺

知覺者對於感官所受的外來刺激須加以主觀地解釋與組合，始能形成有意義的知覺。

195。

❹ 劉安彥，《心理學》，頁 235-236；游仁山編譯，《心理學導論》簡明版，頁 231。

　　從另一角度看，知覺可以說是感覺經驗做最合適合理的解釋的一種歷程，也是對所知覺到的、感覺到的資訊所提供的一項假設與求證。**⑤**吾人之錯覺即導源於我們不正確的知覺假設。**⑥**

　　8. 注意力與思考

　　與知覺、感覺相關，通常引起注意力的諸如新奇事務，刺激強度的事件，主觀顯現的事件。**⑦**

　　注意力之後往往接著思考，一般來說思考是一種象徵性的活動，由許多不同之符號所組成，包括意象、概念和語言三元素。心理學者研究「思考」通常與推理、解決問題合併討論。**⑧**

　　9. 神經細胞

　　以作用分有內導、外導及連接神經原三種。內導神經原收集、傳導肢體內與肢體外的訊息次刺激到脊髓和大腦；外導神經原將脊髓和大腦的訊息傳遞到肌肉或內分泌腺體；連接神經原多在脊髓和大腦內，在連接內輸與外送的訊息。**⑨**

---

⑤ 劉安彥，《心理學》，頁 250。
⑥ 劉安彥，《心理學》，頁 251。
⑦ 劉安彥，《心理學》，頁 253。
⑧ 劉安彥，《心理學》，頁 174-178。

10. 神經系統

（1）分支：體幹神經系統，其作用在溝通感受細胞與體幹肌肉間的訊息；自主神經系統在看到內臟肌肉與內分泌腺的操作。其管制功能如消化、心跳大都是自主的。其又可分為交感神經與副交感神經兩種。兩者相互牽制。交感神經用於緊急應變下令肝臟開放更多血糖以備肌肉運動之用；副交感神經由腦幹所控制用於平時，大部分生理機能都受其控制。

（2）中樞神經系統：

①脊髓：位於脊柱之內，上接腦部，外接周緣神經。有兩功能：是周緣神經與腦神經之橋樑，但高等動物之脊髓功用多為腦部取代控制。❺⓿

②腦部構造與功能：人腦由數百億神經細胞所組成。分三大部分：

a.後腦：又稱延髓，控制呼吸與心跳，介於脊髓與其他腦部間神經傳導所必經的要域；為一網狀結構，主要作用在警覺和刺激腦部其他部位，小腦主要功能在協調橫紋肌的運動，但指使橫紋肌的運動則是大腦皮質的

---

❹ 劉安彥，《心理學》，頁 28-29；游仁山編譯，《心理學導論》簡明版，頁 60-66。

❺⓿ 劉安彥，《心理學》，頁 30-32。

功能，如果此等功能未被適當執行，小腦再通知大腦另外發布命令。❺

　　b. 中腦：主在溝通前腦與後腦，也是視覺肌肉運動的主要控制者。由於人之前腦發達，其感覺功能多爲前腦所代替。❺

　　c. 前腦：大腦皮質擴大是前腦擴大的主要原因，也異於其他動物，絕多數的腦神經細胞都是用來組成大腦皮質，大腦分左、右兩半球，由胼胝體所連結。前腦包括下列三部分：

　　視丘：統整五感官知覺訊息轉到大腦有關部門，對睡眠與清醒的控制具有重要的功能。

　　下視丘：在視丘之下管制飲食、性行爲、睡眠和體溫，以及分泌腺的活動，並維持體內之均衡。❺

　　枝狀系統：散布於大腦左、右兩半球內緣中心部位與下視丘關係密切，對於下視丘之工作有控制作用，也與記憶有關，如一但有損其新近記憶，則無法匯入長期的記憶裡。❺

---

❺　劉安彥，《心理學》，頁 86。
❺　劉安彥，《心理學》，頁 36。
❺　劉安彥，《心理學》，頁 87。
❺　劉安彥，《心理學》，頁 38。

11. 大腦構造及其功能

大腦對稱地分為左、右兩半球,右半球控制左半身之運動與感覺它感情;左半球則相反並主思惟,連接兩半球者為胼胝體,其為神經纖維束所組成;並協調左、右兩半球之活動。大腦皮質及分區功能:❺

（1）運動中樞:位於大腦前葉,在人腦中控制嘴唇與手指活動的區域要比控制背部其他部位大一些。

（2）感覺中樞:位於大腦頂葉,與運動中樞互相配合,不同之感覺在大腦皮質上有其特定的部位,而屬同一感覺又因刺激不同,而有特定的神經細胞來反應。如視覺神經有的專司垂直線、有的專司橫線反應、有的對兩種皆能反應。

（3）聯合中樞:大腦皮質的非專定功能區,其功能專司組織、處理和儲藏出入大腦的訊息,也主掌語言、學習、記憶和思考等複雜的大本營。其內有前後聯合中心;前者主思考;後者主比較。❺

12. 內分泌系統

神經系統有賴其來執行統整功能,個人情緒亦受其

---

❺ 劉安彥,《心理學》,頁 38;游仁山編譯,《心理學導論》簡明版,頁 68-70。

❺ 劉安彥,《心理學》,頁 30-40。

影響。❺

（1）甲狀腺：位於喉頭下端，主管新陳代謝，過多的甲狀腺素則使人胃口大增，反應敏感、緊張；如不足使人精神遲鈍疲倦。

（2）副甲狀腺：使血液與細胞內的鈣質成分保存一定比例之功能。如分泌不足，使人過度敏感，過多則反應遲鈍。

（3）胰腺：位於胃之下端，分泌胰島素，控制血糖成分，當胰島素不足，則血糖大增，腎臟為了除去過量血糖而排出多量的水。由於水分減少，血液中含毒廢物增加，而導致糖尿病。❺

13. 記憶過程與種類

（1）過程：有三個主要過程，首在歸檔，即將外來訊息資料轉化為記憶系統，必須經過重複演練才能獲得；然後保存，可以加速較長久記憶的形成，如不重複演練會很快消失；回溯的過程則是從保留於長期記憶中的資料中提取所需的訊息。❺

（2）種類：分感覺、短期及長期三種記憶，感覺

❺ 劉安彥，《心理學》，頁 44。
❺ 劉安彥，《心理學》，頁 45。
❺ 劉安彥，《心理學》，頁 144。

記憶有似我們的接待室，是當下受外來刺激而得之記憶，往往不到一秒鐘；短期記憶十至二十秒即會消失；長期記憶是高度組織化的，不會消失，但會遺忘，可以換回記憶。遺忘就像現在網路湧塞，銀行人多，暫時無法提存，但存款卻仍在銀行。⑩

14. 記憶的生理基礎

記憶的位置：十九世紀心理學家認為人的「記憶中心」在眼的正後方，如眼凸出的人記憶力較強；現代學者認為記憶保存在腦中部位可以為其他部位可以取代，也即是記憶經過不同之感官處理過後，記憶就存在這部位之中。⑪

三、比較分析

（一）胎生學

1.《佛說胞胎經》與《瑜伽師地論》之異同：

（1）其異

①不受胎原因，《佛說胞胎經》講得特別詳細，有以下幾種原因：

---

⑩ 劉安彥，《心理學》，頁 145-147；楊國樞主編，《心理學導論》，桂冠出版社，頁 152。

⑪ 劉安彥，《心理學》，頁 149-152。

a. 父母所失：無性能力。

b. 母有所失。

c. 根本不受孕。

d. 子宮過窄，精子不能存活。

e. 有婦女疾（合聚如垢）。

f. 無子宮。

g. 子宮過熱，精子不能存活。

h. 父母之貴，入胎者之賤，及之亦然，不相應。

i. 父母與入胎者均貴賤相應；但二者各恆二心（目的、宗旨、理念）相逢之業力過患。

《瑜伽師地論》未列不受孕之部分。

②懷胎期：《瑜伽師地論》說明有三十八個七日；《佛說胞胎經》則未列懷孕時間。

③胎兒性別之成因：《佛說胞胎經》以下無明文；《瑜伽師地論》：若當為女，彼即於父便會起貪；若當為男於母起貪亦爾，如是如是男女根門即於此處便被拘礙。

④男女胎位分別：《瑜伽師地論》：若當為女，於母左脇倚脊向腹而住；若當為男、於母右脇倚腹向脊而住。胎藏極成滿時，其母不堪持此重胎。又此胎藏業報所發生分風起，令頭向下足便向上。胎衣纏裹而趣

產門。

⑤胎教業力之影響：《瑜伽師地論》：於胎藏中。或由先業力，或由其母不避不平等力所生隨順風故，令此胎藏或髮或色，或皮及餘支分變異而生，由其母多飲食灰鹽，令其胎藏髮毛稀少，近暖熱令其胎藏黑黯色生；近極寒室等，令其胎藏極白色生；多噉熱食，令赤色生；多習淫欲，令癬疥等惡皮生，由其母多習馳走、跳躑令彼胎藏諸根支分缺減而生。

⑥胎兒在胎中成長分位：《瑜伽師地論》有八個階段：一為父精母血相和仍稀，稱羯羅藍；二為精血如酪未形成肉體稱遏部曇；三為已成肉體仍極柔軟，稱閉尸；四為肉體之堅厚可觸稱鍵南；五為肉摶成形稱鉢羅奢佉；六為五根根位確立；七、八、五根所依浮塵根顯現稱為形位。

（2）其同

①受孕之原因：

《佛說胞胎經》無前九種過患，父母與入胎之子女同等同行；俱貴、俱賤，宿命因緣當應生子。

《瑜伽師地論》入胎種子體無始以來相續不絕，…… 由淨不淨業差別熏發，望數數取異熟果。若無種子與宿業過患，則得入母胎。

②識神種子入胎時受識狀態：

《佛說胞胎經》：福薄命淺者則自生念；今天下雨，有濕水、冷風；或自念有人來追趕加害於我。我當躲入草叢、溪澗、深谷。或有福德者，則念我當登高峰，入大講堂，入母胎所念各異。

《瑜伽師地論》：於中有處，自見與己同類有情爲嬉戲等，於所生處起希趣欲，見其父母爲邪行時，不謂父母行此邪行，乃起倒覺見己自行。

③神識入胎與父母之關係：

《佛說胞胎經》：不從父母構精，不獨立於父母之構精，有因緣合成，四大等合因緣等現而爲胚胎。

《瑜伽師地論》：其成胎者，因緣和合而受胞胎，以是故非是父母不離父母；如小麥出虫，虫不出自小麥，亦不離小麥，因小麥爲緣而生虫。

④胎兒之形成：請參見註❹，此地不再贅述。

2. 現代生理與佛教胎生學之異同：

（1）人的懷胎期古今相同均爲二百六十六天，雖然每一七天所描述之胎兒長成稍有不同，那只是重點式的說法不一，並沒有大的差異，請與註❹與註❸之內文相比較即可。

（2）關係受孕與胎兒之性別決定：現代生理學、

心理學視生命是得自父母各半的染色體，生命之健康與否，男女性別之決定於染色體，女性為 X，男性為 Y，正常女性、正常男性以 XY 代表，女性以 XX 代表；如男、女多於或少於此則會形成身體之缺憾。現代生理學、心理學基本上是講遺傳學。男精女卵都原本亦是生命，胎兒是兩生命之結合，其健康與否都得自父母之遺傳，所謂健康當然包括身體與智慧兩者。

　　而佛教除了現代生理學與心理學遺傳外；並且特別強調父母子女之共同業力，至於現代生命之染色體乃至 DNA 確是佛教文獻所無；但就 DNA 是眾生唯一無別與之相同而言，唯識學之阿賴耶識之「一生相續」確有同工之妙。

　　雖然現代科學較之佛教所說更為具體；但就宗教科學，倫理科學來說，佛教之業力說之價值與貢獻更為積極。

（二）五官知覺

　　佛教五官能夠發生作用是根、塵、識三和合的關係；而現代心理學都認為是五根五官自身之構造發生認識外境。

　　1.佛教《楞嚴經》論五根之構成都先肯定人必有

識，因外在之明、暗之刺激結色成根，漸漸形成眼的內外構造；又因動、靜刺激結聲成根，漸漸形成耳的內外構造；由之鼻根是通、塞二相之刺激，舌根由恬變（？苦）相參，身根是由離合相摩而形成。現代心理學卻只論五官之構成，比佛教說得更為詳細，可是對於如何形成五根或五官則都未能提及，僅提到五官受外境刺激才發生作用。

2.五根與五識之關係：佛教相互依存，第六識為五識所依，是不能間斷的稱之為等無間依，最後，依存阿賴耶識。現代心理學只提到五官連結多神經系統，乃至中樞神經。就這一方面現代心理學說得比佛學更為詳細；可是就整體性來看，佛教掌握到了生命之全體大用，為以後之修行解脫預留伏筆。

（三）佛教唯識學之心、意、識與心理學的神經系統

唯識將心分為八大作用，除前五識外，第六識綜合前五識認識外境，第七識形成知識，第八識為生命識，保持到投生轉世，或在現世中修滅盡定時僅保留第八識，待出定後使前七識恢復作用。

現代心理學對於大腦、中樞神經與記憶在實際應用上都比佛教學研究得更詳細具體，可以補足佛教不足

之處。但現代心理學之目的就是止於現實之應用；佛教研究心、意、識除了現實應用之外，也是在爲了現世之解脫，以出世爲終極關懷，就應用來說，古今科技相差懸殊，但就哲學思想來說，今人未必能勝古人，在心、意、識方面，現代心理學遠不如佛學價值來得深遠；可是在知識技術上對佛教也確有補助價值。

四、結語

（一）佛教的核心理論就世界觀爲因緣法；就眾生觀爲業力說，所以佛教的胎生學，父母子女之業力與因緣關係所構成；現代心理學僅就技術與知識而論父母與子女之關係絕無生前之業力、因緣關係，只是偶然成胎，偶然成男成女，就偶然成胎、成男成女而言，其科學性又大於佛教。

（二）佛教五根之形成學說；現代心理學只論五官之組成。佛教論五根之作用是依因緣法與塵識共同形成的；現代心理學認爲是五官神經通過外物之反射傳到中央神經系統，而形成認知作用。佛教最重要的「識」，在現代心理學則隱藏在腦神經中心。

總之，佛教之胎生學與現代心理學在懷胎之時間雖盡相同，每週胎兒生長狀態亦相似，甚至連不孕症與產

科醫生所述亦無異；但爲何胎兒會入胎，成男、成女現代心理學與醫學則只論生理部分；雖然有因緣關係只限於生理關係，不像佛教胎兒與父母有業力之因緣關係；但將父母之生理關係列爲近因緣，業力列爲遠因緣。

（三）就感官五根知覺言，佛教已經知其然；但現代心理學卻能詳細地把各感官神經之微細部分都能指出來，能指出五官起作用之所以然，然就生命整體看，佛教已指出其所以然，現代心理學卻只能說到知其然。

佛教是從心、意、識論到眾生之行爲，而現代心理學卻從生理、行爲來論人的心理活動，所謂行爲心理學、社會心理學，普遍心理學莫不皆然。因此可說佛教重歸納法；現代心理重演繹。

（四）對於人之研究，佛教重視原理原則；現代心理重技術知識，佛教重視爲何要解除人生之痛苦，而現代心理學則在如何解決人生理、心理之痛苦。

（五）佛教心、意、識是從認識論到輪迴解脫是哲學的又是宗教的；而現代心理學特別強調中樞神經系統，對於腦部生理之解析到人的意識現象與認識作用說得更有系統。

對百年來華人學者對唯識學研究之初步分析

提　要

　　中華佛學研究所之「唯識學研究中心」已有十年了，同時本人在大學碩博士班講授唯識學二十多年，其中《成唯識論》、《攝大乘論》是申請「國家科學委員會」之獎助專案研究計畫已完成六年，但為了將「集註」部分，做進一步一併做比較、研究，所以延至今年才能相續付梓。其中《瑜伽師地論》已完成三分之一的研究，因為有百卷之多，所以尚待時日才能上網。正因為筆者在唯識學上付出了二十多年的歲月，如要發表短篇論文，卻有「近鄉情怯」，不知從何談起之感。由於此次是「佛教百年國際學術研討會」，所以決定將百年來華文學者對唯識學之研究做一初步統計、分析，以資了解百年來對唯識學研究之全貌做一鳥瞰，以做爾後研究唯識學之學者做參考，希望以此能推陳出新，避免浪費重複。這是本文所要提出的目的。我們初步搜集到了期刊專書、論文、講註、錄音帶、CD 等共八百零九種；以上幾種的作者共三百七十九人；從一九一二年到二〇〇五年，已滿一百零三年，當我們完成統計、分析定案後尚有一些新的資料未及列入，可見本文所羅列之資料並非十分完備；但我們也自信本文所呈現之資料至少

有百分之八十以上,所分析之結果對爾後唯識學之研究者是具有參考價值的。

　　本文依資料來源分析、資料分類說明、資料解讀分析、論題與反省及結語分別陳述如下。

關鍵詞:唯識學、華人、資料分析

一、資料來源分析

出版處	篇數	出版處	篇數
《中國佛學》編委會	2	中華學術院佛教文化研究所	6
九華山佛學院	2	五台山研究會	5
《人文雜誌》	1	元亨寺妙林出版社	1
《人生》雜誌	3	《內明》雜誌	28
《十力叢書》	1	天華出版社	6
《十方》雜誌	1	太虛大師影印委員會	1
三時學會	1	巴蜀書社	1
上海人民出版社	1	《心理學探新》雜誌	1
上海大學學報（社會科學版）	2	文化大學印度文化研究所	2
《上海佛教》雜誌	4	文津出版社	6
上海佛學書局	3	方廣文化	1
上海群眾圖書公司	1	《世界中國哲學學報》	1
千華出版社	1	世界佛教出版社	1
大千出版社	1	《世界宗教研究》雜誌	7
大乘文化	90	北京宗教出版社	5
大乘印經會	8	《古典文學》雜誌	1
《大專學生佛學論文集》（五）	1	《史化》雜誌	1
大圓出版社	4	《史林》雜誌	1
《山東大學學報》	1	《史學月刊》	1

中山大學哲學系	1	臺大哲學研究所	1
《中山大學學報》	1	《臺大體育學報》	1
中文大學	1	臺北科技大學	1
中央大學	1	臺灣大學文學院佛學研究中心	5
中央研究院中國文哲研究所	2	臺灣印經處	1
中州古籍出版社	1	臺灣學生書局	4
中國人民大學哲學系	1	臺灣藝術學院	1
中國文化大學華岡學會	6	四川：佛學社	1
中國佛教協會	9	四川聯合大學	1
中國佛教文化研究所	5	幼獅文化	1
中國佛教社	48	正一善書出版社	1
中國佛學院	4	正聞出版社	3
中國社會科學院來亞太研究所	1	正覺蓮社	32
《中國近代哲學史論文集》	1	《正觀》雜誌	3
《中國思想史》	1	《玄圃論學集》	1
《中國哲學》雜誌	5	玄奘人文社會學院	3
《中國學術》年刊	1	全佛出版社	6
《中華文化論壇》	1	《印刻文學生活誌》	1
中華民國宗教哲學研究社	2	《吉林大學社會科學學報》	1
中華民國現代佛教學會	1	吉祥文物中心	1
中華佛學研究所	9	《因明論文集》	1

中華書局	1	《成大宗教與文化學報》	2
《江漢論壇》	1	香港佛教法相學會	1
江蘇古籍出版社	2	香港能仁書院研究所	1
老古文化	1	哲學系中國哲學專業刊物	1
自由學人社	1	《哲學研究》雜誌	3
西蓮淨苑	1	《哲學與文化月刊》雜誌	7
佛光文化事業有限公司	26	書鄉文化	1
佛陀教育基金會	6	《海潮音》雜誌	17
佛陀學術研究院	2	浙江省佛教協會	5
佛教文化服務處	2	《浙江學刊》	2
佛教出版社	2	珠林出版社	1
佛經流通處	1	財團法人弘誓文教基金會	1
《佛學研究中心學報》	8	財團法人佛光山文教基金會	1
《佛學與科學》期刊	1	《陝西社會主義學院學報》	2
佛學講座專文	1	商務印書館	2
《佛藏》雜誌	3	政治大學哲學系	1
伽耶山基金會	1	臺南師範學院教育研究所	1
宏法寺	1	藝術學院傳統藝術研究中心	1
李炳南基金會	2	國光印書局	1
東海大學哲學系	1	國際佛學研究中心	4

宗教文化出版社	9	密乘佛學會	3
《明倫學報》	2	常春樹出版社	1
東大圖書出版社	2	梵音文化	1
《東吳哲學學報》	2	淡江大學西洋語文研究所	1
《東南大學學報》	4	《現代佛教學術叢刊》	7
武昌佛學院	1	終南山淨律寺	1
《河南大學學報》（社會科學版）	1	頂淵文化	1
河洛圖書出版社	1	《復旦學報》	2
法光佛教文化研究所	13	《普門學報》	11
法界出版社	3	《普門》雜誌	3
法相學會	1	湖南省佛教協會	1
法音出版社	30	菩提樹出版社	17
法鼓文化	1	菩提樹佛教文物流通處	5
《法藏文庫》	1	華中師範大學	1
法嚴寺出版社	1	華宇出版社	1
《社會科學戰線》雜誌	3	華梵大學東方人文思想研究所	7
《金色蓮花》雜誌	1	華嚴專宗佛學研究所	2
《長春大學學報》、《中國雜誌》	1	雲南師範大學歷史系	1
《南京大學學報》	4	黑龍江社會科學院	1
《南洋佛教》雜誌	1	圓光佛學研究所	3

《南海菩薩》雜誌	2	圓明出版社	4
《思想戰線》雜誌	1	圓明菩薩會	1
政治大學哲學研究所	2	慈光禪學研究所	3
《香光莊嚴》雜誌	1	《慈雲》雜誌	1
慈照寺	1	《廣東佛教通訊》	1
慈慧印經處	2	慧炬出版社	21
新文豐出版社	8	蓮因寺大專學生齋戒學會	1
新亞研究所專文	1	蔡運辰	1
《新動力》雜誌	1	《學術月刊》	3
《新覺生》雜誌	3	諦聽文化	1
業強出版社	1	嶺東佛學院	3
《獅子吼》雜誌	24	彌勒出版社	5
萬年青出版社	1	《鵝湖》雜誌	11
《運城高等專科學校學報》	1	藝術學院共同科	1
福嚴佛學院	2	《覺有情》雜誌	1
臺灣大學哲學研究所	1	覺風佛教藝術文化基金會	2
輔仁大學中國文學研究所	3	《護僧》雜誌	2
閩南佛學院學報編輯部	12	靈泉禪寺華文佛教學院	1
廣文書局	3	靈峰覺苑	1
廣州師院學報編輯部	1	出處不詳	27

二、唯識學研究統計表

著者人數	期刊	書	期刊論文	碩博士論文	網路資料	論文集	錄音資料	合計
379 人	41	160	526	53	5	3	21	809
百分比	5.07	19.77	65.02	6.55	0.62	0.37	2.6	100

資料分類說明

此一分類是從唯識學之內容觀點著手，共分二十九個項類；此一分類未必十分周延仍無礙於參考。

唯識學之專門經典研究：是指專門以研究唯識學之經典而言；如《解深密經》、《大乘密嚴經》等。

唯識學之專論研究：是以研究唯識之論典，如《成唯識論》、《大乘起信論》等。

唯識學之專釋、疏證研究：包括對唯識學之經、論從事解釋疏證之著作。

唯識學之校、註：是指專門做校正、註釋之工具書。

唯識學之通識、概論：即指對唯識學只做一般常識性、淺顯性之論說。

唯識學之史學：對唯識學之形成，唯識思想史之闡

述及其人物傳記等。

　　唯識學之修行實踐：根據唯識學家所闡明之煩惱與消除，到唯識無境之證得。

　　唯識學與其他科學之比較研究：包括與外學之人文、社會及自然科學等之比較。

　　唯識學之佛性論：是指佛性論之成立，佛性之認知修持與解脫等，佛性屬本質部分。

　　唯識學之法相論：法相與法性雖不可分，但並非同一，在唯識學中，法相所占地位特別顯要，法相屬於現象部分。

　　唯識學之形上學：以論眞如空性爲主，與佛性論雖有關係，但就概念上說，仍有所不同。

　　唯識學與美學：唯識無境即是空靈之美，與禪宗美學異曲同工。

　　唯識學之認識論：唯識學雖以究竟解脫爲主，但大部分仍是從認識論著手。

　　唯識學之種子學說：唯識學藉種子生現行、現行熏種子之理論說明諸識之作用。

　　唯識工具書：如詞典、人名錄、短篇傳記等。

　　唯識學研究之方法：包括文獻、歷史、思想史及詮釋、註疏等方法。

　　唯識學之編輯：包括編輯、叢書、類纂、論文集等。

　　唯識學之譯著：包括各種唯識學語文著作之譯著。

　　唯識學與現代科學：主張唯識學雖屬人文科學，但也是科學著作之一。

　　唯識學與現代心理學：是指唯識學與現代心理學在生理與意識活動上之近似性。

　　唯識與現代詮釋學：以唯識學之詮釋以回應西方現代之詮釋學。

　　唯識學之展望：研究唯識學對現代學術之適應與開展。

　　唯識學講記：以講述之方式形成之專著。

　　唯識名相表解：以表解、圖示說明唯識學之組織系統及架構的著述。

　　唯識學評論：包括批評、答辯、討論、序文等。

　　唯識因明學：是指專治因明學之論文、專書。

　　唯識學與文學：從文學觀點表現唯識學。

　　唯識學與教育：從唯識學之方法與內容論唯識學之教育功能。

　　唯識學與因明學：論唯識學中對因明學之應用。

三、唯識學分類後之百分比

	唯識學分類	篇數	百分比
1	唯識學之專門經典研究	5	0.6%
2	唯識學之專論研究	132	16.4%
3	唯識學之專釋、疏證研究	36	4.4%
4	唯識學之校、註	12	1.5%
5	唯識學之通識、概論	195	24.1%
6	唯識學之史學	42	5.2%
7	唯識之修行實踐	36	4.4%
8	唯識學與其他科學之比較研究	112	14%
9	唯識學之佛性論	2	0.2%
10	唯識學之法性論	1	0.1%
11	唯識學之形上學	22	2.7%
12	唯識學與美學	6	0.7%
13	唯識學之認識論	23	3%
14	唯識學之種子學說	12	1.5%
15	唯識工具書	1	0.1%
16	唯識學研究之方法	22	2.7%
17	唯識學之編輯	18	2.2%
18	唯識學之譯著	6	0.7%
19	唯識學與現代科學	22	2.7%
20	唯識學與現代心理學	7	1%

21	唯識與現代詮釋學	9	1.1%
22	唯識學之展望	19	2.3%
23	唯識講記	19	2.3%
24	唯識名相表解	3	0.4%
25	唯識學評論	37	4.6%
26	唯識因明學	1	0.1%
27	唯識學與文學	1	0.1%
28	唯識學與教育	2	0.2%
29	唯識學與因明學	6	0.7%

資料內容分析

我們此次初步所搜集到的論文、專書共八百零九種。

1. 從唯識學研究內容上看，以撰寫通識、概論所占篇數最多，有一百九十五種，占 24.1%，因為概論性文字可能為淺嘗唯識學者之試筆；也可能是已深入唯識學，再為淺出以嘉惠後學之弘著，其占唯識學第一位，也合乎其他科學以概論作品最多之情形。

2. 其次是注重唯識學之專論研究，有一百三十二種，所占百分比為 16.4% 這也顯示唯識學者已有了相當之專業能力，已認知到論書之重要，也顯示論書在唯識

學中之最主流的讀物，同時也顯示「論」類比之「經」更為艱深，所以研究的學者也較多。

3. 其第三位則是唯識學與其他科學之比較研究，有一百一十二種，占 14%，唯識學者不但已認知到唯識學之廣延性能與現代科學有相應之處，也更受到現代科學所重視。

4. 其第四是唯識學評論，有三十七種，所占比率為 4.6%，很接近唯識學專論研究。因為評論就是對其專論之反應，是可以理解的。

5. 其第五位分別為唯識學之專釋、疏證研究與唯識學之修行實踐，分別有三十六種同為 4.4%，是此一部分理論與實踐之平衡。

6. 其第六位為唯識學之史學，有四十二種，按比率占 5.2%，以論典思想反省佛教歷史及思想史所做之研究。

7. 其第七位為唯識學之形上學與唯識學與現代科學，分別有二十二種，所占比率為 2.7%，相當貼近唯識之理論與科學適應，具有相當之一致性。

8. 其第八位是唯識學之展望與唯識講記，分別為十九種，占比率為 2.3%。展望有深入性；講記是淺出性，具有兩者之平衡點。

9. 第九位爲唯識學之編輯：有十八種，所占比率爲2.6%，爲了保存資料，或爲分門別類以利後學之編輯工作。

10. 第十位爲唯識學之種子學說與唯識學之校、註，分別爲十二種，所占比率爲 1.5%，可見種子說在唯識學中雖然重要，但研究的篇章卻偏稀少，可能因爲種子學說，看之似簡不屑於探討；然而鑽之彌堅實更爲艱深，故少有人發揮。至於對唯識版本之校、註，有識者不屑爲之，不深入者未敢孟浪操弧，或有所致之。

11. 第十一位爲唯識學與現代詮釋學；有九種，爲新近所流行之詮釋，所以研究者爲稀少性，所占比率爲1.1%。

12. 第十二位唯識學與現代心理學有七種，須具有兩種以上之專業，具有稀少性，所以比率僅占 1%。

13. 第十三位爲唯識學之譯著，及唯識學與因明學，均分別爲六種，所占比率爲 0.7%，此兩種學者均須具有專門學問，故人才具有稀少性。

14. 具有稀少性所致，關於佛性論有的學者將之視爲如來藏系，有的被視爲唯識學系其實在印度均納入唯心（識）系統內。

15. 最後，唯識學之法相論、唯識學與文學、唯

識因明學、唯識工具書各只有一種，其比率所占爲
0.1%。因爲因明學與唯識各屬不同之領域，使因明學又
爲唯識學隨處均在使用，研究因明之學者，未必會留心
唯識學。

綜合分析

1. 此次一共搜集八百零九種，包括期刊、專書、論
文、講註、錄音帶、CD 等。作者共三百七十九人，一
百年每年僅 3.79 人，包括前各種方式所發表有關唯識
學之作者。每年僅 3.79 人研究唯識學，可見唯識學在
華人學者中似是稀少的。

2. 一九一一年至一九四九年共二十人，一九四九
年以後，大陸共一百一十五人，臺灣共七十人，海外共
十四人，尚有一百六十人未能辨別屬於大陸、海外或臺
灣，可能是兩岸年輕博、碩生及青年學者。一九一一年
初至一九四九年在軍閥割據，抗日戰爭及國共內戰兵荒
馬亂中尚有二十位唯識學者，而且他們在唯識學復興，
對於西方文化之對應所做之努力確實令我們欽佩不已。
大陸在文革以後有一百一十五位唯識學者也算難得，相
對地臺灣承平五十多年來僅有七十位唯識學者，可見唯
識並未受到重視。尚有一百六十位不爲兩岸唯識學者所

通曉，可見均屬年輕學者，在向唯識學探源。

3. 期刊論文包括學報、月刊、雜誌及碩、博士論文，即使已出版者亦列為碩、博士論文，網路資料包括大陸、香港、臺灣各網路，論文網，包括各雜誌、文庫、出版社所出版之論文集。錄音資料包括以 CD 為主之出版品。專書則包括講記、傳記平面出版品。

4. 我們沒有發現百年來是否有人將其他佛教宗派之出版、研究做成統計敘述分析。就唯識學而言，近一百年來初步統計總的著作八百零九種，每年平均僅八種，專書僅 1.5 冊，論文每年僅 5.7 篇，碩、博士論文每年僅 0.6 篇，錄音帶及 CD 僅 0.2 種。每年平均八種：論有 5.7 篇，專書也僅 1.5 種，這種比率應是正常。碩、博士論文及 CD 共為 0.8 種，這應是兩岸開放以來唯識學的生力軍。

5. 我們將近百年來中，每二十年中之唯識學做一統計則一九○一年到一九二○年共有四種，占 0.49%；一九二一年至一九四○年共有九種，占 1.11%；一九四一年至一九六○年共有十三種，占 1.61%；一九六一年至一九八○年共一百七十種，占 21.01%；一九八一年至二○○○年共四百四十四種，占 54.88%；二○○一年至二○○五年共有一百六十九種，占 20.89%。此一趨

勢可以看出唯識學研究之成長可以看出是在一九八一到
二○○○年，因為大陸開放有的學者所積存之論著同時
推出幾乎占了全數 50%，二○○一到二○○五年，五年
之內已有一百六十九篇，如乘上四，則二○○一至二○
二○年應有八百四十五篇，比之前二十年幾乎成長一倍
左右，為正常發展。因之亦可看出臺灣學者在唯識研究
上不及大陸學者來的多，惟就兩岸人口比率而言，則臺
灣高於大陸。

四、百年來每隔二十年唯識學出版種數表

年代	種數	百分比
1901－1920	4	0.49%
1921－1941	9	1.11%
1941－1960	13	1.61%
1961－1980	170	21.01%
1981－2000	444	54.88%
2001－2005	169	20.89%

我們將百年來中每二十年中之唯識學研究者做一
統計則一九○一年到一九二○年共四位，占 1.06%；一
九二一年至一九四○年共有五位，占 1.32%；一九四一
年至一九六○年共有十一位，占 2.90%；一九六一年至

一九八〇年共九十一位，占 24.01%；一九八一年至二
〇〇〇年共二百零三位，占 53.56%；二〇〇一年至二
〇〇五年共有六十五位，占 17.15%。此一部分之作者
成長正常與前項相同不別贅述。

五、百年來每隔二十年作者人數統計表

年代	人數	作者
1901－1920	4 人	釋惟賢、梁漱溟、羅時憲、釋太虛
1921－1941	5 人	唐大圓、馬冀平講、張炳楨、清淨、歐陽竟無
1941－1960	11 人	王止峻、王健作、明真、唐仲容、時三、郭元興、陳虹、陸沈、應緣、釋慈雲、慧定
1961－1980	90 人	亢穎、方東美、王廷貴、王季同、王金陵、王恩洋、世光、史流音、正果、正觀、白雲禪師、朱寶昌、佛悅、吳一正、吳汝鈞、吳金德、吳樹虛、呂澂、吟雪、妙根、李文玲、李世傑、李翊灼、李琯卿、周中一、周叔迦、周繼武、明性、林有土、釋法尊、芝峰、邱應傳、苑柳、真常、高維興、張少齊、張月琴、張廷榮、張泰隆、釋聖德、張曼濤、張德玄、晶旦、梅光羲、陳甘煌、陳龍雄、雪松、彭震球、景昌極、程文熙、筏喻、華山、黃公偉、黃懺華、圓訓、慈妙、會覺、楊白衣、楊明英、聖德、葉阿月、葉龍、僧愍、熊十力、福善、蒙文通、趙亮來、劉玉子、劉洙源、慧立、慧海、慧莊、摩尼、蔡運辰、鄧豐懿、諦觀、霍韜晦、龍松生、繆鳳林、關文華、釋太賢、釋印順、釋守培、釋戒清、釋普行、釋雲峰、釋慈圓、釋演培、釋曉雲、

		釋默如
1981－2000	192人	丁金順、勞紹儀、于凌波、單培根、釋文晟、惠莊、方光華、曾慶豹、方倫、游有維、王文治、游俠、無思、王秋桃、程恭讓、王萬清、辜琮瑜、王雷泉、馮契、本源、黃心川、正剛、黃玉順、正愷、黃建中、永定、黃夏年、田文棠、黃常倫、石明、黃稽興、陳永革、圓欣、如夢、楊惠宇、如實、楊惠南、朱泠、楊新瑛、江海、楊維中、楊慧潤、行健、楊鑫輝、佛日、董群、何建明、靖如、何虹、暢耀、何磊、熊琬、余崇生、裴春苓、趙海涵、吳傑超、齊明非、吳學國、劉宇光、呂希晨、劉孟驤、呂宗麟、劉定權、宋玉波、劉國強、宋志明、慧方、宏毅、歐俊男、李志夫、潘永興、李叔玲、潘玉愛、李炳南、李葛夫、蔡伯郎、李潤生、蔡惠明、李興武、丁炳麟、蔡瑞霖、沈劍英、蔡薰宜、肖永明、賢心、阮印長、鄭石岩、周志煌、鄭偉宏、宗性、黎耀祖、定明、盧中道、尚識、蕭天來、明生、賴賢宗、果海、靜覺、果清、龍慧、林中治、濟群、林世榮、鍾國賢、林安梧、鍾清泉、林孟穎、韓廷傑、林國良、韓鏡清、林鎮國、魏達志、法舫講、魏德東、懷進、祁志祥、羅炤、金鑾、懺公上人主講、雨雲、釋一覺、施東穎、釋正剛、柯耀期、胡曉光、釋印通、唐思鵬、釋如覺、哲斯、釋自運、孫智燊、釋妙因、孫實明、釋見潤、徐典正、釋明性、釋明復、徐紹強、釋昭慧、柴文華、釋得中、消永明、釋惠空、海如、釋惠敏、純一、釋智德、耿寧、釋傳發、高永霄、釋慈惠、釋會乙、唯慈、釋聖嚴、常照、釋道元、常覺、釋慧宗、張廷榮論述、釋慧律講演、張志強、張春波、釋慧廣、釋養輝、張德宗、智果、張慶熊、

		陳兵、曹志成、陳宗元、梁晉源、陳省身、梅光羲、陳娟珠、淨空、陳健民、理淨、陳強、理證、陳彩雲、郭勤正、陳清惠、陳一標、陳淑螢、陳士強、陳景富、陳世威、陳榮灼、陳以仁、陳永進、陳繼東、麻天祥
2001－2005	66人	孔祥玲、吳興文、宋佩芳、李開濟、李廣良、肖平、依昱、周貴華、王耘、孟領、翁向紅、淨界、傅新毅、楊佩玲、劉嘉誠、賴信川、王能傑、法壽、耿敬、郭朝順、彭光輝、葉少勇、慧仁、賴珍瑜、王賜惠、胡佛賜、能賢、陳克艱、彭雅玲、葉海煙、歐崇敬、賴靜涵、賴信川、王聲憶、剛曉、張再林、陳宗輝、曾錦坤、廖本聖、釋惠敏、蔡相宗、駱岫青、朱敬武、張通文、陳昌祈、曾議漢、滿紀、談錫永、謝君直、吳可爲、徐湘霖、張蘭石、陳新、慈惟中、趙汝明、鄧宗文、魏常海、關則富、釋如謙、釋依昱、釋宗麟、釋寬謙、釋性嚴、釋宗諟、釋見晉、釋如意

六、論題與反省

（一）論題

　　本段文字是從網路找出《法音》雜誌一篇某居士之大作，對於百年來唯識學者所討論的主要問題摘要如下：（因本文是網路查出，既無論題亦無作者姓名列出，在此敬向其致歉致謝）

1. 唯識學探源

以印順長老《唯識學探源》為例，大乘思想之發展，首在經部、大眾部論心識，部派之認識說，到本體論又轉到境不離識的唯識論，論及唯識由心所造，即心所現，因心所生，乃至映心所顯，隨心所變，所以唯識學是幾種思想的合流。

2. 唯識之古學與今學

古學：認為無著、世親唯識之學先後一貫，為古學；唯識古學在印度的代表人物是親勝、火辨、難陀、安慧、真諦。古學說能取、所取、心、心所法皆以識為性。

今學：綜合無著、世親二家之說；代表人物為護法、陳那、玄奘、今學認為一切法不離識，並非一切皆以識為性。

3. 見、相二分是同種、別種

同種說：景昌極一九二八年撰《見、相別種辨》：窺基在其《成唯識論述記》中傳述過甚，應非護法、玄奘本意。

別種說：繆風林撰《唯識今論》，主見、相別種，乃護法、玄奘本意。

綜合說：玄奘、窺基二師所宗，見、相二分隨其所

應或同或異：如緣根身及器界托質而變，及為見、相成別種；如緣龜毛、兔角、空中蓮花即見、相同種。

4. 對真如緣起論之批判

歐陽漸《唯識抉擇談》中指真如與大圓鏡智為體用一體關係，不可能說是能熏與所熏一体，因為同一手指不能指其自己，刀不能自割；其弟子王恩洋、呂澂均指《大乘起信論》、《圓覺經》、《楞嚴經》等為偽經，不符合印度佛學，心性本淨之說。

印順長老《佛法概論》主「真常唯心」說雖源於一類大乘經典，然「融攝世俗的方便更多也與婆羅門教更接近」。

太虛大師《佛法總抉擇談》他主唯識三性判攝合乎大乘般若、唯識、真如三宗。雖歧異，亦只是言說方便之不同，並無是非邪正之分。

印光、南懷瑾、賈題韜等反對用學術研究方法，輕易否定佛祖經論，要靠理論，和實踐去印證。

5. 其他

還有空、有二宗關係，如來藏與阿賴耶識之關係，真如是否為疏所緣緣，轉依的真義，與唯識有關之因明學之研究等。

6. 新的唯識論之提倡：以因應西洋化的挑戰

唯識學爲當代所需：歐陽漸於一九二二年在南京高師所做之講演論題，謂時勢人心混亂，武力專橫，⋯⋯貧富懸殊皆西學氾濫，挽救此也非佛教唯識學莫屬。

太虛批評詹姆士（James）之「實際主義」，羅素（Russell）之「新實在論」、柏格森（Bergson）之「直覺論」，皆有所限，已輾轉逼近到新的唯識論。

章太炎：其《全集》等四冊，第三七〇頁：「逮科學萌芽，而用心益復縝密矣。是故法相之學於明代則不宜，於近代則甚適，由學術所趨然也」。

唐大圓在其〈十五年來中國佛法流行之變相〉中說：「佛教中之有學，且足以糾今世科學之誤，匡西洋哲學之謬而特出者，則莫如唯識。」

7. 力圖用現代語言，學術思想研究唯識學

太虛立「新的唯識論」：「新的唯識論學需用新近之思想學術以闡明。」他力圖翻新唯識舊學，⋯⋯易陳賴耶識爲「生化體識」，末那識爲「意念性識」。另在其〈文化人與阿賴耶識〉一文則從社會教育的角度，把人們引向唯識學。

其他如《唯識學ABC》；默如「唯識學概要」黃懺華的《唯識學的輪廓》，摩尼的《唯識哲學》；唐大

圓的《唯識的科學方法》等，都用淺明現代語言說明艱深的唯識學。張化聲《見色之研究》引述西方心理學關於視覺形成來源。繆風林之《唯識今釋》，朱寶昌之《唯識新解》等，都在多處引證西方哲學以釋唯識。

8. 對西方宗教、科學、哲學的批判

太虛大師在其《宗用論》集一百八十四篇論文集，評論如笛卡兒（Descartes）懷疑世上一切事實悉非眞理，然隨即迷信一個能懷疑一切的「我」爲眞；羅素能破一切唯物唯心論非眞理，然而隨又執定一切現象爲眞；柏格森之直覺論則「盲參瞎證，取捨用情」。總之，皆墮於我、法二執。

繆風林之《唯識今釋》針對亞里斯多德（Aristotélēs）至新實在論的西方諸家哲學，多憑小慧以立言，當其順邏輯之理論，覺其說有不能通時，則請出上帝。

王季同之《科學之根本問題》指出科學之局限，皆不過吾人夙生同業所感之總報而已，而即此業報實無實體，唯是心識，故曰萬法唯識。

9. 根據新思想對唯識學加以新釋、改造

李琯卿《唯識新論簡述》，認爲唯識學在當今時代必須通過科學的難關，悟出物皆有識，乃至無生物、無機物、原子、電子也都有識；將世界最後因歸結爲

「能」，謂「能」即是阿賴耶識之能力，亦即唯識所稱「種子」，由無始無邊識海動念而形成宇宙萬類的假說。

熊十力之《新唯識論》統合唯識思想與易學組建成一套本心由翕辟二力之作用形成心物的「新唯識論」。

（二）反省

1. 該文作者之反省

以上九大項是這位學者總結一九一〇年楊文會創辦佛學研究所會，提倡研習唯識唯識算起，總共才四十年，所做的一個總結，並對這四十年的研究也做了一些反省：

（1）闡述不夠新：教內學者，率多認唯識典籍所示義理為「聖言量」，因此很難離古人規矩而創新。

（2）修證方面之不足：唯識學既為瑜伽觀行的產物，忽視瑜伽實證，墮入文字窠臼，是慈恩宗的致命弱點。

（3）入世運用之不足：實際上，唯識學內含許多可利益眾生之學問，如運用於心理分析、心理咨詢、潛能開發、罪犯改造等。

（4）圓融之不足：現代唯識學者，頗有執一非

餘、缺少圓融不諍之雅量。唯尊護法一系，絕口不談唯識以外的一切佛法，斷眞常唯心爲婆羅門之見。而違圓融不諍之旨。

（5）對切要問題研究之不足：利用唯識學修行，指導唯識學修行來說最爲切要。如何與禪、密、淨土等的頓、漸修行之關係，唯識學者研究最少。

2. 筆者之反省：以下是個人反省下的幾點意見

（1）佛教自印度發展到世界各地區民族，因時空背景不同而有流變，這些流變幾乎難以還原到佛陀的本懷，換句話說，之後所流變出的新學派應以因緣法、緣起法一一檢驗。如然，可能會產生新的別教；印度部派各種方式之自性說；大乘佛教各種方式之有相、無相說、種子俱生說、分別說各種緣起說，……才能一一消融到佛法一味之中。

（2）中國文化傳統是一個敦厚圓融的民族，如要論分析、演繹卻非所長，春秋戰國時期之名家、墨家之分析重邏輯只是曇花一現。隋、唐之唯識學重因明不過三代而衰，殆至清末民初，楊仁山、歐陽竟無等前輩，從日本找回唯識經典失而復得更爲珍惜，加之唯識與西方哲學、科學相應處較多，所以特別偏重唯識，這是我們可以理解的。但他逼迫西方一切宗教、哲學、科學，

顯然有反客觀。老實說，就憑他們在那個時代對西方文化、哲學、科學之認識也是不會太深入的。以其部分理論與唯識學做比較，以擴大唯識學的研究視野應是比較正確的態度。

（3）學術研究本身就是一種發展，所謂「推陳出新」必須深入經藏才能推陳，而後才有創新出新。在民國初年那個時代乃至現在，推陳已不足，創新談何容易，不推陳而創之新只是膚淺浮光掠影不足取。所以會說唯識學者所要做的首要工作爲如何將艱深的唯識典籍做整個整理，使以後的學者有法殷鑑，否則將是一代一代「斷章取義」，以偏概全，不但無益後世，反而有誤來賢，對唯識學之發展永遠難以逾越。不但研究唯識學如此，即使研究佛教任何宗派，亦莫不皆然。

（4）唯識學就是瑜伽唯識學，在《瑜伽師地論》中說無論何處；無論何時，都可練瑜伽、可以修行；任何人、任何事都可以做爲瑜伽修行之師。瑜伽唯識就是一個主修行的學派。因爲其知識系統太繁，所以進入其系統更難，要進行其修練實踐，更屬不多。如在現代愈來愈多的出家法師都有了高學歷，可以進行對唯識學修行法門除卻煩惱，能偏重一門深入地實踐；提供研究唯識學者偏重唯識學之研究。當然，兩者能同時兼備最爲

增上。

（5）盡可能將唯識學之外文著作譯成中文，並成立一個唯識學文庫，該文庫所在地即是唯識學者會集、相互交流之所。

（6）唯識學研究浩繁：有待分工合作，有必要組成一個華文唯識學研究協會，以聯誼性的鬆懈組織，彼此交換研究心得、研究方法，分享研究成果，中華唯識學研究中心，也致力為此目標貢獻棉力，中華佛學研究所之網路更願提供關於此一方面之服務。

七、結語

（一）本文僅就初步所搜集之資料已有八百零九種；而有些原文、原書再版後改名出版的，我們亦列為兩種，所以其亦有重複計數之虞；有的我們在有些作者所引之論文、書名，可是我們找不到出版處所及出版日期，只有省略不載。有些論文主題亦非明顯而是跨越二至三個類別，我們只有擇其一做為主題。由於以上三者，所以這份資料似必有所誤差。

（二）從專書發表的學者看百年來每年僅 1.5 冊、論文僅 5.7 篇的研究成果，實在說不上是顯學；不過，如果我們將發表專書兩本以及論文八篇以上，或專書一

本、論文四篇列為專家的話，則有了于凌波、王恩洋、
吳汝鈞、吳學國、李潤生、周志煌、周貴華、林中治、
林國良、法舫、胡曉光、唐大圓、孫智燊、徐典正、徐
紹強、張少齊、張廷榮、曹志成、梁晉源、梅光羲、韓
清淨、楊白衣、葉阿月、熊十力、趙亮杰、歐陽竟無、
霍韜晦、濟群、韓廷傑、魏德東、羅時憲、釋太虛、釋
印順、釋如覺、釋惠敏、釋普行、釋慈航、釋演培、
釋默如共有三十九位。這僅就從量化而言，如果論學術
之價值大小，可能未列入以上名單中者，其學術地位也
許反值得讚歎。至於為何不將具有一本專書的作者列為
專家學者，而將八篇論文之作者列為專家，我們的理由
是，八篇論文每一篇都經過編者審查過後的作品，而一
本專書其所涵蓋之內容與經審查之密度就不如論文來的
嚴格。同時八篇論文即可以編成論文集，雖然這樣做亦
未見得公平，但我們認為在不公平中，算是比較公平
的想法。

　　（三）在八百零九種之研究成果分析，對於唯識
學之專論研究與唯識學與其他科學之比較研究分別占了
二、三位，自然是可喜現象，前者是對唯識學本身之深
入研究與重視，後者則是在擴大唯識學的研究領域，具
有前瞻性；反之對於唯識學通識、推論占第一位，一則

以喜，此類著作可以援引後學研究唯識；一則以憂，研究重複，造成學者時間之浪費、重疊。

（四）三百年來，西風東漸，佛教學唯一接近現代人文社會及自然科學者就是唯識學，使佛學更能與現代學術社會接軌，使佛學的時代性有更寬廣的空間得到發展。百年來，從事唯識學與其他科學之比較研究占第三位，是一件可喜的事。

（五）唯識學專釋、疏證研究，唯識之修行實踐及唯識學評論二者，著作數在三十七、三十六篇，註解、主在消文，評論主在回歸原典義學與修行實踐形成相等關係，這也很符合唯識學之「生態學」，絕非偶然。

（六）因明學本來是印度各部派之共同所使用之思辨方法，尤其以正理派總其成，後來在佛教世親、陳那等充分發揮下隨著唯識典籍傳入中國，兩者之興衰幾乎同時，然而近百年來，幾乎已分道揚鑣。如然研究唯識如果沒有因明學做為軌範，唯識學恐將變成訓詁式之詮釋科學；如果因明學沒有唯識學為內容，因明學可能淪為純理性之邏輯思辨，與佛教唯識之應用將會脫節。

（七）本文所搜集之唯識學雖有八百零九種，當本文統計分析完成後，仍有若干未能列入，可見仍應有餘篇，我們尚未發覺。因大會繳交論文限期已到，無暇再

做增補以致有遺珠之憾，不過就統計學之觀點，筆者相信至少已近百分之八十之資料已經囊括在內，所以本文所統計、分析之數字僅做參考，中華佛學研究所將繼續來做此項工作，俟資料完整以後將在本所網路上公開發表，再歡迎多多引用。

智者之圓教義及其形成之探討

提　要

　　智者圓教義之根基建立在「性具」與「性惡」上；其圓教義之標準是「根性融不融」，「化導始終不始終」，「師弟遠近不遠近」；其圓教內容是依判教之比較而得，如四諦、四悉檀、四弘等。圓教則是無作、第一義悉檀、……為究竟；其判教之方法是以四門、四句、緣起等作辯證地陳述；最後圓教之完成不但是自己之圓法、圓信、圓行、圓住、圓自在莊嚴修行次第證得；而且，要以菩薩精神圓建眾生。

　　但圓教之完成，並不在其內涵之圓滿；而是其圓觀之形成。法性空寂，即諸法實相；寂而常照即是圓觀。教、觀雙美，是天台宗門引為自豪的標幟。

關鍵詞：性具、圓教、止觀、智者

一、前言

　　本人在文化大學哲學研究所講授天台智者大師三大部之初期，深感其內容條目層次極難弄清，因為各層次都是用一、二、三、……作序目，即使前人作有「科判」以甲、乙、丙、……作序目，但仍是層次不清。

　　所以本人就以現代的目次方式初分為壹、一、（一）等十五個層次。層次分明以後，內容與外延關係也就更為清楚了。由於更清楚了其內容，所以也認識到還有很多的工作可以做，如標點、分段、表解、集註、插句、按語、引言、釋義、查引經典出處，製作中、梵文索引等。

　　一九九二年法鼓山聖嚴法師立意要辦「法鼓大學」，特別率團到日本參訪日本的大學教育及其校園規畫與建築，本人亦為隨員之一。那時楊曾文教授正在京都大學擔任客座教授，也是我第一次認識楊先生。其實，我個人還有另一目的，那就是要了解日本學者對天台三大部做了些什麼。是不是有人正在做與我同類型之工作。結果，我發現我的想法是開創性的、值得做。

　　於是，將研究與教學合一，其中，將耗費時間、人力，又能訓練研究生查尋資料，學得研究方法之工作就

交給他們去做；同時也爲他們爭取到一些研究津貼。三
大部之一的《法華玄義研究》就是這樣完成的。這部書
計前後五年，除獲「國科會」之補助及獎助外，也得到
天台傳人慧嶽法師之補助，共花費新臺幣二六○萬元。
第二大部《摩訶止觀之研究》前年也同樣獲得補助，有
待三年以後才能出版。本人也曾指導了博、碩士生各兩
名撰寫天台學之論文，照說，關於天台學我應該算有點
常識，可是我很少發表過天台學之專文，❶也許是「曾
經滄海難爲水」，也許是「近鄉情怯」。

　　本來我向大會報備之論題是：〈道生與六祖禪法
之比較研究〉，這是我在撰寫《中印佛學之比較研究》
時就曾有過的「痛」，想一吐爲快；❷但當我讀到臺大
教授楊惠南先生爲本人撰寫《法華玄義研究》的書評
時，有幾句話使我有「更大的痛」油然而生：「大家如
果不再研究佛典，只想簡單地修行，只想貪便宜，⋯⋯

---

❶ 〈從《玄義》一書中所引典籍之芻議〉，1985 年 12 月，天台學術會議中
　發表，刊於《法華玄義研究》做爲附錄。另一文〈智者三因佛性與亞里
　斯多德四因說比較研究〉，於 1997 年在中華佛學研究所專任研究人員學
　年度學術討論會中對內發表，尚未正式刊出。
❷ 中國禪宗先期禪師們之禪法中，道生與禪宗六祖無論在禪法、時代背景
　及其影響均有些類似之處，本人一直想擬清其異同處；但由於累爲其他
　外緣所牽，未能如願。

簡單方法就想得大成就，……不也是一種違反因果的想法？」「……最好各宗各派都能挑出重要的幾部經典，一一來整理，這樣臺灣的佛教界也才有機會立足全世界，……日本佛教界一百年前就已經開始這樣的工作了，我們雖然起步晚，但也必須開始做了。」❸

　　大陸佛教學者人才濟濟，大陸寺廟之觀光與香客捐獻愈來愈多，兩者之合作一定會產生更大的成果。這種想法，正是本人要改變原來論題，藉此一論壇來表達一己之見的初衷所在。

　　以下謹就智者以上兩部圓教義、圓教義之形成，以及對其發展實踐之爭做一探討。

二、圓教義

　　論到智者之圓教不得不先提到「性具」、「性惡」兩個概念：

（一）性具說

　　「性具」一詞究竟始於何人不得而知，智者本人之文獻中找不出這兩個字，但其文獻中卻充滿了這個

---

❸ 〈書評〉，《中華佛學學報》第 11 期。

意思，例如「無明即法性」，❹「介爾有心，即具三千」，❺「汙栗馱此方稱是草木之心也；又稱矣栗馱，此方是積聚精要者爲心也。」❻ 以及「三諦圓融，即空，即假，即中」，三諦成觀，即成「一心三觀。」❼

依智者，不但無明即法性；而且法性即無明。不但一念三千；而且，三千在於一念。❽不但一心三觀；而且三觀不離一心。由此我們不難看出智者是主心、物一體不二的；不是心含萬物，而是萬物與心合一；也不是心生萬法而是心與萬物合一。於此，智者之「性具」思想隱然而顯。如果要將「性具」思想說得更具體些，應是「佛性具有萬法」。

---

❹ 十二因緣可歸納地說：煩惱即菩提，業力即解脫，名、色即法身。參見《大正藏》第 33 冊，頁 698 中「因緣境」。

無明、愛、取：煩惱即菩提——了因佛性——人生論。

行、有：業道即解脫——緣因佛性——解脫論。

名色、老死：苦道即法身（大樂）——正因佛性——本體論。

又，《摩訶止觀》卷 3 上，《大正藏》第 46 冊，頁 21 下：「無明即法性，法性即無明。」又如《大正藏》第 12 冊，頁 768 中：「無常無斷即是觀照十二因緣智，如是觀智是名佛性。」

❺ 《摩訶止觀》卷 5 上，《大正藏》第 46 冊，頁 54 上。

❻ 《摩訶止觀》卷 1 上，《大正藏》第 46 冊，頁 4 上。按 Hrdaya 或譯爲「汙栗馱」較妥。

❼ 《法華玄義》「圓三諦」：「非但中道具足佛法，眞、俗，亦然。三諦圓融一、三，三、一。」《大正藏》第 33 冊，頁 705 上；頁 789 下。

❽ 《摩訶止觀》卷 5 上，《大正藏》第 46 冊，頁 54 上。

　　湛然（711－783）更以「十不二門」來詮釋智者《法華玄義》之「十妙門」，茲列簡表如下：❾

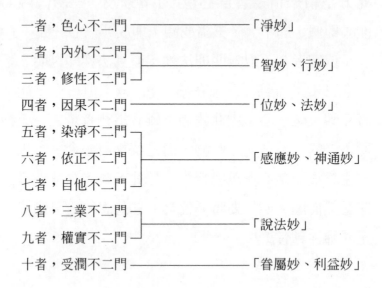

　　雖然湛然之十門前一門為「宗」，後一門為「因」，其實是「門門通入，色心，乃至受潤咸然」。換句話說，這是一連環論證，環環相扣，不必定有始、終。都是在凸顯智者之「性具」思想。僅舉其一、六兩門為例：「一，色、心不二門者，且十如境，乃至無諦，一一皆可總、別二意：總在一念，別分色、心。」

---

❾　《摩訶止觀》，《大正藏》第 46 冊，頁 702 下。

因為「十如是」之相仍屬色，但色不離心。又以苦、集、滅、道四諦為例：「四諦則三兼色、心，滅唯在心。」「故知但識一念，遍見己、他，生、佛。他生、他佛尚與心同；況己心生，佛寧乖一念？」以上以「十如是」、「四諦」、「心、佛、眾生」為例，指出色、心不二。

「六，依、正不二門者，已證（毘盧）遮那（佛）一體不二，良由無始一念三千。以三千中陰生二千為正，國土一千屬依。依、正既屬一心，一心豈能分能、所？雖無能、所，依、正宛然。」

依、正只是一相對概念，國土與世間眾生可相互為依、正，均不能外於心而存在。由之三身佛也即在一念中。

其實，智者之性具思想雖下傳到湛然；亦可說上承於慧文，慧文曾將《大智度論》中「一心中得一切智」。❿三種智如配以果位則是：羅漢得一切智；菩薩得種智；佛得一切種智。⓫如按湛然，染、淨，權、

---

❿ 《大智度論》：「一心中得一切智，一切種智……。」（《大正藏》第 25 冊，頁 260 中）
⓫ 《大智度論》明文提到「一心中得一切智，一切種智」，只有二智一心中得，從全文看，三智一心中得亦屬有據。參見拙著《中印佛學之比較研究》，頁 422，「智與得之簡明表」。

實，受、潤是不二的；但三智之染、淨、權、實、受、潤亦應宛然性具。

（二）性惡說

智者在他《觀音玄義》❷一文討論性惡說最為具體，但本文不是專門論其性惡思想；而是論及其性惡說，亦是其圓教義之根本要素。

因為性惡說是從性具思想發展出來的，既色、心不二，染、淨不二；那麼性惡說就可以成立了。智者之性惡是指「唯覺煩惱起業，是故明惡根性發」；雖「煩惱罪垢深重，……內外善法，都不發一事」，❸是可以止惡行的。

湛然說：「良由事惡助於理惡，共蔽理善令不現前。」❹既然染、淨不二，理惡與理善也是同根並蒂。可是，天台學者們特別強調天台的性惡說，也是其來有自的：其一，中國傳統文化是泛道德的；其二，站在教育哲學上說，性善說對人心具有引導、鼓勵作用。

本文也不準備對性善、性惡說之理論或價值做進

---

❷ 《觀音玄義》卷上，《大正藏》第 34 冊，頁 877。
❸ 《釋禪波羅蜜次第法門》卷 4，《大正藏》第 46 冊，頁 301 中。
❹ 《止觀大意》，《大正藏》第 46 冊，頁 461 上。

一步判斷。但就智者之性惡說，在佛教經典上、承傳上都是可以找到線索的；諸如「十二因緣」開始就是無明緣行；如來藏含有空如來藏即是雜染的；唯識的阿賴耶是一切種子識，自然是有雜染種子存在，四諦法之苦、集；大天唱苦能引道；❺慧思本人常稱惡比丘、惡眾生。❻我們十分不解，爲什麼智者均未具體提到他性惡說之文獻依據；所以專門研究智者性惡思想的學者們也不提到這些。

甚至智者對中國荀子旗鼓顯明的性惡說也隻字未提，我們從其三大部中，知道他引用中國典籍很多，不可能不知道《荀子》一書。在佛教祖師們的傳統裡，批評非佛教宗派爲「外道」；智者批評印度、中國非佛教學派爲「外外道」。❼其實，印度佛教多少都受有印度傳統與非傳統文化之影響；中國之佛教亦然。之所以如此，是由於佛教自身有一極豐富的自我中心思想所使然。

---

❺ 以上所舉，爲一般佛教學者所知曉，不贅引。

❻ 見慧思在其「本願中」述說他十五歲到四十三歲經常被「惡眾生」、「惡法師」、「惡論師」所加害。在其《安樂行義》中爲「眾生忍」之條目中說，處「調伏惡眾生」。（《大正藏》第 46 冊，頁 697 下）

❼ 《摩訶止觀》卷 10 上，《大正藏》第 46 冊，頁 132 中。

但我們仍得要強調，智者之性惡說是受其內學與外學所影響形成的。天台宗山家師特別注重佛的修惡已斷，而理惡不斷，所以才能與惡眾生相應，以救贖惡眾生，這正是圓教義的本質所在處。但他特別凸顯理惡，而隱藏理善，確實是圓教義在陳述上的小小疵疵。

三、圓教義之形成

智者之《四教義》❶是形成他個人思想之早期著作，然後才有《法華玄義》一書判教；智者之圓教思想透過判教，對佛教典籍做一比較而顯其圓教義；到了他講《摩訶止觀》時，他的圓教觀思想才臻於完善。

（一）智者之判教具有三個基本標準❶

1. 根性融不融：他認為其他大乘學派一闡提不能成佛，而智者根據《大般涅槃經》主張眾生均可成佛，也就是眾生均有佛性，所以這樣的佛性觀是圓融的，天台

---

❶ 《四教義》雖以判四教為主，對於「圓教義」實已萌芽：「所言圓者，義有多途，……教圓者，正說中道，故言不偏也；理圓者，中道即一切法不偏也；智圓者，一切種智圓也；斷圓者，不斷而斷無明惑也；行圓者，一行一切行也；大乘圓因，涅槃圓果。」（《大正藏》第46冊，頁722中）

❶ 《法華玄義》卷1上，《大正藏》第33冊，頁683中。

自然是圓教。

2. 化導始終不始終：其他如藏教所化導之始爲凡夫、其終只成羅漢不及成佛，所以只能稱爲有始無終；而其他兩教所化導者雖允爲成佛，但看不起小乘，所以只有化導終而無化導始；唯有圓教會三歸一，既能化導三乘，也能教化眾生成佛，所以是有始有終之化導。

3. 師弟遠近不遠近：其他大乘與三乘相隔。聲聞、羅漢、菩薩各有成就之限制；唯有天台圓教主張三乘歸於一乘，終將成佛，有如師弟之親近。

（二）智者判教之內容

1. 或以生滅、無生滅、無量、無作四諦，判藏、通、別、圓四教。[20]

2. 或以四悉壇：世界、人人、對治、第一義諦判藏、通、別、圓四教。[21]

3. 或以《中論》〈四諦品〉[22]因緣、空、假、中，判藏、通、別、圓四教。[23]

---

[20] 《法華玄義》卷 2 下，《大正藏》第 33 冊，頁 700 下 -702 上，又《大正藏》第 46 冊，頁 5 中。

[21] 《法華玄義》卷 1 下，《大正藏》第 33 冊，頁 690 上 - 中。

[22] 《中論》卷 4，《大正藏》第 30 冊，頁 33 中。

4. 或以乳、酪、酥、醍醐,判藏、通、別、圓四教。㉔

其他還有四弘、㉓蓮花㉖等諸喻不必多引。而以上之內容又可相互對應。唯在其「明位數」㉗五品位是圓信法界,十信位是得圓聞、起圓信、修圓行等覺位才能斷微細無明,妙覺位才能得佛智究竟解脫。

在其「圓門入實觀」中,㉘圓門即無上道,生死色即法性色;圓門微妙,立圓而破圓;生死即涅槃,無二無別;一行無量,一行遍行。

在「圓觀」中:㉙不思議境即一實四諦;無緣慈悲是真正發心;發心具足,安心在定慧;能安內外,順生法愛,法愛滅已,即可證實相體。

㉓ 《法華玄義》卷 1 上,《大正藏》第 33 冊,頁 682 上 - 中。
㉔ 《法華玄義》卷 2 下,《大正藏》第 33 冊,頁 700 中。
㉕ 《摩訶止觀》卷 1 下,《大正藏》第 46 冊,頁 8 上。
㉖ 《法華玄義》卷 7 下,以蓮花喻十如、四諦、三軌、……判四教,屬間接判教。《大正藏》第 33 冊,頁 773 下 -774 下。
㉗ 《法華玄義》卷 5 上,《大正藏》第 33 冊,頁 732 下。
㉘ 《法華玄義》卷 9 上,《大正藏》第 33 冊,頁 787 下。
㉙ 《法華玄義》卷 9 上,《大正藏》第 33 冊,頁 789 下。「圓觀」又名「入實觀」。

（三）智者判教之方法

　　智者因其判教而顯其圓教義，其方法應用排中律的辯證形式，此一形式可用於判四教，各教內各層次的辯證亦可適用之。

四門[30]	四句[31]	四諦	緣起三諦[32]	判四教
有門	肯定	生滅四諦	緣起	藏教
無門	否定	無生滅四諦	性空	通教
亦空亦有門	亦肯定，亦否定	無量四諦	即假	別教
非有非無門	非肯定，亦非否定	無作四諦	即中	圓教

　　智者以各種名相判教雖有高低；但根據其判教根本立場是「師弟相近」、「根性圓融」、……主四諦即一

---

❸⓿ 《摩訶止觀》卷 6 上，《大正藏》第 46 冊，頁 73 下 -74 上。

❸❶ 排中律之展開就是辯證律：

AV-A=1

（AV-A）=11（AV-A）=12（AV-A）=13……1N

舉例：肯定 A……1

　　　否定 -A……2

　　　亦肯定，亦否定 1 ＋ 2 ＝ AV-A……3

　　　非肯定，亦非否定 -（A^-A）＝ -AV-（-A）……4

3 與 4 式只在發展層次上不同，並非本質上有異，因為 4 式之 -（-A）約去負號即是肯定 A，即 -AVA，再換位即 AV-A，同於 3 式。

❸❷ 《法華玄義》卷 1 上，《大正藏》第 33 冊，頁 682 下。

諦，三乘歸一乘，甚至一諦亦無，一佛乘如化，所謂立圓、破圓。在方法上說，雖是有一定之邏輯形式；但最後落在修證上是要「離四句」、「絕百非」的，也可以看出智者之思想在形式與內容的統一性！

四、圓教義之完成

圓教之完成，不在其內涵之圓滿；而是其圓觀之形成。當然智者在教觀上在《摩訶止觀》之中也確實做了些增益。在其「圓頓觀」裡說：「法性寂然名止，寂而常照名觀。」❸這是總說法性雖寂而起作用，法性空寂即諸法實相；而性起作用即是圓觀。又說「止觀顯體即攝一切理」❸或說「一心三觀，……總明一心」。❸

若將圓教、圓觀以不同之概念次第言之：❸

1. 聞圓法：聞生死即法身，煩惱即般若，結業即解脫。智者稱法身、般若、解脫爲三德，三德就是智者之圓法。

2. 起圓信：圓信並非是直接信其圓法，而是要經過

❸ 《摩訶止觀》卷 1 上，《大正藏》第 46 冊，頁 2 上。
❸ 《摩訶止觀》卷 3 下，《大正藏》第 46 冊，頁 29 下。
❸ 《摩訶止觀》卷 6 下，《大正藏》第 46 冊，頁 83 下 -84 中。
❸ 《摩訶止觀》卷 1 上，《大正藏》第 46 冊，頁 1 下 -2 中。

「信一切法即空、即假、即中」之過程才能圓信圓法。

3. 立圓行：是由信起行，「三諦圓修、不動、不寂，直入中道」，會歸三德。

4. 入圓位：圓行之結果，「清淨自在，一住一切住」，即使住於惡世亦是清淨自在。

5. 圓自在莊嚴：以圓功德而自在莊嚴，「於正報、依報中，一一自在」。無論處於任何主、客不同之兩境都能自在莊嚴。

6. 圓建眾生：以圓力而圓建眾生，「內自通達即空即假、即中不動法性，而令獲種種益得種種用」。根據智者，「化自名得；化他得益稱之為用」。❸換句話說，能圓建眾生，一定要度人，使眾生受益，自己才有稱性功德，而得益。❸

智者之圓法是圓觀而成。觀體空即真；就以圓觀而論即是「絕待止觀」，亦即破相待之息止、停止、不止止三止；相待之貫穿、觀達、不觀觀三觀。到了絕待止觀時，一切空寂，但寂而常照，統攝一切法：教、理、行、果、乃至智與惑宛然而有。❸

❸ 《法華玄義》卷1下，《大正藏》第33冊，頁689下-690上。
❸ 《法華玄義》卷1上，《大正藏》第33冊，頁638上。
❸ 《摩訶止觀》卷3上，《大正藏》第46冊，頁22上。

　　由上可知智者不但從教、觀，乃至方法上都是立圓、破圓。諸法圓相即實相，實相即空相；空相寂然常照，法身、般若、解脫三德歸之一念；一念當下即止、即觀。於是，圓義、圓觀、圓教於焉建立。因為圓義即法身，圓觀即般若，圓教即圓滿解脫。又法身即假，般若即空，解脫為第一義諦即中。

五、圓教義之形成檢討

　　智者在「絕待止觀」中尚攝一切法，只是寂然常照一切法，並不是所攝之一切法還在起作用。雖不起作用，可是一切法宛然存在。一切法存在當然也包括染法、惡法之存在。這便引起了「修法」的問題。

　　在湛然的著作中有「順修」與「逆修」。❹順修就是修「理善」，逆修就是修「理惡」，牟宗三先生將湛然「逆修」改為「逆覺成修」，意義上並無不同。可

又其頁 20 中論及「歸大處」云：「歸大處諸法，畢竟空故，……得此意者即解旨歸。旨者，自向三德；歸者，引他同入三德。……諸佛為一大事因緣出現於世，……見法身已，佛及眾生俱歸法身，……一切種智，種智具已，佛及眾生俱歸般若，……皆以如來滅度，……佛及眾生俱歸解脫。」

智者《摩訶止觀》之裂大網中，將〈旨歸〉一章列在最後，雖未說完即告圓寂，足可見〈旨歸〉對全書之重要。

❹ 《十不二門》之〈修、性不二〉，《大正藏》第 46 冊，頁 703 中。

見，湛然特別強調「修、性不二」，「存性則全修成性，起修則全性成修」，這已有「修惡」的強烈暗示了。所以宋代知禮代表正統所謂山家師「妄心觀」，便明白提倡修惡說。這便與山外師之「修理善」真心觀對立起來了。山家、山外師們辯證的分析，針鋒相對，比之中國歷史上各家之論辯還要精細。可以媲美西方哲學家，❹值得我們尊教。可是，是不是值得爭辯則是另一問題。因為這不是理論上的問題，而是實踐的問題。實踐的問題用經驗即可解決。

修善、修惡有如開礦，修性善有如淘金；修性惡有如淘礦。淘金就是順修、就是修善；淘礦就是逆修、就是修惡。淘到了金，自然淘汰礦石；淘除礦石自然獲得了金。相同地，修除了惡即得了善；修得了善即消除了惡。

在我們人生之中，有順境，也有逆境，但都是我們的增上錄。有順境得順修，有逆境得逆修，都有益於人生。所以爭辯「淘金」、「淘礦」；「修善」、「修惡」是沒有必要的。

---

❹　參見《現代佛學名著全集》卷9，頁306，本卷為島地大等撰，本文引自慧嶽法師《天台教學史》頁254-270。

六、結語

在《法華玄義》及《摩訶止觀》中,都有「圓頓、次第、不定」三種止觀及「相待妙,絕待妙」之觀法。甚至兩大部亦均有判教;但是二者仍有相當之差異。

在《玄義》中,從「教相」,或說從佛教教義的高低性質說《華嚴》、《法華》為「頓」;依十二部經,方廣、般若次等說則是「漸」;而居二者之間則為「不定」教。❷

若從實踐之「觀門」說:從初發心即觀實相,即於道場開佛知見,得無生忍,是「圓頓觀」;從初發心為圓極故,修六妙門、十六特勝,乃至四諦觀,即是聲聞法為「漸次觀」;從過去佛(已)深種善根,今修證十二部豁然開悟,將無生忍為「不定觀」。❸

在《摩訶止觀》中,其「圓頓止觀相」說:「止緣於諦則一諦而三諦;以諦繫於止則一止而三止,……所止之法雖一而三,能止之心,雖三而一」。❹其「次第眼觀智」:「若體眞止,……第一義,眞諦三昧成」;

---

❷ 《法華玄義》卷 10 上,《大正藏》第 33 冊,頁 806 中 - 下。
❸ 《法華玄義》卷 10 上,《大正藏》第 33 冊,頁 806 下 -807 上。
❹ 《摩訶止觀》卷 3 上,《大正藏》第 46 冊,頁 25 中。

「若隨緣止」、「心安俗諦，……則俗諦三昧成」；
「若息二邊止」，則生死、涅槃、空有雙寂，……約中
道體。❹其「不次第止觀眼智」：「止即是觀，觀即是
止，無二無別，……（佛）眼即是智，智即是眼。」
「三止、三觀爲因；所得三智、三眼爲果。」❹

若從實踐之「觀門」說：其「圓頓止觀」在本文
「圓教止觀之形成」中已有說明；唯其「漸次止觀」則
是依修與戒、禪定、慈悲、從修實相。至於「不定觀」
則介於二者之間，無逐級而進之次第。❹

在《玄義》「通釋」中以半、無常、小乘爲粗，以
滿、常、大乘爲妙，稱之「相待妙」。入觀緣寂，本教
則絕，絕由於觀，將此絕名，名於觀妙。爲顯此義，故
以絕爲妙。❹

在其《摩訶止觀》裡，「相待止觀」：「止有三
義：有息、停、對不止止義；觀有三義：貫穿、觀達、
對不觀觀義。」「絕待止觀」即破前相待止觀，……絕
橫、豎諸待，……滅絕、絕滅故名絕待止；顛倒想斷，

---

❹《摩訶止觀》卷 3 上，《大正藏》第 46 冊，頁 24 上 -25 下。
❹《摩訶止觀》卷 3 上，《大正藏》第 46 冊，頁 25 下 -26 上。
❹《摩訶止觀》卷 3 上，《大正藏》第 46 冊，頁 26 上。
❹《法華玄義》卷 2 上，《大正藏》第 33 冊，頁 696 中 -697 中。

故名絕待觀，……乃至觀生死止觀。㊾

　　由之可知，兩大部中縱然條目相同，在《玄義》判教意味較濃；而《摩訶止觀》在說明其圓教、圓觀義。再者，「圓頓止觀」是在《玄義》一文末後，及《摩訶止觀》一文前先後說出，可見是智者前文有些未盡才增補完成的。

　　總之，天台智者之圓教義之「性具」說，「性惡法」，是其圓教義之根本思想，其圓教思想之完成，是賴圓頓止觀之功，所謂「教、觀雙美」是天台宗門所引為自豪的標幟。雖然三論、華嚴乃至禪宗，也重視教、觀；但尤其智者在這一方面可稱教、觀並重，到教、觀合一，形成了一代圓教思想是最為突出的。

㊾ 《摩訶止觀》卷 3 上，《大正藏》第 46 冊，頁 21 下 -22 中。

大勢至菩薩的相變探討

提　要

　　漢傳佛教以「西方三聖」之一，來顯示大勢至菩薩的地位；西藏密教將大勢至菩薩，以金剛手菩薩之名來加以具象化。本文所引漢譯、異譯五種版本中，沒有直接說明金剛手菩薩就是大勢至菩薩的具象化；但在西藏密教之信仰上確是如此，於是產生了大勢至菩薩的相變。而金剛手菩薩又具有諸菩薩之性質，除具有喜樂多變的表情外，又有各種憤怒的臉譜、有更凶惡的相變，以顯菩薩心腸。

　　本文以《實相般若波羅蜜經》的其他四種異譯本，來說明大勢至菩薩轉變成密教金剛手菩薩後，顯示出有了更具體的菩薩位格。同時，本文也以比較各異譯文獻之多（達五種）；而且，該經是諸佛為金剛手菩薩所說；尤其代諸佛說法，如：製造壇場，繪畫佛像、菩薩像，以及各種設施、儀軌等，以顯示出其殊勝之地位。

關鍵詞：大勢至菩薩、相變、西方三聖、金剛手菩薩

一、前言

　　大勢至菩薩爲佛教「西方三聖」之一，爲阿彌陀佛之右脅侍菩薩，其相對之左脅侍則爲觀音菩薩，三者合稱西方三聖。但在一般寺廟的大雄寶殿中，多供奉釋迦牟尼佛，左右脅侍爲迦葉尊者與阿難尊者。供奉「西方三聖」只是漢地佛教，在印度文獻上是沒有記載的。

　　在漢譯《大藏經》中，載有大勢至菩薩參與佛陀大法會說法的，有下列經典：

　　《正法華》、《添法華》、《妙法華》，《大般若經》譯爲「得大勢菩薩」；《魔（？）法般若經》稱「勢勝菩薩」；《大方廣如來藏經》、《大乘寶雲經》、《大方廣總持寶光明經》、《佛華嚴入如來德智不思議境界經》及《大方廣觀音菩薩授記經》均記「大勢至菩薩」，都是參與釋迦牟尼佛說法之眾菩薩之一。

　　在西藏密教中，卻視大勢至菩薩爲「金剛手菩薩」，在大法會中所跳之「佛舞」，有「憤怒金剛手菩薩」，面惡心善、爲眾生降魔消業；所謂「不以霹靂手段，不足以顯菩薩心腸」。即使在漢譯藏經中，密教部亦能發現其所以然之根據：

　　《實相般若波羅蜜經》法會有「金剛手菩薩」；

《金剛頂瑜伽理趣般若經》、《佛說遍照般若波羅蜜經》，都有金剛手菩薩與會；《佛說最上根本大樂金剛不空三昧大教王經》甚至以金剛手菩薩為上首，佛是專為他所說的一部經。其他如《寶女所問經》之「戰鬥菩薩」及《阿差末菩薩經》之「選戰菩薩」，都是「金剛手菩薩」之異譯；而《大毘盧遮那成佛神變加持經》中，金剛手菩薩更為「祕密主」。

其他尚有些經典之「金剛藏菩薩」，其性質、功能雖有似「金剛手菩薩」；但在《大方廣總持寶光明經》中，同時載有「大勢至」與「金剛藏」，可以證明二者非同一菩薩，故不列入。

「大勢至」菩薩之得名，顧名思義，是比喻菩薩之強勢偉力；其相對左脇侍觀音菩薩，是代表慈悲，大勢至菩薩即代表慈悲之力量。如然，我們似可理解，西藏密教視「金剛手菩薩」為大勢至菩薩。這只是從宗教現象、宗教信仰上，做合理之推測；但從文獻上仍未發現，「大勢至菩薩」即是金剛手菩薩。可是事實上，西藏密教的大勢至菩薩即是金剛手菩薩。從菩薩性質上看，兩者可以視為同一，只是在表現上之「相變」而已。

二、金剛手菩薩之淵源

最早應溯及印度的《黎俱吠陀經》（*Rg-Veda*）之雷神因陀羅（Indra），為印度教喜見城之主，又為雷神，破其母（黑雲＝母牛）之脅而生，天地震動；❶發怒時全身毛髮直立；❷手中常握金剛杵作武器，又稱金剛手（Vajrahasta）。在大乘佛教經中，皈依佛陀，稱釋提桓因（Sakna Devānām Indra），仍承認他是天神之一。《華嚴經》中所指無盡緣起的世界海，是因果環環相扣，有如「因陀羅網」光光相照。

在《華嚴經》中，稱「金剛神」；直到密教中期，才有「金剛手菩薩」；到了密教晚期，金剛手菩薩更被賦予「擇戰鬥」、「選戰鬥」菩薩等尊號，形成現代西藏藏戲或佛戲中，面惡心善之菩薩形象。

此外，關於載有「金剛藏」之經典，如《漸備一切智德經》❸、《十地經》❹、《大方廣如來不思議境界經》❺、《度諸佛境界智光嚴經》❻、《陀羅尼經》❼

---

❶ 《黎俱吠陀經》（*Rg-Veda*），（4.17.2）。

❷ 《黎俱吠陀經》（*Rg-Veda*），（10.23.1）。

❸ 《大正藏》第 10 冊，頁 458 上。

❹ 《大正藏》第 10 冊，頁 535 下。

等，筆者以爲是，藉因陀羅之金剛杵，來形容佛教經典；而過渡到具有菩薩性格之金剛手菩薩，再轉變成「擇戰鬥」、「選戰鬥」的菩薩形象。這毋寧是「大勢至菩薩」的另一次「相變」。

三、《金剛手菩薩所問經》之法義摘要

（一）世尊爲諸菩薩說一切法自性清淨實相般若波羅蜜法門：「所謂愛清淨、見清淨、深著清淨、悅樂清淨、藏清淨、莊嚴清淨、光明清淨、身清淨、語清淨、意清淨、色清淨、聲清淨、香清淨、味清淨、觸清淨等，均是『菩薩位』。何以故？一切法自性清淨故。一切法自性清淨，即般若波羅蜜清淨。」

世尊說此法門已，告金剛手菩薩：「若有人得聞此一切法自性清淨實相般若波羅蜜法門，一經於耳，是人所有煩惱障、業障、法障，極重諸罪皆自消滅，⋯⋯當於一切法門而得自在遊戲快樂，乃至當獲諸佛如來金剛之身。」如來即說咒曰：「唅！（長呼）」

（二）世尊爲諸菩薩說一切諸佛寂靜性成正覺實相

般若波羅蜜法門：「所謂金剛平等成正覺；大菩提堅固性如金剛故，義平等成正覺；大菩提一義性故，法平等成正覺；大菩提自性清淨故，一切平等成正覺；大菩提離一切分別故。」

世尊說此法門已，復告金剛手菩薩：「若有人得聞此四種寂靜性成正覺實相般若波羅蜜法門，受持讀誦思惟修習，應知是人即得超於一切惡道，疾證阿耨多羅三藐三菩提。」爾時如來復說咒曰：「唵！（長呼）」

（三）世尊爲諸菩薩說一切法平等實相般若波羅蜜法門：「所謂貪無戲論性、瞋無戲論性、癡無戲論性。何以故？一切法無戲論性故，一切法無戲論故即般若波羅蜜無戲論性。」

世尊說此法門已，復告金剛手菩薩言：「若有人得聞此一切法平等實相般若波羅蜜法門，受持讀誦思惟修習，假令其人殺害三界一切眾生，終不因斯墮於惡道。何以故？已受調伏心律儀故。當知是人疾得阿耨多羅三藐三菩提。」爾時如來復說咒曰：「憾。（長呼）」

（四）世尊爲諸菩薩說一切法平等性、觀自在智、印實相般若波羅蜜法門：「所謂一切世間貪性清淨、瞋性清淨，……垢性清淨、罪性清淨故，一切世間法性清淨、眾生性清淨，……一切世間智性清淨，即般若波羅

蜜清淨。」

世尊說此法門已，告金剛手菩薩言：「若有人得聞此一切法平等觀自在智、印實相般若波羅蜜法門，受持讀誦正念修習，是人雖在五欲塵中，不為貪欲諸過所染，……乃至疾得阿耨多羅三藐三菩提。」爾時如來復說咒曰：「咭利！（短呼）」

（五）世尊為諸菩薩說一切諸佛灌頂出現智藏實相般若波羅蜜法門：「所謂灌頂施，令一切得三界王位故；財寶施，令一切得所願滿足故；淨法施，令一切得諸法實性故；飲食施，令一切身心獲安樂故。」爾時如來復說咒曰：「怛纜！（長呼）」

（六）世尊為諸菩薩說一切諸佛金剛智、印甚深處實相般若波羅蜜法門：「所謂一切諸佛所攝持金剛身印，得一切如來真實體性故；一切諸佛所攝持金剛語印，得一切法門自在故；一切諸佛所攝持金剛心印，得一切三昧具足故；一切諸佛所攝持金剛智印，得最上身、語、心如金剛故。」

世尊說此法門已，復告金剛手菩薩言：「若有人得聞此一切諸佛金剛智、印甚深處、實相般若波羅蜜法門，受持讀誦正念思惟，當知是人則得成就最上金剛印，於一切智及眾事業，皆得圓滿。身、口、意性猶如

金剛，乃至當成阿耨多羅三藐三菩提。」爾時如來復說咒曰：「阿！（短呼）」

（七）世尊為諸菩薩說文字轉輪品、實相般若波羅蜜法門：「所謂一切諸法空，無自性故；一切諸法無相，離眾相故；一切諸法無願，離諸願故；一切諸法自性清淨，般若波羅蜜清淨故。」爾時如來復說咒曰：「阿！（烏舸反、短呼）」

（八）世尊為諸菩薩說入廣大轉輪實相般若波羅蜜法門：「所謂入金剛平等性，得入一切如來轉輪故；入義平等性，得入一切菩薩轉輪故；入法平等性，得入妙法轉輪故；入一切平等性，得入一切轉輪故。」爾時如來復說咒曰：「噠！（長呼）」

（九）世尊為諸菩薩說最第一廣供養諸佛實相般若波羅蜜法門：「所謂發菩提心，即為大善巧方便廣供養一切諸佛，救護眾生即為大善巧方便廣供養一切諸佛、住持正法即為大善巧方便廣供養一切諸佛。」

世尊說此法門已，復告金剛手菩薩：「若有人得聞此最第一廣供養諸佛實相般若波羅蜜法門，……若自受持、若教人受持，……若自供養、若教人供養，隨其所作，即為大善巧方便廣供養一切諸佛。」爾時如來復說咒曰：「唵！（長呼）」

（十）世尊爲諸菩薩說能調能攝一切眾生祕密智藏實相般若波羅蜜法門：「所謂一切眾生平等性，是瞋平等性；一切眾生調伏性，是瞋調伏性；……一切眾生金剛性，是瞋金剛性。何以故？一切眾生調伏性即是菩提故。」爾時如來復說咒曰：「荷！（長呼）」

（十一）世尊爲諸菩薩說一切法最勝平等性實相般若波羅蜜法門：「所謂一切法平等性故；般若波羅蜜平等性，一切法第一義性故；般若波羅蜜第一義性，一切法法性故；般若波羅蜜法性，一切法業用性故；（何以故？即實相）般若波羅蜜業用性。」爾時如來復說咒曰：「頡唎！（長呼）」

（十二）世尊爲諸菩薩說一切眾生依怙實相般若波羅蜜法門：「所謂一切眾生是如來藏，普賢菩薩體性遍故；一切眾生是金剛藏，金剛藏水所灌灑故；一切眾生是正法藏，是正言詞所說性故；一切眾生是妙業藏，善巧妙業所運爲故。」爾時如來復說咒曰：「底唎！（長呼）」

（十三）世尊爲諸菩薩說一切法無量無邊際、究竟盡平等實相般若波羅蜜法門：「所謂般若波羅蜜無量故，一切諸佛亦無量；般若波羅蜜無邊故，一切諸佛亦無邊；般若波羅蜜一性故，一切諸法亦一性；般若波羅

蜜究竟盡故，一切諸法亦究竟盡。」

世尊說此法門已，復告金剛手菩薩言：「若有人得聞此無量、無邊際、究竟盡實相般若波羅蜜法門，受持讀誦正念思惟，此人所有一切障累，皆得消滅究竟無餘，疾至菩提，獲如來金剛之身而得自在。」爾時如來復說咒曰：「驃！（長呼）」

（十四）世尊爲諸菩薩說大安樂金剛不空、無礙、決定入法性、無初、中、後、最第一實相般若波羅蜜法門：「所謂諸菩薩能廣大承事供養故，得最上大安樂；得最上大安樂故，得諸佛無上大菩提；得諸佛無上大菩提故，能降伏一切魔軍；降伏一切魔軍故，得於三界皆自在；於三界皆自在故，能遍饒益一切眾生，悉與究竟最上安樂。」

世尊復告金剛手菩薩言：「若有人得聞此大安樂金剛法性實相般若波羅蜜法門，於日日中每清旦時，若聽聞、若誦念，相續不絕，當知是人所有罪障皆自消滅，……復當成就一切如來金剛祕密堅固之身。」爾時如來復說咒曰：「莎訶！（長呼）」

世尊說如上諸（十四）法門已，復告金剛手菩薩言：「我此經典難可得聞，若有得聞乃至極少至於一字，應知是人過去已曾供養諸佛，於諸佛所種諸善

根；……若復有人愛重此經，……十方淨土隨願往生。
金剛手！我今略說實相般若波羅蜜法門功德如是。」
《實相般若波羅蜜經》，❽唐武周天竺三藏菩提流
（留）支譯。

四、金剛手菩薩相變及其位格

在文末附表中所做比較之四種譯經，其實都是譯自
同一版本，只是不同的人、不同時代譯出，所不同者也
是在名詞有異、譯句有繁簡而已。但都是諸佛為「金剛
手菩薩」所說的。

繼而，我們再介紹《佛說最上根本大樂金剛不空三
昧大教王經》。本經從內容上看，仍是以以上四譯為基
礎，而增益很多密教儀軌而成；而翻譯的人題為「西天
譯經三藏朝奉大夫試光祿卿明教大師臣法賢奉詔譯」。
「試光祿卿」為實職，「朝奉大夫」擬為所受封之官
職，「明教大師」是朝廷所授之尊號。本人懷疑是晚唐
的摩尼教士，因為該教起源於波斯，後為波斯所禁，教
徒紛往新疆、中原傳教；後又為中國道教、佛教反對，

---

❽《大正藏》第 8 冊，頁 778 中。

更爲朝廷所禁，多分別轉入道教、密教。所以「明教」一詞，在密教及摩尼教中，都常以此自稱。

從本經中，我們又可見「金剛手菩薩」的相變：

「爾時世尊大毘盧遮那佛結大樂金剛印已，即入一切如來祕密金剛三摩地，從定出已，告金剛手菩薩言：汝今宣說曼拏羅法。」❾「……既求請已，金剛手菩薩即現本身親授與之，是阿闍梨持出金剛杵，求諸最上成就；於一刹那中皆悉獲得。若自持金剛杵，持誦作最上成就者，……當依此儀，應如是常持此大曼拏羅成就法。」❿

「爾時金剛手菩薩聞佛說此眞實理法門已，即現顰眉利牙喜怒之相，於蓮花上立，如張弩勢，結降三界印而說『心明』。日：『哞！（引）』說此心明時，三界諸天主及三界主，乃至大自在天，悉皆鉤召入於曼拏羅中。」

「是時金剛手菩薩化一明王，作忿怒降三界相，具種種莊嚴作大威猛，利牙齦唇鬚髮赤豎，執金剛杵、鉤劍、刀杖……。」

---

❾ 《大正藏》第 8 冊，頁 787 上。
❿ 《大正藏》第 8 冊，頁 787 下 -788 上。

「爾時金剛手菩薩，即入一切如來大悲方便金剛三摩地。從定出已，說此降三界最勝安想金剛大曼拏羅儀法。……依前說法儀，畫外曼拏羅，而於內輪中，分列八尊位。中安忿怒尊，身如青蓮色……。」⓫

「爾時釋迦牟尼佛，復說無量無邊不可盡如來眞實之義，諸法平等金剛般若波羅蜜多教。……爲欲顯發此正法不空願力作成就故，咸皆稱讚金剛手菩薩，而說頌曰：善哉金剛手，善哉大樂尊。善哉大乘理，善哉大智者。常住金剛界，能說此大教。……諸佛稱讚已，金剛手菩薩，即生大歡喜。」⓬

「爾時金剛手菩薩，聞佛說此眞理法門已，即現笑容作大自在相。……復說頌曰：此大安樂天，是聖曼拏羅。安住若虛空，金剛寶常照。……薩埵性清淨，是金剛大樂。……金剛大祕密，堅固三昧法。」

「爾時金剛手菩薩說是頌已，即說自心明時，……所有一切諸佛及諸菩薩摩訶薩、諸明王等，於刹那時，皆悉雲集，遍滿三界，俱發聲言：金剛手菩薩云何世間得成就法？」

⓫《大正藏》第 8 冊，頁 790 中-下。
⓬《大正藏》第 8 冊，頁 797 中。

　　「是時金剛手菩薩即說明曰：……（咒語）。此即世間得自成就，善能成壞一切事業，說此明已，又說頌曰：離欲調世間，未爲清淨法。云何清淨法？謂大欲大樂。」❸

　　「金剛手菩薩說此入曼拏羅儀已，復說：弟子入曼拏羅儀法，……即當授與諸佛菩薩發菩提心明曰：……（咒語）當以此大明，發大菩提心，弟子恭敬師，等同諸如來。」❹

　　「爾時金剛手菩薩復說成就法。頌曰：今說成就法，是最勝究竟，由此最勝故，見獲究竟法。是以諸菩薩，悉遠離輪迴。……見世得圓滿，此最上成就。」金剛手菩薩說此法已，復說不空最勝成就法。頌曰：「若欲作成就，當作金剛手。塑像及畫像，金銀諸寶等，雕鏤及彩畫。作如是像已，行人於像前，依法作成就。……世間出世間，所作諸儀軌，自作若他作，速成一切法。」❺

　　「金剛手菩薩說此法已，復說一切儀軌不空、大明印相成就法，……此名根本印成就。誦此明者，速成

---

❸ 《大正藏》第 8 冊，頁 797 中 -778 中。
❹ 《大正藏》第 8 冊，頁 801 上 - 中。
❺ 《大正藏》第 8 冊，頁 802 上 - 中。

就根本印故。若依法以眾香花伎樂等，隨力供養而發誓願，……若復以金剛歌舞等，起大精進而作成就，是名一切羯磨最上成就，所有一切供養事，見世得圓滿，德如金剛手，乃至成就諸佛菩薩。……金剛手菩薩說此如上法已，復說一切儀軌，及一切智成就法：若欲作敬愛法者，日日依法結大印，而作成就決定如意。若欲鉤召作成就者，當依大樂金剛視法。……若欲得，……當依，……若欲增長，……若欲求，……有所願求皆得圓滿。」❿

五、結語

（一）漢地佛教雖然視「大勢至菩薩」為西方三聖之一，但在漢譯經典中，卻無任何經典是「大勢至菩薩問佛」，或「佛專為大勢至菩薩所說」的專門經典。

（二）從本文所引的密教文獻中，待其變相為「金剛手菩薩」後，就有諸佛（至少有大毘盧遮那佛與釋迦牟尼佛）專為他所說的一部經。一部經在漢地有五譯，可見其重要性。

（三）本文所引《實相般若波羅蜜經》，應是第一

---

❿《大正藏》第 8 冊，頁 802 下 -804 上。

譯。在內容上，諸佛開示以後，專對金剛手菩薩的「記
莂」，金剛手菩薩受記莂了別無反應。可是，本文最後
所引之《佛說最上根本大樂金剛不空三昧大教王經》，
補充了前四譯；金剛手菩薩受了記莂以後，即自行說
法、作頌。如何做儀軌？如何設壇場？如何繪諸佛、菩
薩相？自己如何變相喜、怒、哀、樂的多變性。再以不
同法數內容，賦予不同修持咒語。

（四）在漢傳顯佛教，「大勢至」的菩薩性反而是
隱密不彰；到密佛教，變成了金剛手菩薩，反而將「大
勢至」的菩薩性與位格提高、加強了。把所有菩薩性，
都在這五譯密教經中之金剛手菩薩顯示無遺；也可說，
他是諸菩薩之「共相偉力」。

（五）筆者雖知密佛教之金剛手菩薩，即是大勢至
菩薩，這只是事實的；但大勢至菩薩如何轉變成金剛手
菩薩？在文獻上，尚有待查證。

（六）「金剛手菩薩」顯然是從印度《黎俱吠陀
經》之「金剛杵」或「金剛手」的「格義」而來。而以
此來說，「大勢至菩薩」也是名實相符的。

（七）本文所引五譯的經典，筆者以爲還是第一譯
的《實相般若波羅蜜經》較能合乎其內容。因其主要思
想是在闡明般若思想一切法空、一切法空即實相、實相

即金剛，金剛能摧毀有情眾生的貪、瞋、癡以外，更能摧毀一切魔事。

（八）眾生在喜、怒、哀、樂中生活、流轉，金剛手菩薩本著大悲心，以喜、怒、哀、樂的面目、情境救護眾生，此亦是大勢至菩薩相變的本願。

附表：有關異譯本之比較

經名	《實相般若波羅蜜經》 菩提流志 譯⑰	《金剛頂瑜伽理趣般若經》 金剛智 譯⑱
1	說一切法自性清淨：愛、見、深著、悅樂、藏、莊嚴、光明、身、語、意、色、聲、香、味、觸等清淨，均是菩薩位。	說一切法自性清淨：極妙、諸見、適悅、渴愛、莊嚴、意適悅、義、色等五塵清淨，均是菩薩句、義。
2	說一切諸佛寂靜性成正覺：金剛平等、義平等、法平等、一切平等。	說一切如來寂靜法性：金剛、義、法、業等平等成正覺。
3	說一切法平等法實相：貪、瞋、癡平等無戲論。	說一切法普勝平等：貪、瞋、愛無戲論性平等。
4	說一切法平等性：貪、瞋、垢、罪等性清淨；智性清淨。	說一切法平等性：貪、瞋、垢、罪、智性清淨。
5	說一切諸佛灌頂出現智藏：灌頂施；財寶施；淨法施；飲食施。	說一切如來灌頂出現智藏：灌頂施；財施；飲食施。
6	說一切諸佛金剛智：所攝金剛身；所攝金剛語；所攝金剛心；所攝金剛智。	說一切如來金剛智：執持如來金剛身印、語印、心印、智印。
7	說文字轉輪品：一切法無自性、無相、無願；諸法自性清淨。	說文字轉輪品：法空、無願、無自性，遠離文字戲論。

---

⑰ 《大正藏》第 8 冊，頁 776 上 -778 中。
⑱ 《大正藏》第 8 冊，頁 778 中 -781 下。

《佛說遍照般若波羅蜜經》施護 譯⑲	《大樂金剛不空真實三麼耶經》不空 譯⑳
說一切清淨法門：愛纏、愛樂、貪、瞋、癡、藏、意樂、觀、身、語、意、色、香、味、觸清淨，是菩薩故。	說一切法清淨句門：妙適、欲箭、觸、愛、自在、見、適悅、愛縛、慢、莊嚴、意滋、光明、色、聲、香、味等自性清淨，均是菩薩位。
說一切如來寂法菩提：金剛、義、一義法等平等。	說一切如來寂靜法：現金剛、平等、義、法、業等平等等覺。
說一切法平等：貪所戲論，應見其貪；癡亦然。	說一切法平等：欲、瞋、癡及一切法無戲論性。
說一切法聚集觀自在智：貪、瞋、垢、罪、眾生、法及一切智清淨。	說一切法平等，一切欲清淨故：一切瞋、垢、罪、有情及一切智清淨。
說一切如來灌頂生智藏：灌頂施，得王身；以利施，得滿願；法施，得一切平等法；財施，得身口意樂。	說一切如來灌頂智藏：灌頂施，得王身；以利施，得滿願；法施，得一切平等法；財施，得身口意樂。
說一切如來住金剛智：受如來身、語、心、金剛等印。	說一切如來智印加持：受如來身、語、心、金剛等印。
一切法戲論如來說轉輪字：諸法無性、無相無作、無願、本來清淨，般若波羅蜜清淨。	說轉字輪：諸法空，相應無自性；諸法無相、無願，諸法光明，般若波羅蜜多清淨故。

⑲ 《大正藏》第 8 冊，頁 781 下 -784 上。
⑳ 《大正藏》第 8 冊，頁 784 上 -786 中。

8	說入廣大轉輪：入如來轉輪、入菩薩轉輪、入妙法轉輪、入一切轉輪。	說入廣大轉輪：入如來轉輪、入妙法轉輪、入一切法平等性，得入一切法輪轉。
9	說最第一廣供養諸佛：發菩提心，救護眾生。	說最勝第一廣大供養：發菩提心，救護眾生，住持妙法，正思惟般若波羅蜜多。
10	說能調能攝一切眾生祕密智藏：眾生平等性，是瞋平等性；眾生調伏性，是瞋調伏性；眾生金剛性，是瞋金剛性；是菩提故。	說能伏一切有情祕密智藏：忿怒平等性、調伏性、真法性及忿怒金剛性，令有情得菩提。
11	說一切法最勝平等性：一切法，般若波羅蜜、第一義、業用性等平等性，皆般若波羅蜜業用性。	說一切法最勝平等性：一切法平等性，一切法即第一義性，一切法即法性，甚深般若波羅蜜多亦即法性故。亦有業用故。
12	說一切眾生依怙實相：眾生是如來藏；眾生是金剛藏；眾生是正法藏；眾生是妙業藏。	說一切有情加持：有情即如來藏，即金剛藏，即正法藏，即事業藏性；皆是般若波羅蜜多理趣法門。

說入大輪：入金剛平等，得入如來輪；若利入金剛平等，得大菩薩輪；若入法平等，得入一切法輪。	說入大輪：入金剛平等，則入如來法輪；入義平等，則入大菩薩輪；入諸法平等，則入妙法輪；入業平等，則入一切事業輪。
說一切如來最上供養：發菩提心，救護眾生，住持妙法，正思惟般若波羅蜜多。	說一切供養最勝：發菩提心，供養廣大如來；以及救濟眾生，受持妙典，以是於諸如來廣大供養。
說金剛手調伏一切眾生：眾生平等，瞋亦平等；眾生調伏，瞋亦調伏；諸法平等，瞋亦平等；眾生平等，金剛亦平等（對治）。	說調伏智藏：忿怒平等，故有情平等；忿怒調伏，故有情調伏；（有）忿怒金剛性，故有情有金剛性。……則為菩提，摧毀一切魔。以金剛藥叉，持金剛牙恐怖一切（魔），如來已說「金剛大笑心」。
說最上一切法平等：諸法平等、諸法利入、諸法亦法、諸法業用；故般若波羅蜜多亦平等、利入、亦是法、亦是業用。	說一切法三麼耶：一切法平等性，一切法即第一義性，一切法即法性，甚深般若波羅蜜多亦即法性故。亦有業用故。
說一切眾生住般若波羅蜜經：一切眾生如來藏，即普賢藏自性；即金剛藏，金剛灌頂；即法藏，轉一切語；即業藏，轉一切方便。	說一切有情加持：有情如來藏，以普賢為一切我；有情金剛藏，以金剛藏灌頂；有情妙法藏，以能轉一切語；有情羯磨藏，能作、所作相應。

13	說一切法無量、無邊際、究竟盡平等實相：所以諸佛無量、無邊；般若波羅蜜一性、究竟故，所以諸法一性、亦究竟。	說一切法無量、無邊際、究竟盡平等：所以諸佛無量、無邊；般若波羅蜜一性、究竟故，所以諸法一性、亦究竟。
14	說大安樂金剛不空、無礙、決定入法性、無初中後最第一實相：諸佛菩薩能承事供養，得最上安樂，得大菩提，能降一切魔，能饒益一切眾生。	說普賢大樂金剛、不空：諸菩薩能承事供養，故得最上法樂，故能得諸佛大菩提，乃能降伏一切魔軍，故能饒益一切有情。

說一切法住平等：若般若波羅蜜無邊，如來亦無邊；反之，亦然。乃至般若波羅蜜如一，一切法亦如一；般若波羅蜜究竟，一切法亦究竟。	說平等金剛出生般若理趣：般若波羅蜜多無量故，一切如來無量；般若波羅蜜多無邊故，一切如來無邊；一切法一性故，般若波羅蜜多一性；一切法究竟故，般若波羅蜜多究竟。
說大樂不空、金剛三昧平等：最上法門本來無物，無上中下。如能成就如來菩提法樂，降伏魔怨，救度眾生，得最上利樂，名大地菩薩。	說最勝無初中後大樂金剛不空：菩薩大欲最勝成就，乃至大樂大菩提，最勝成就；則得一切如來摧毀大魔力，得三界自在主；……救助一切利益安樂，皆悉成就。

四祖道信在中國佛教史上特殊之貢獻

提　要

　　本文主在從時代背景，論述禪宗三祖以前諸祖師及四祖之前半生，為何都是行頭陀行；又四祖為何能於後半生首創禪宗叢林。

　　次在說明叢林以後之佛教及禪宗、與先前之佛教寺廟，對佛教發展各有何影響，以彰顯四祖道信對佛教、對禪宗之重大貢獻。

　　本文第五項，主在分析四祖前後，為禪宗頭陀行化與叢林行化之背景；以及自初祖以至五祖，其師徒之行化時間、關係，以便讀者更能清晰地了解各祖師弘化之時代使命。

關鍵詞：頭陀行、達摩、叢林、四祖

一、前言

禪宗第四祖道信大師最大的貢獻，就是開創中國佛教第一座叢林，不僅是禪宗而已，乃至對中國佛教來說都是一件大事。

兩漢乃至魏晉時期，朝廷對於接待外國貴賓，設有「鴻臚寺」專職負責。對印度、西域來華的外賓、高僧自不例外。所以，以後無論公私設建的宗教弘法道場，都一律習稱爲「寺」。

由於南北朝、隋唐以後，印度及中亞來華傳教的僧侶增多，加上國內學佛出家的教徒日漸增多，政府的「寺」無法容納；而且，寺內出家人多了，分子更爲複雜，僧眾良莠不齊，甚且有犯戒乃至不法情事發生。初期受到朝廷僧正的嚴格管制，後期對宗教事務廢弛，進而影響寺廟經濟，所以乃有私設寺廟、伽藍之事；有反當時佛教風氣之行者，便行頭陀行。

四祖以前，僧侶多是頭陀行，居無定所、隨緣弘化。由於佛教陸續受到以上客觀環境的威脅，亟待佛教有識之士的改革，尤其是對佛教戒律的維護最爲迫切。四祖有此一體認，遂帶領徒眾在蘄州建立道場，「道俗請度江北黃梅縣眾造寺，依然山行，遂見雙峰有好泉

石，即住終志」。❶但依《景德傳燈錄》卷三：「隋大
業十三載（617），領徒眾抵吉州，……唐武德甲申歲
（624），師卻返蘄春住破頭山，學侶雲臻。」❷

二、三祖以前各祖師之頭陀行化

（一）達摩在印度之弘化

　　相傳達摩東來傳法，為東土禪宗第一祖，在印度
為第二十八祖。其師第二十七祖「般若多羅」，是東
印度人，行化到南印度，「香至」國王處；國王崇奉
佛教，對他極為尊敬，並供養很珍貴的珠寶。國王有三
位太子，他想探試三位太子對佛法的認識，就將珠寶拿
在手中問：「此珠圓明，還有比這更寶貴的東西嗎？」
前兩位太子均答道：「此珠七寶中尊，固無（物可）踰
也，非尊者道力，孰能受之。第三子菩提多羅曰：此
是世寶，未足（以）為上，於諸寶中，（以佛）法寶為
上……。」般若多羅知第三太子是法嗣，……到了香至
王駕崩，大家悲痛欲絕；只有第三太子坐於柩前入定，
經七日方出定，向求剃度出家。❸

　　達摩祖師即香至王第三太子「菩提多羅」，皈依
般若多羅出家後，命其名爲「菩提達摩」。達摩既受
法後，復問師：「今後何所當爲？」師指示：「你雖
受法，但暫不可遠遊；待我滅後六十七載當往震旦，所
化之地，獲菩提者不可勝數……。」師服勤左右垂四十
年，待師過世，則回其本國。

　　先前曾與「佛大先」與「佛大勝多」同學於佛陀
跋陀，學小乘法。而佛大勝多更分途六宗派，「各封
己解，別展化源，聚落崢嶸，徒眾甚盛」。達摩喟然
歎說：「彼之一師已陷牛迹，況復支離繁盛而分六宗？
我若不除，永纏邪見。」於是分向一一師問難，六宗弟
子皆服其教化。由之化被南天竺，名震五印，經六十餘
載，度無量眾。

　　後來有「異見王」輕毀三寶，聲稱：「我之先祖皆
信佛道，以至陷於邪見，壽命皆短、國運不興，皆因多
智者妄構其說。」達摩歎其德薄，力圖報之。忽憶及六
宗之一的「無相宗」有兩位首領，一位稱「波羅提」，
與王向有緣；其一爲「宗勝」，雖有博學，但與王無宿
因。達摩「遙知眾意即彈指應之」，六宗眾聞之，皆副
師慈命。及至，師曰：「今一葉翳虛，孰能剪拂？」眾
未有答，宗勝自告奮勇，潛至「異見王」所。師知宗勝

無能教化，即告波羅提速往助之。時王正反詰宗勝，忽見波羅提「乘雲而下」，……王雖驚異而驕慢更甚，即擯斥宗勝滾出去。波羅提說：「王既有道，何擯沙門？我雖無解，願王致問。」

王問：「何者是佛？」答：「見性是佛。」

王問：「師見性否？」答：「我見佛性。」

王問：「性在何處？」答：「性在作用。」

王問：「是何作用？我今不知。」答：「其實你今已見作用，只是王自不見。」

又問：「若當用時，幾處出現？」答：「在胎為身，處世名人，在眼曰見，在耳為聞，……在手執捉，在足運奔。遍現俱該沙界，收攝在一微塵；識者知是佛性，不識喚作精魂。」王聞偈有悟，並悔前非，咨詢法要，朝夕忘倦。

宗勝以身為沙門，不能抑止王非，當以身投崖自責，幸遇神人救之，後即在巖間宴坐。異見王復問波羅提：「仁者師事何人？」答：「受業師烏沙婆三藏，出世師即大王叔父菩提達摩。」王驚駭久之，敕近臣往迎，面懺往非，感戴規誡宏恩；復詔宗勝，宗勝不應召，誓處巖泉，唯勸王崇仰達摩（王之皇叔）與波羅提，以福皇基。王再命之，宗勝方至；既有宗勝、波

羅提爲佐，達摩遂辭王曰：「當修善德，不久有疾發作。」經七月乃得疾，殆至彌留，師及二師令太子爲王宿罪施恩，崇奉三寶，復爲王懺悔，王疾稍愈。師心念震旦緣熟，行化時至，乃先辭祖塔，次別同學，後至王所慰而勉之：「當勤修白業、護持三寶；吾去非晚，『一九』即迴。」王即具大舟，實以眾寶，躬率臣僚，送至海岸。師泛海三年，達於南海。廣州刺史蕭昂具主禮迎接，表聞武帝。乃於梁普通元年，即北魏明帝正光元年（520）十月一日至金陵。

達摩在其國內，其姪爲國王，尚不知其爲一代大師，可見其爲頭陀行。❹

（二）達摩在東土之弘化

1. 與梁武帝不相契合

武帝以爲，他即位以來，造佛寺、寫經、度僧，甚至自己親自登壇講經，功德應該很大，所以問達摩，他有何功德？意思是這些功德究竟有多大？算修到什麼果位？哪知達摩竟答道：「無功德。」武帝也不客氣地再問：「何以無功德？」其意思是：應只是功德大小而

---

❹ 《景德傳燈錄》卷 2，《大正藏》第 51 冊，頁 217 上 -219 上。

已，豈能沒有功德！達摩說：「你所認為之功德，只是人天修習小果有漏之因，並非屬果；有如影隨形，影雖有，並非實有。」武帝再問：「那麼如何才算是真正功德呢？」武帝顯然要求達摩對「功德」下一定義。達摩說：「清淨心智慧妙圓，體自空寂，是出自內修、內證，不以世俗中求。」帝又問：「這麼說來，功德豈不是佛法的第一聖義諦？」達摩說：「功德與第一聖義諦不相干，那是兩碼子事。」帝有些不明白，問說：「你達摩就是佛教中的聖人，為什麼你說『廓然無聖』？那麼現在與我對話的人是誰？」師說：「不認識。」師知帝並未領悟，就在當月十九日過江北，十一月二十三日抵洛陽，為北魏孝明帝正光元年（520）。如然，在武帝處只住九天，到嵩山走了一個月半。

2. 在洛陽嵩山弘法

在嵩山少林寺面壁而坐，終日默然，人莫之測，謂之壁觀婆羅門。時有神光僧，每嘆孔、老之教，莊、易之書，未盡妙理；近聞達摩大士住止少林，乃往晨夕參承；師常端坐面壁，未見其有弘法、誨勵諸工作。神光自忖度：古人求道，布髮掩泥、投崖飼虎，古人尚若此求道，我又何人？值其年十二月九日，夜大雨雪，光堅立不動，次晨積雪過膝。達摩憫其誠而問道：「你久立

雪中，當求何事？」光悲嘆地說：「惟願和尚慈悲，開
甘露門，廣度群品。」

　　師曰：「諸佛無上妙道，曠劫精勤，難行能行、非
忍而忍；豈以小德小智、輕心慢心，欲冀眞乘，徒勞勤
苦。」意即：你以輕慢心，想輕易求得無上大法，沒有
這麼便宜的事。神光了知師意，乃以利刀自斷左臂，供
養師前。師知神光爲法器，乃曰：「諸佛最初求道，爲
法忘形，汝今斷臂吾前，求（法）亦可在（忘形）。」
特易其名爲「慧可」。慧可再求師開示諸佛法印，師
曰：「諸佛法印，匪從人得（應心自悟）。」慧可仍
未會師意，自感不安；繼請師爲其說法，以安其心。師
曰：「將你不安的心拿出來，我再替你安心。」慧可覓
心了不可得。師曰：「我與汝安心竟！」「心既了不
可得」，也就沒有心不安的事，所以師告以「與汝安
心竟」。

　　北魏孝明帝聽說師有異跡，前後三次詔請入宮，
師三不至；於是就頒送其衲、袈裟兩件，及金鉢、銀水
瓶、繒帛等，師三卻不受，帝意彌堅乃受之；僧俗二眾
對師之信仰更爲增上。師住少林，直到明帝正光九年，
亦即在印度臨別「異見王」時所說「一九即回」之約
定，欲西返天竺。乃命門人，各陳所得：

門人道副對曰：「如我所見，不執文字、不離文字，而為道用。」師曰：「汝得吾皮。」尼總持曰：「我今所解，如慶喜（阿難）見阿閦佛國（東方佛），一見更不再見（真正悟了即悟了，如有再悟，則非真悟）。」師曰：「汝得吾肉。」道育曰：「四大本空、五陰非有，而我見（佛）處，無一法可得。」師曰：「汝得吾骨。」最後慧可禮拜（師）後，依（師）位而立。師曰：「汝得吾髓。」乃顧慧可而告之曰：「昔如來以正法眼付迦葉大士，展轉囑累，而至於我。我今付汝，汝當護持，并授汝袈裟，以為法信。……內傳法印以契證心，外付袈裟以定宗旨。……吾有《楞伽經》四卷，亦用付汝……。」❺初祖四門人中除慧可外，其他三位行誼均無可考。

如上所列二十七佛，其事未必，其理可思，達摩必有所師事。其東來傳大法，神跡未必，其傳法之使命感、傳法之真切天心可鑑。其門人各陳所見，其事未必，而故事所證不同之境界應可信。達摩預知東土禪法，「一花開五葉」未必，「結果自然成」或定可期。中外歷史神話、野語，其事未必，而其理必有所據。盲

於史乘、明於經論，乃印度文化之特質；中國文化明在史乘，而疏在思辨辯證；從達摩在中、印傳法之行誼可知。

至於初祖抵中土確切時間，乃至各高僧之行傳；由語言轉爲文字，頗多異錄參差，但終不離事背理太遠。吾人以此來讀《僧傳》、《燈錄》，亦可思過半，故本文不做詳實考據。

（三）二祖慧可之遊化

1. 二祖慧可

自幼志不群，博涉詩書，尤通玄理，即是通老、莊、易三玄。好遊山水，不事家產，可見家道至少小康。後覽佛書超然自得，就到洛陽龍門香山，依寶靜師出家受具，於永穆寺浮游講肆，遍學大、小乘義，年三十二，卻返香山，終日宴坐。又經八載，即四十歲時，於寂默中，忽見一神人曰：「大道匪遙，汝其南矣。」光知神助，以名爲光；翌日，覺頭痛如刺，其師寶靜欲治之，空中有聲曰：「此乃換骨，非常痛也。」師視其頭骨，即五峰秀出，乃曰：「神令汝南者，斯則少林達

---

❻《景德傳燈錄》卷3，《大正藏》第51冊，頁220中-下。

摩大士必汝之師。」❻即使印度當代之宗教家，由凡轉
聖，大都大病一場，如蟬之蛻變，事亦可思。

　　二祖在少林寺，至北齊天寶四年（553），即於鄴
都（開封）隨宜說法，四眾皈依，積三十四載。依頭陀
行，韜光混跡，變易儀相；或入諸酒肆，或過於屠門，
或習街談，或隨廝役。人問之日：「師是道人，何故如
是？」師曰：「我自調心，何關汝事？」又在筦城縣匡
救寺三門下說法，時有辯和法師，正在寺中講《涅槃
經》，聽眾有離去，聽其三門下說法。辯和不勝憤怒，
興謗邑宰翟仲侃，加師以「非法」，師怡然委順。時年
一○七歲殂，葬於磁州滏陽縣東北七十里，即隋文帝開
皇十三年（593）。

　　2.二祖門人

　　（1）僧那禪師：姓馬氏，少而神俊，通究墳典。
年二十一，講禮、易於東海，聽者如市；暨南徂，學眾
隨至。會二祖說法，與同志十人投祖出家。自此以後，
手不執筆世學，而完全捐出所藏世學書籍，唯一衣、一
缽、一坐、一食，奉頭陀行。既久侍於祖後。向其門人
慧滿說：「祖師心印非專苦行，但助道耳。若契本心，
發隨意真光之用，則苦行如握土成金。若唯務苦行，而
不明本心，為憎愛所縛，則苦行如黑月夜履於險道。」

「當審諦推察，遇色遇聲，未起覺觀時，心何所之？是無耶？是有耶？既不墮有、無處所，則心珠獨朗，常照世間，而無一塵許間隔，未嘗有一剎那頃斷續之相。故我初祖兼付《楞伽經》四卷。謂我師二祖曰：『吾觀震旦，唯有此經可以印心，仁者依行，自得度世……。』我今付汝宜善護持，非人慎勿傳之。」付囑已，師乃遊方，莫知其終。❼

（2）向居士：幽棲林野，木食澗飲。北齊天保初（553 ？），聞二祖盛化。乃致書通好曰：「影由形起，響逐聲來；弄影勞形，不識形為影本；揚聲止響，不知聲是響根。除煩惱而趣涅槃，喻去形而覓影；離眾生而求佛果，喻默聲而尋響。故知迷悟一途，愚智非別。無名作名，因其名則是非生矣。無理作理，因其理則爭論起矣。幻化非真，誰是誰非？虛幻無實，何空何有？將知得無所得，失無所失。未及造（訪拜）謁，聊申此意，伏望答之。」

二祖迴偈曰：「備觀來意皆如實，真幽之理竟不殊，本迷摩尼謂瓦礫，豁然自覺是真珠，無明智慧等無異，當知萬法即皆如，愍此二見之徒輩，申辭措筆作斯

---

❼ 《景德傳燈錄》卷 3，《大正藏》第 51 冊，頁 221 上 - 中。

書，觀身與佛不差別，何須更覓彼無餘。」居士捧披祖偈，乃伸禮覲，密承印記。

（3）慧滿禪師：居相州隆化寺，滎陽人，姓張，於本寺遇僧那禪師開示。志存簡約，唯蓄二鍼：冬則乞補，夏乃捨之。自言一生，心無怯怖，身無蚤虱，睡而不夢，常行乞食，住無再宿。所至伽藍，破柴製履。貞觀十六年（642）於洛陽會善寺側，宿古墓中遇大雪。且入寺見曇曠師，曠怪其所從來，師曰：「法有來耶？」曠遣尋來處，四邊積雪五尺許，曠曰：「不可測也。」

尋聞有括錄事，諸僧逃隱，師持缽周行聚落無所滯礙，隨得隨散，索爾虛閑。有請宿齋者，師曰：「天下無僧，方受斯請也。」又嘗示人曰：「諸佛說心，令知心相是虛妄。今乃重加心相，深違佛意，又增論議，殊乖大理。」故常齎《楞伽經》四卷以為心要，如說而行，蓋遵歷世之遺付。後於陶冶中無疾坐化，壽七十許。❽

（四）三祖僧璨之弘化

二祖繼闡玄風，博求法嗣，至北齊天寶二年

---

❽ 《景德傳燈錄》卷3，《大正藏》第51冊，頁221中-下。

（551），有一居士年踰四十，不言名氏，而禮師曰：
「弟子身纏風恙，請和尚懺罪。」師曰：「將罪來與汝
懺。」居士良久云：「覓罪不可得。」師曰：「我與汝
懺罪竟，宜依佛法僧住。」

居士曰：「今見和尚已知（我即）是僧，未審何名
佛法？」師曰：「是心是佛，是心是法，法、佛無二，
僧寶亦然！」對曰：「今日始知罪性不在內、不在外、
不在中間，如其心然，佛法無二也。」大師深器之，
云：「是吾寶也。」即為剃髮，名為僧璨，於其年三月
十八日，於光福寺受具足戒，自此風疾漸愈。隨侍師二
載，師乃告曰：「菩提達摩遠自竺乾，以正法眼藏密付
於吾，吾今授汝并達摩信衣，汝當守護，無令斷絕。」

又示之曰：「汝受吾教，宜處深山，未可行化，
當有國難。」璨曰：「師既預知，願垂示誨。」師曰：
「非吾知也，斯乃達摩傳《般若多羅懸記》云：『心中
雖吉外頭凶』是也。吾校年代，正在於茲，當諦思前
言，勿罹世難。然吾亦有宿累，今要酬之。善去善行，
俟時傳付。」❾

璨既受法，隱於舒州之皖公山。屬後周武帝破滅佛

---

❾ 《景德傳燈錄》卷 3，《大正藏》第 51 冊，頁 220 下 -221 上。

法，師往來太湖縣司空山，居無常處，積十餘載，時人
無能知者。

三、四祖道信首創禪宗叢林

隋開皇十二年（592），有沙彌道信，年始十四，
來禮三祖，曰：「願和尚慈悲乞與解脫法門。」師曰：
「誰縛汝？」曰：「無人縛。」師曰：「何更求解脫
乎？」信於言下大悟，服勞九載後，二十三歲在吉州受
戒，侍奉尤謹。師累試以玄微，知其緣熟，乃付法。師
又謂：「昔大師（二祖）付吾法後，往鄴都行化三十年
方終；今吾得汝，何滯此乎？」即適羅浮山優游二載，
卻旋舊址逾月，士民奔趨，大設檀供。師為四眾廣宣心
要訖，於法會大樹下合掌立終。❿

四祖道信，姓司馬氏，世居河內，後徙蘄州之廣
濟縣。生而超異，幼慕空宗諸解脫門，宛如宿習。既嗣
祖風，攝心無寐，脅不至席者六十年。隋大業十三年
（617）領眾抵吉州，值群盜圍城不解，師教令念「摩
訶般若」；賊眾望雉堞間，若有神兵，必有異人，即引
去。唐武德甲申年（624），師返蘄春住破頭山，學侶

---

❿ 《景德傳燈錄》卷3，《大正藏》第51冊，頁221下-222上。

雲臻。

　　一日往黃梅縣，路逢一小兒，骨相奇秀，異乎常童。師問曰：「子何姓？」答曰：「姓即有不是常姓。」師曰：「是何姓？」答曰：「是佛性。」師曰：「汝無姓耶？」答曰：「性空故。」師默識其法器，即俾侍者至其父母所，乞令出家，其父母以宿緣故，殊無難色，遂舍爲其弟子，命名弘忍。⓫

　　按《續高僧傳》卷二十：四祖道信七歲時經第一師，（師之）戒行不純，信每陳諫，以不見從，密懷齋檢，經五載而師不知。又有二僧莫知何來，入舒州皖公山靜修禪業；聞而往赴，便蒙授法，隨依學經十年。師（三祖）往羅浮，不許相隨，但於後住必大弘盛，國訪賢良許度出家，因此附名住吉州寺。被賊圍城七十餘日，城中乏水，人皆困弊。信從外入，井水還復。刺史叩頭，賊何時散。信曰：「但念般若。」乃令合城同時合聲；須臾外賊見城四角，大力士威力絕倫，思欲得見刺史。告曰：「欲見大人可自入城。」群賊即散。

　　既見平定，欲往衡岳，路次江洲，道俗留止廬山大林寺。又經十年，蘄州道俗請度江北黃梅縣糾眾造寺；

⓫ 《景德傳燈錄》卷3，《大正藏》第51冊，頁222中。

依山而行，遂見雙峰有好泉石，即住終志。夜有大猛獸來繞，並爲授皈依戒，授已令去。入山三十餘年，諸州學道無遠不至。臨終語弟子弘忍：「可爲吾造塔，命將不久。」又催急成，又問中（造好）未？忍答：「欲（猶？）至中。」眾人曰：「和尙可不付囑耶！」曰：「生來付囑不少。」此語才了，奄爾便絕。時山中五百餘人並諸州道俗，忽見天地闇冥，繞住三里樹木葉白，房側梧桐樹曲枝向房；時爲永徽二年（651）閏九月四日也，春秋七十有二。至三年（654）開塔，端坐如舊，即移往本處，於今尙存。❷

四、五祖弘忍光大了四祖之叢林道場

（一）弘忍大師

　　蘄州黃梅人，姓周氏，生而岐嶷（異像），其童遊時逢一智者，讚此子唯缺七種相，不如如來。後來果遇信大師，得法於破頭山。咸亨中（672）有一居士，姓盧名惠能，自新州來謁師。……師知是異人，乃訶曰：「著槽廠去。」能便入碓坊，服役杵臼之間。經八月，師以授法時至，遂告眾曰：「正法難解，不可徒記

吾言，持爲己任；汝等各自隨意述一偈，若語意冥符，則衣法皆付。」會下七百餘僧，唯「能」得之，是爲六祖。忍既付法已，復經四載，至上元二年（675），告眾曰：「吾今事畢，可行矣。」即入室安坐而逝，壽七十四，建塔於黃梅之東山。❸

（二）收攝牛頭山法融

潤州延靈人，姓韋，年十九通經史，尋閱大部《般若》後歎曰：「儒、道世典，非究竟法；般若正觀出世舟航。」遂隱茅山落髮，後入牛頭山幽棲寺北岩之石室，有百鳥銜華之異。唐貞觀中（627－649），四祖躬自尋訪寺僧，一僧曰：「此去山中十里許有一懶融，見人不起亦不合掌。」祖往見，融端坐自若。祖問曰：「在此作什麼？」師曰：「觀心。」祖曰：「觀是何人？心是何物？」師無對，便起座作禮，曰：「大德高棲何所？」祖曰：「貧道不決所止，或東或西。」師又曰：「還識道信禪師否？」祖曰：「何以問他？」對曰：「嚮德滋久冀一禮謁。」祖曰：「貧道是也。」師曰：「因何降此？」祖曰：「特來相訪，莫更有宴息之

❸《景德傳燈錄》卷 3，《大正藏》第 51 冊，頁 222 下 -223 上。

處否?」師指其後有小庵,繞庵唯見虎狼,祖乃作恐
怖狀。師曰:「猶有『這個』在?」祖曰:「適來見什
麼?」師無對。少選,祖卻於師宴坐石上書一佛字,師
睹之竦然。祖曰:「猶有『這個』在?」師未曉,乃
稽首請說真要。祖曰:「夫百千法門,同歸方寸;河沙
妙德,總在心源。」祖繼曰:「一切戒門、定門、慧
門,神通變化,悉自具足,不離汝心;一切煩惱業障,
本來空寂;一切因果,皆如夢幻。無三界可出,無菩提
可求。……汝但任心自在:莫作觀行,亦莫澄心,莫起
貪瞋,莫懷愁慮,蕩蕩無礙,任意縱橫。不作諸善,不
作諸惡,行住坐臥,觸目遇緣,總是佛之妙用。快樂無
憂,故名為佛。」師曰:「心既具足,何者是佛?何者
是心?」祖曰:「非心不問佛,問佛非不心。」

師曰:「既不許作觀行,於境起時,心如何對
治?」祖曰:「境緣無好醜,好醜起於心。心若不彊
名,妄情從何起?妄情既不起,真心任遍知。汝但隨心
自在,無復對治,即名常住法身,無有變易。吾受璨大
師頓教法門,今付於汝;汝今諦受吾言,只住此山。」
付法訖,遂返雙峰終老。

師自爾後法席大盛。唐永徽中(650-655),徒眾
(在寺中)缺糧,師往丹陽緣化。去山八十里,(除僧

眾外，師）躬負米一石八斗，朝往暮還，供僧三百，二時不缺。

博陵王問師曰：「恰恰用心時，若爲安隱好？」師曰：「恰恰用心時，恰恰無心用。曲譚名相勞，直說無繁重。無心恰恰用，常用恰恰無。今說無心處，不與有心殊。」❶

五、中國禪宗叢林興起之時代背景

（一）從初祖到五祖時代，各族政權之興替

1. 四四六年，北魏太武帝時，第一次佛教法難。

2. 四八七年，二祖慧可生。

3. 四九四年，北魏孝文帝改姓元，從平城（大同）遷都洛陽。北魏佛教殊勝，洛陽即有一千餘寺。❶

4. 五二○年，達摩初祖訪梁武帝；同年，到嵩山少林寺。至五三○年，有梁、北魏、柔然、吐谷渾、高昌等政權。

5. 五三○年至五四○年，有梁、北魏、西魏、東魏、柔然、吐谷渾、高昌等政權。

---

❶ 《景德傳燈錄》卷 4，《大正藏》第 51 冊，頁 226 下 -227 下。

❶ 《大正藏》第 51 冊，頁 1022 上。

6.五四〇年至五五〇年，有西魏、東魏、柔然、吐谷渾、梁、高昌等政權。

7.五五〇年至六〇〇年，有梁、柔然、突厥、吐谷渾、高昌、北周、後梁等政權。眞諦歿於五六九年；北周武帝（574），第二次佛教法難；五七九年，四祖道信生；五九三年，二祖慧可歿；五九四年，牛頭法融生；五九七年，天台智者歿。

8.六〇〇年至六五七年，有隋、唐、吐蕃、吐谷渾、西突厥、高昌、南詔等政權。其間，五祖弘忍生；三祖僧璨歿；玄奘赴印；華嚴初祖杜順歿；四祖道信歿；牛頭法融歿。

（二）初祖到五祖生歿共世及共世弘化年代分析

1.五二〇年，初祖到金陵，同年到少林寺；經九年付法後，即所謂「一九即回」。此時，二祖已四十歲；二祖到鄴都爲五五三年，其時應已六十七歲（？），在鄴都行化三十四載，故其世壽爲一〇六至一〇七歲之間。如初祖並未西歸，他應奉事初祖直到五五三年。達摩在南印弘化已有六十多年，至梁武帝時，至少已有六十五歲（？）。而二祖慧可時爲四十歲（？），兩人共世應有三十三年。可能，二祖待初祖死後，再大行頭

陀行。

2. 二祖（487－593）與三祖（？－606），雖不知二者共世多久；至少可知：二祖比三祖早十三年歿；五五一年三祖（四十餘歲？）受法，二祖歿於五九三年，可以推知：兩人共世有四十二年。

3. 三祖（？－606）與四祖（579－651），兩人共世四十五年。四祖十四歲受法後，與三祖共同弘化有三十一年。

4. 四祖（579－651）與五祖（602－675），兩人共世四十九年。就算五祖「小兒受法」爲七歲，共世弘化有四十二年。

5. 四祖訪法融（594-657），在唐貞觀中，即六二七至六四九之間（約在 638），那時道信約五十九歲，法融約四十四歲。道信比法融早十五年生，早六年歿。授法年代雖不可考，但授法給法融是可能的；因爲印順長老在其《中國禪宗史》中指出：四祖授法法融是可疑的。❶

---

❶ 《中國禪宗史》第 3 章，臺北：慧日講堂，1978 年 8 月三版，頁 97、頁 102。因爲他是依《祖堂集》〈法融傳〉。

六、結語

（一）本文旨在彰顯禪宗四祖道信首創禪宗叢林，以此為主軸，向上溯及四四六年之第一次佛教法難、初祖來華、二祖到五祖六七五年歿，共二二九年間禪宗發展之過程。

（二）二祖出生（487）距第一次法難（446），僅四十一年。二祖本來就是奉頭陀行、居無定所，受法後仍然多奉頭陀行，除非隨侍初祖之時間外。達摩初祖在印度，本來就是托缽沙門；在漢地，語言、文字、生活習慣均無法如慧可一樣隨緣弘化，所以只能在少林面壁。甚至直到四祖前半生，也都是居所不定；其先所依之師戒行不純，應是當時的流風所至。

（三）從四四六年之第一次佛教法難，到五三五年除北魏政權稍穩，佛教興盛外；其他南北朝各民族建國時間均甚短祚，尤以北方為然，還得受到更北方塞北民族之侵凌。所有寺廟不納糧稅，甚至全賴朝廷官宦、紳士供養，生活奢侈浮華。「京師（洛陽）東西二十里，南北十五里，戶十萬九千餘」；除官府行政單位所占之土地外，「方三百步為一里，里開四門，……合有二百二十里，寺有一千三百六十七所；天平元年（534），

遷都鄴城」，史分東魏、西魏，「洛陽餘寺四百二十一所」。即是說：即便北方因外患內亂、北魏東、西分裂，洛陽仍還有四百多寺。❼

（四）四祖生於北周武帝滅佛後五年，致使道信前半生多是頭陀行，雖北周在五八○年即亡，但其影響則是餘波盪漾。

不過自五五○年至六五七年這一段時期，南北朝逐漸統一、法融及五祖誕生，是四祖道信的法務飛揚時代。他於五九二年（十四歲）受法，至六一七年領眾到吉州破賊圍城，應是在三十九歲；在「廬山大林寺經十年」，已是四十九歲，他在黃梅集僧、俗造寺，「入山三十餘年」，世壽七十二歲。

他授法五祖應是在他三十歲時，因為他們師徒二人共同弘化在世四十二年；他歿於六五一年、減去四十二年、即六○九年，再減去其出生於年五七九年，即是三十歲。

他授法法融在貞觀年中即六三八年間，那時四祖已五十九歲，法融比四祖小十五歲，已是四十四歲。

所傳五祖、六祖，「一花開五葉」，自不必多述。

---

❼〈寺塔記〉，《洛陽伽藍記》卷 5，《大正藏》第 51 冊，頁 1022 上。

其旁系法融傳六世，除其自身爲旁系外，其六世每一系亦有自己之旁系。**❸**由之可見，四祖法席之盛遠踰前三祖。

（五）四祖所創之寺，有別於其先前之寺廟、伽藍：

1. 其先前爲朝廷官立，或權臣、高官、貴妃，乃至宦官、仕紳，爲自己做功德之「家廟」爲主；四祖所造爲叢林，不爲任何私人所有、自耕自食，雖接受供養，但不受任何私人勢力所支配。

2. 該寺集僧俗四眾有五百多人，在其先前寺廟均無此規模，到了五祖「時會下更有七百餘僧」，亦算光大了四祖之禪宗叢林盛況。

3. 自四祖起，寺廟開始爲祖師建塔，不但先前寺廟尚無此例；甚至三祖以前之頭陀行，既無此先例、也無此條件。

4. 初祖至三祖間，雖有同世弘化；但只有四祖以後，才有師徒在同一道場弘化之事，因有固定之弘化場所，生活安定。

5. 先前僧侶既爲官宦供奉，很難抗拒不往應詔。

---

❸ 《景德傳燈錄》卷3，《大正藏》第51冊，頁223上-中。

自初祖時，北魏「孝明帝聞師異跡，遣使齎詔徵前後三至，師不下少林，帝彌加欽尚，就賜摩衲、袈裟二領，金缽銀水瓶繒帛等，……師牢讓三返，帝意彌堅師乃受之」。二三祖遊化民間，無從上聞。至四祖，「唐太宗嚮師道味欲瞻風彩，詔赴京師，上表遜謝，前後三返，竟以疾辭，第四度命使曰：『如果不起（程來京），即取首來』，使至山諭旨，師乃引頸就刃、神色儼然。使異之，迴以狀聞，帝彌加歎慕，就賜珍繒，以遂其志」。❶

6. 二祖屬北朝人應無疑問，三祖「雖不知何許人也」，但既在北朝受法，應是北方人無疑。而且，二祖曾告訴他：「汝受吾教，宜處深山，未可行化，當逢國難。」即屬後周武帝滅法，所以受法後即南下，「隱於舒州之皖公山與太湖司空山之間。」四祖、五祖均屬南朝人，而且均在南北統一之隋、唐初期。這也是四祖存在於頭陀行與禪宗叢林生活之分水嶺的原因。

7. 總之，四祖始建佛教叢林，附帶亦改變了整個佛僧侶多自建道場；脫離權貴供養；使佛教僧侶有較多的

❶《景德傳燈錄》卷 3，《大正藏》第 51 冊，頁 219 中 -222 中。

自主性；自創宗派，別立道風，增修教判，僧才培養，歸在叢林等。這些都是四祖創立叢林後的重大貢獻。如詳論之，每一項都可分別論列。遺憾的是向來四祖之貢獻至今隱而未彰，希望年輕佛教學者能補此遺篇。

從禪宗參禪公案的十個個案
分析其開悟之情境

提　要

　　代前言，中國歷代法師、祖師之開悟往往是上堂法語，師生對話、示機及日常生活中開悟的，都可稱之為生活禪，另外像聖嚴法師所說「念念不離禪悅」，用在日常行、住、坐、臥之中，亦可稱為生活禪。

　　其他如參話頭、機鋒、轉語、明經、棒喝等有待師父攝引調教，有待師生相互磨礪、默契，雖也是在生活中培養出來的，但畢竟開悟不像「生活禪」那樣直接，是透過思辨參究之過程。

　　有的學者認為參悟是靠直覺，是超邏輯的，實際上，參悟是要經過多層次之辨證，並非是超邏輯，而是超越一般邏輯之規律，但仍是邏輯辯證之過程，以上均屬參禪之範圍。

　　至於坐禪不僅僅是佛教禪宗，中國先儒孟子、莊子及禪宗祖師均有不同之方法，如歸納言之，大概可分收心、放心、獨任運三種，本文旨在從禪宗參禪公案中抽出幾則個案，來分析他們開悟之情境。

關鍵詞：禪宗、禪法、公案、祖師、老莊、孟子

一、因得法語後除草而悟

鄧州香嚴智閑禪師依溈山禪會，溈山一日對香嚴
曰：吾不問汝平生經卷學解，……汝未出胞胎、未辨東
西時「本分事」試道一句來，吾要記汝。師懵然無對，
沉吟久之，試道數語，陳其所解，（靈）祐皆不許。

師曰：「請和尚爲說。」祐曰：「吾說得是吾之
見解，於汝眼目何有益乎？」在禪宗公案中，祖師從不
直接告訴行者之答案、有之也只是一些引導，暗示之示
意，是逼迫行者深參實究。

香嚴遂返回自己之寮房遍檢所集之論典、資料，
竟無一言可以酬對其師的問題。於是盡焚之曰：「此生
不學佛法也，且作箇長行粥飯僧，免役心神。」遂拜別
溈山而去。到南陽睹忠國師遺跡，一日因除草木以瓦礫
擊竹聲廓然省悟，即歸室沐浴焚香遙禮溈山，作一偈：
「一擊忘所知，更不假修治，動容揚古路，不墮悄然
機，處處無蹤跡，聲色外威儀，諸方達道者，咸言上上
機。」❶

溈山要香嚴不要以背誦經典的方式要靠自己領悟的

❶《景德傳燈錄》，《大正藏》第 51 冊，頁 283 下 -284 上。

方式說出自己的「本分事」。按佛教尤其是大乘佛教是主人人都有佛性,在《大般涅槃經》中說得很清楚,禪宗經常指佛性為「自性」,就是教香嚴說他所體悟之自性如何?

香嚴要師父溈山說他所證之自性,只有他自己身心受用,即使告訴了香嚴,香嚴不但得不到受用,只是得到一知半解,為了要激勵出香嚴自己能悟出他自己的「自性」,以達到教育之目的,所以說「於汝眼目如何有益」?

香嚴以剷除草木瓦礫得到一片清淨大地,而悟得消除無明,清淨自性自然呈現,所以「一擊忘所知」一切無明煩惱即不用修為自性已自然流露,「動容揚古路」,「古路」即是自佛陀以來之「佛性」,他很動容、很感動悟得佛性、自性,也就是諸達道開悟聖者之上上機,都存在在聲色、威儀、蹤跡之外,一悟即悟了,悄然而來,不落墮在任何形式之中。

二、李翱因雲水現境而悟

李翱任朗州刺史時很嚮往當時長沙興國寺的振朗禪師,每次邀請他,他都不肯去,只得親自來拜訪禪師,當他來到後,振朗禪師仍執經卷在手,不顧李翱,他的

侍者提醒他說「李刺史來了」，他也不在乎。李翶感到受到冷落乃念道：「見面不如聞名。」振朗禪師這時才說：「太守，……何得貴耳賤目？」李翶這時也拱手致歉，隨之問曰：「如何是道？」

師以手指上、指下曰：「會麼？」翶曰：「不會！」師曰：「雲在青天，水在瓶。」李翶很愜心地作禮口占一偈：「練得身形似鶴形，千株松下兩函經，我來問道無餘說，雲在青天水在瓶。」

他這首偈在描寫當時的情境，一位仙風道骨的老和尚，坐在一片松林下閱經，後兩句「雲在青天，水在瓶」，還可用來說明老子四句話：「人法地、地法天、天法道、道法自然。」老和尚手握水瓶，可謂人法地；雲在青天，可謂地法天並天法道；合言之雲在青天，水在瓶，無處不是「道」。就佛教說「緣起性空」，一切法空，即是佛性，就禪宗說：佛性即自性。

三、參禪與棒喝洪州水老和尚與馬祖

師問：「如何是西來意？」即是問佛法從西方來的真真意義是什麼？馬祖乃當其胸踢一腳，將他踢倒。水和尚大悟，起來撫掌大笑說：「大奇，百千三昧無量妙意，只向一毛頭上，便識得根源。」隨之禮拜而去。

往復告眾曰:「自從一喫馬師蹋,直至如今笑不休。」❷

馬祖是當下刹那給水和尚一腳,水和尚不但未表現慍色不高興,反而呵呵大笑,「直到如今(已有徒眾)時還笑不休」,可見這一腳對他是多麼受用,佛法不是從西方來,而就在自己的心中,馬祖這一踢正踢在他的心口中,刹那心胸痛處正是他的佛性處,他悟到佛性,自然是終生之受用,也可能生生世世都能受用。

四、符州洞山良價以〈處處得逢渠〉偈,輾轉悟前旨

(一)良價二十一歲謁南泉,正值馬祖誕辰修齋中,南泉謂眾曰:「來日設馬師齋,未審馬師還來否?」良價答:「待有是伴即來。」南泉讚說:「此子雖後生,甚堪雕琢。」所謂「有是伴」即是指「佛性」,民間或謂之「靈魂」。

(二)良價次參溈山靈祐:師問:「頃聞忠國師有『無情說法』。」溈山曰:「我這裡亦有,只是難得其人。」良價曰:「便請師道。」溈山曰:「父母所生口

---

❷ 《景德傳燈錄》卷 8,《大正藏》第 51 冊,頁 262 下。

終不敢道。」良價曰：「還有與師同時慕道者否。」潙山曰：「此去石室相連有雲巖道人，若能撥草瞻風，必為子之所重。」

「無情說法」通指草木雖無情，但有佛性；特指是道生在吳（浙江）虎丘山說法，頑石點頭。自然，草木、頑石在潙山也有，可是良價仍未悟，所以潙山只是暗示地說：有情眾生有佛性，讓良價想到「草木也有佛性上去著想」。所謂「不敢」，只禪宗諸師教人，都不是明教這樣、那樣，是隔一層讓行者去參。

（三）良價隨潙山指示來參雲巖：他改了一個問題來問：「無情說法什麼人得聞？」良價認為我問「什麼是無情說法」，得不到結果；那我就改問，是什麼人能聽無情說法，既有說法者，必有聽法的人。而是單刀直入地請問雲巖：「和尚聞否？」

雲巖云：「若我聞，汝即不得聞我所說法也。」師曰：「若恁麼即良價不聞和尚說法也？」良價意思是你聽無情說與我聽你說法有什麼關係呢？這是兩碼子事嘛！雲巖答道：「我說法你竟聽不懂，何況無情說法？」其意思是我所悟之無情說法是我所受用，你聽無情說是你的證悟，證悟是不能分享、不能傳遞的。所以雲巖說，我說的法是語言的，你尚不能理解，何況是證

得無情說法！

　　良價經過這三次刺激後豁然有悟，作一偈曰：「也大奇，也大奇，無情說法不思議，若將耳聽聲不現，眼處聞聲方可知。」無情說法不是能聽得到的，是眼所及處之山河大地，花草樹木都是無情說法，都表現了佛性，《瑜伽師地論》說這些都是瑜伽之師，都值得學習。

　　自是，良價即向雲巖辭行，雲問：「什麼處去？」答曰：「未卜所止……。」雲曰：「早晚卻來。」後因通過水渠睹現自己之身影，大悟前旨：「切忌從他覓，迢迢與我疏，我今獨自往，處處得逢渠，渠今正是我，我今不是渠，應須恁麼會，方得契如如。」❸

　　洞山良價有文字書明他親近四位大德，只有以上南泉、溈山與雲巖做過他的親教師，未記名的可能更多，但他認為所親近過的諸師與他都隔得很遠，所以他教人「切無從他受教」，唯有靠獨自親證，才能處處得逢渠，處處即是無情說法，渠中之水能照出自己之倒影也是無情說法。因為他從倒影中悟得自性。

---

❸《景德傳燈錄》卷 15，《大正藏》第 51 冊，頁 321 中‐下。

五、馬祖與百丈示機野鴨飛過

馬大師與百丈正在散步時見野鴨成群飛過，師問：「是什麼鳥？」百丈云：「……野鴨子。」師云：「什麼處去也？」丈云：「飛過去也。」大師遂扭住百丈鼻頭，百丈憋著氣、忍著痛，發出呀呀聲，師說：「何曾飛過去？」❹

鴨子雖飛過去了，正如百丈所說，但能知鴨子飛過去之佛性卻未跟著野鴨去飛去，仍活在百丈之當下，《楞嚴經》中有一則故事，說古印度波斯匿王告訴佛陀說：「我已經老了。」佛陀就問他：「你年輕時到過恆河沒有？」王說：「我年輕時為一美少年，曾到過恆河。」佛再問：「你年輕時見恆河之記憶有變化嗎？」王說：「那沒變化。」佛接著說：「那不變的記憶就是你的自性。」禪宗的自性即是佛性，這則公案與本故事可做同樣理解。

六、義玄受黃蘗、大愚之輾轉驗證

堂中第一座勉勵大眾參問，師乃問：「如何是佛

---

❹ 《景德傳燈錄》卷 6，《大正藏》第 51 冊，頁 249 中 - 下。

祖西來意?」藥便在其三問中三打,後義玄向第一座告辭說:「早承激勸發問,唯蒙和尚踢棒,恨自己愚魯,複往諸方行腳去。」又向黃藥請辭,黃指示其往大愚處去。

至大愚處,愚問:「什麼處來?」曰:「黃藥來」,愚問:「黃藥有何言教?」曰:「義玄親問西來的意,蒙和尚便打,如是三問三轉被打,不知『過』在什麼處。」愚曰:「黃藥恁麼老婆,爲汝得徹困,猶覓『過』在?!」

大愚的意思是,黃藥是在苦口婆心地棒喝你,你仍不知你的過錯!還要怨懟黃檗。義玄當下大悟云:「佛法無多子。」大愚乃揪著義玄的衣領說:「適你道我不會,而今又告無多子,以多少來是多少。」

義玄即向大愚肋下打一拳,愚托開云:「這是你師父黃藥的,非幹我事。」義玄即返回黃藥處。黃問:「你回來太快爲了什麼來?」答曰:「只爲您老婆心切。」黃云:「這個大愚老漢待我見到他時,一定把他打一頓。」義玄一面說:「還等什麼待見」,一面向黃藥揮出一拳,黃藥即哈哈大笑。(出自《黃藥山斷際禪師傳心法要》❺、《景德傳燈錄》❻)

❺《黃藥山斷際禪師傳心法要》,《大正藏》第 51 冊,頁 2271 中 - 下。

義玄三問都是問同一句話，所以黃蘗要三打，打了以後，還爲他「安排後路」，去見與黃蘗自己相知相惜的大愚和尚。義玄告訴大愚和尚，尚不知他錯在哪裡；大愚卻讚歎黃蘗的慈悲，對義玄的深厚期待。

義玄才恍然大悟，黃蘗對他打得親切，自己也痛得親切，他很感謝大愚和尚的點破，所以當下給他肋下一拳，表示接受了他的法。但大愚不敢居功，說你親教師仍是黃蘗。義玄馬上返回，告訴他，大愚和尚說他「老婆心切」。黃蘗知道義玄已從大愚這句話得到了驗證，所以很高興地說：如我得見大愚這老漢，要打他一頓，義玄也當下給黃蘗一拳，也表示接受了他的法。而兩位大禪師則十分禮讓，認爲使義玄得悟，都是對方之功勞。眞正說來，這兩位大禪師互相點契，也是兩位大禪師對義玄的默認與期待。人人有佛性即是佛法之子，所以義玄悟出「佛法無多子」。即是說佛法只有一子——佛性。

七、溈山靈祐踢倒百丈淨瓶而受法

時司馬頭陀自湖南來，百丈謂之日：「老僧欲往溈

---

❻《景德傳燈錄》卷 12，《大正藏》第 51 冊，頁 290 上 - 中。

山可乎？」頭陀曰：「溈山奇絕可聚千五百眾，然非和
尚所住。」百丈云：「何也？」對云：「和尚是骨人，
彼是肉山，設居之徒不盈千。」百丈云：「吾眾中莫有
人住得否？」對云：「待歷觀之。」

　　百丈令侍者喚第一坐來，即是華林和尚，問頭陀：
「此人如何？」頭陀令其咳一聲，再行數步，答曰：
「此人不可。」又令喚典坐來即靈祐，頭陀云：「此正
是溈山主也。」百丈召祐入室囑云：「吾化緣在此，溈
山勝境汝當居之。嗣續吾宗，廣度後學。」時華林聞之
曰：「某甲忝居上首。祐公何得住持。」百丈云：「若
能對眾下得一語出格，當與住持。」即指淨瓶問云：
「不得喚作淨瓶，汝喚作什麼。」華林云：「不可喚作
木樧也。」百丈不肯點頭，乃問靈祐，祐即踢倒淨瓶。
百丈笑云：「第一坐輸卻山子也。」遂遣祐往溈山。❼

　　靈祐踢倒淨瓶，表示直下承擔，有信心開發溈山作
溈山主人，而華林卻當一般話頭來參。這也顯示了百丈
與頭陀之知人、認人確有過人之處。

八、香嚴智閑示機在離四句、絕百非情境下之參悟

香嚴智閑上堂時，有一僧問：「離四句、絕百非，請和尚開示。」師曰：「獵師前不得說本師戒。」

所謂離四句，就是因緣法中之辯證，因佛法是俗諦有，因佛法無自性是空，是真諦。其四句形式是：「有；空；亦空，亦有；非空非有。」「絕百非」即是「離一切相」「曰非、曰非」離一切相，即一切法；曰非曰非，即否定之否定。否定之否定必伴有一肯定才能有否定。

現在是「離四句，絕百非」與在獵師前不能說戒殺生之本戒有什麼關係？因為獵師若不殺生，就不能稱作獵師；離四句，絕百非了，是言語道斷，也就不能以語言形容了，二者道理是一樣的。所以智閑不正面回答，但他打了一個比喻：「好比有人在千丈懸崖，口啣樹枝，腳無所踏，手無所攀，忽有人問：「如何是西來意？」如開口答即喪失性命，若不答，則違他所問，當恁麼生？

時有招和尚答曰：「上樹時即不問，未上樹時如何？」❽

智閑笑了一笑，也不回答所問，如果他再說些什麼

那又等於犯了向獵師說「本戒」之過失。雖智閑禪師所出的是「兩難問題」，但招上座都不墮其窠，直以未上樹前來反詰其本來面目是什麼；離四句、絕百非也正是在教人離一切相、即一切法，一切法之法體即是佛性：此即是本來面目。

九、百丈從生活中教人參悟

百丈一早起床後，仰山來問詢，師轉面向壁，仰山云：「和尚何得如此？」師起云：「我適來得一夢汝試為我原（圓）看，仰山隨即取了一盆水與師洗臉；少頃，香嚴前來問訊，師云：「我適來得一夢寂子原了，汝更與我原（圓）看，香嚴隨即點來一碗茶來。師云：「二子見解過於鶖子。（即佛大弟子舍利弗）」❾

這可從事與理來分析：從事上說和尚剛起床，他說做了一夢乃是一平常事，他既未道出他的夢境，所以仰山也不便問，就給一盆水洗臉；香嚴見仰山已打了洗臉水，所以就為他送來一碗茶。這也是平常事。

如從理上講，人生如夢幻，夢更為幻事，所以仰山

---

❽ 《景德傳燈錄》卷 11，《大正藏》第 51 冊，頁 284 上。
❾ 《景德傳燈錄》卷 9，《大正藏》第 51 冊，頁 265 下。

打來一盆洗臉水，要洗去凡塵，顯現本來面目；茶是水的添加物，水是凡塵別事，茶更是虛幻不實。兩者都以生活中之平常事悟得無上上機。

十、溈山靈祐與仰山慧寂之對話參悟

慧寂參靈祐時，祐曰：「汝是有主沙彌？無主沙彌？」慧曰：「有主。」慧隨問：「如何是真佛住處？」祐曰：「以思、無思之妙、返思靈焰之無窮，思盡還源性相常住，事理不二，真佛如如。」❿

這是極少之例外，師以正面回答弟子的發問，有其事必有其理，即事理不二；參到理窮事盡，即靈光反照，即是真如自性。這沙彌所說之「有主」，應是指他自己有主見、有主張、有信仰等概念。一般禪宗所指「有主」是指「佛性」言。既只是沙彌，可能還想不到極高深的佛性上去。

岩頭驗證仰山慧寂之參悟：仰山參岩頭，岩頭舉起拂子，師展坐具。岩頭拈拂子置於背後，師將坐具搭在肩上而出。頭云：「我不肯汝放，只肯汝收。」⓫

---

❿ 《景德傳燈錄》卷 11，《大正藏》第 51 冊，頁 282 中。
⓫ 《景德傳燈錄》卷 11，《大正藏》第 51 冊，頁 282 中。

　　這是禪宗經常見到的公案形式，岩頭舉拂子向上，仰山將坐具蒲團展示在地上，岩將拂子放下，仰山就將蒲團搭在肩上。意思是佛性不在上下，不在內外，……競將坐具搭在肩走出去了。這也表示仰山之自性自證。岩頭說：「只肯汝放」是教仰山放下一切煩惱，得大自在，大解脫。

　　至於坐禪，禪定方面：不止禪宗才有，古今中外宗教家、思想家都有：印度教稱「瑜伽」；天主教稱「靈修」，有專門靈修室；中國莊子主「罷肢體，絕聰明」；孟子主「求放心」；理學家主「養靜」，其實都是指坐禪。其中先儒、後儒都主「收心」；莊子主「放心」、遊乎九天之外。曹洞宗的默照禪，隨念頭、守住念頭，亦都是收心。

　　佛教中，都實踐止觀，中國禪宗祖師雖都重坐禪，但公案裡所記錄的多在參禪，即是「觀」的方面。在禪定上六祖雖講「定慧一體，不是二，定是慧體，慧是定用，即慧之時定在慧，即定之時慧在定」，「心念不起名爲坐，內見自性不動名爲禪；……外離相爲禪，內不亂爲定」；但仍強調「禪不在坐」。（〈定慧〉與〈坐禪〉兩品）而四祖道信則倡「獨任運」：亦不念佛，亦不提心，亦不著心，亦不思維，亦不觀行，亦不散亂，

直任運；不令（心）去，亦不令（心）住，獨一清淨。⓬

　　總結，在《瑜伽師地論》及一切經典中所謂之「止」即是坐禪、禪定修爲而言：所謂之「觀」是指思辨、思慮而言，本文之公案分析旨在「觀」上著筆，禪宗在觀之內容最爲豐富，本文只是抽樣地舉例而已。在禪坐上多在各祖師之語錄中，不在本文範圍之內。但禪坐總不出守心、放心、獨任運三種，運用之妙誠乎一心，那就全賴自己之信仰、智慧、悲願與工夫了。

　　最後，引用牛頭法融大師與一位元行者的對話作本文最終結語。一僧問：「恰恰用心時，若爲安隱好？」法融曰：「恰恰用心時，恰恰無心用，曲譚（戲論）名相勞，直說（直道用心）無繁重，無心恰恰用，常用恰恰無，今說無心處，不與有心殊。」⓭

　　他這幾句偈語，不但可在禪坐，亦可用在參禪上；不但在上上禪中，亦可用在生活禪中，更可用在普遍生活中，例如我們熟練開車自如、辦公、⋯⋯的人，一面說話，一面開車，一面辦公，⋯⋯豈不正是「今說無心處，不與有心殊」嗎？

⓬ 《楞伽師資記》，《大正藏》第 85 冊，頁 1289 中。
⓭ 《景德傳燈錄》卷 4，《大正藏》第 51 冊，頁 227 下。

附表：禪宗公案中抽樣分析悟的情境表

公案	師	弟子	教法	悟之情境	備註
1	潙山	香嚴	未出胎前之本分事。	因除草聽瓦礫碰擊聲而悟。	
2	振朗	李翱	指上指下。	雲在青天，水在瓶。	
3	馬祖	水和尚	棒喝、踢胸。	問佛法西來眞義，師踢其胸，水和尚大笑。	
4	南泉潙山雲巖	良價	無情說法在眼，以有情說法做暗示。	南泉：爲馬誕辰設齋，待他「有伴」來享齋。雲巖：參無情說法。	從三師均未悟，獨經一渠，從自己倒影中得悟。
5	馬祖	百丈	扭其鼻頭。	百丈說野鴨飛過，師扭其鼻，始知能記憶飛過之自性在當下。	
6	黃蘗大愚	義玄	老婆心切。	三問三打，大愚告知那是黃蘗打得親切，痛得親切而悟。	
7	百丈	潙山靈祐	淨瓶喻潙山。	靈祐踢倒淨瓶，爲潙山山主。	
8	香嚴	和尚	如何是離四句……。	在不能回答之兩難情形下，和尚從未上樹前之本來面目。	

9	百丈	仰山 香嚴	原（圓）夢。	仰山：一盆洗臉水。 香嚴：一碗茶。	百丈稱讚二人之智慧有過於舍利弗。
10	靈祐	仰山 慧寂	師爲其答眞佛住處。	思盡還源，事理不二，其佛如如。	
	岩頭	仰山 慧寂	師舉拂子，仰山指坐具。	各自上下相對，以喻佛性非上非下⋯⋯。	

從佛教史探討生活禪與禪生活

提　　要

淨慧長老所提倡之「生活禪」，應是中國佛教到現在的一個新的里程碑。從諸佛、諸菩薩到諸祖師，他們之所以有其證量與成就，就是過著「禪生活」。之所以能過著禪生活，也畢竟是從「生活禪」開始的。

但因為時代不同，所以社會、文化環境也不同，諸佛、諸菩薩、諸祖師們均處在較為封閉的社會、文化中，傳播力有限，所以只有少數人能過著「生活禪」，漸修漸悟到「禪生活」。

現代交通、通訊發達，社會繁榮、社會律動快捷，人民生活更為忙碌。淨慧長老重新把歷代諸佛、諸菩薩、諸祖師們的生活禪提倡起來，算是一種契機、契理的新的社會活動，使人民在忙碌中能得到禪悅之清涼。

《大般涅槃經》：「如人飢餓，得少飯食名為安樂；……如人怖畏，得歸依處則得安樂；……不起貪欲，則得安樂；……滅諸煩惱，……離諸有者，乃名涅槃。」❶這些都應算是從生活禪到禪生活的過程。

本文主在說明淨慧長老的「生活禪」，應是中國佛

---

❶ CBETA, T12, no. 0374, p. 502a-p. 387b24。

教發展的一個新的里程碑。

關鍵詞：禪、生活、淨慧長老、臺灣

一、淨慧長老對「生活禪」的提倡與開發

關於淨慧長老之「生活禪」，有其自己所發表之文獻；也有專家學者闡述其生活禪之思想；也有學者加以檢討分析。本文則站在佛教史的立場，凸顯「生活禪」在當代之契機、契理的時代背景。

（一）淨慧長老自己發表之文獻

1.《生活禪鑰》

（1）他對生活禪所下之定義：「生活禪有四個『根本』：第一是菩提心，第二是般若見，第三是息道觀，第四才是生活禪。」前二者是見地，後二者是工夫。在這裡我只提他對生活禪所下定之「口訣」，也即是他對生活禪所下之定義：「將信仰落實於生活；將修行落實於當下；將佛法融化於世間；將個人融化於大眾。」❷

換句話說，生活禪不能脫離佛教的信仰，行在當下方寸之中，這是就個人生活而言；而且個人生活社會

---

❷ 釋淨慧，《生活禪鑰》，北京：三聯書店，2014 年 7 月北京初版，2016 年 6 月第 2 刷，頁 169-186。

化、大眾化以後，也就是生活禪的人間化。

（2）提出生活禪的根據：「因為《楞伽經》是達摩祖師傳法時用以印心的一部經典」，所以根據其五法的次第來講禪生活：「就是『相、名、分別、正智、如如』。前三者就是我們迷界的生活，後二者就是我們悟界的生活。」

「五法是一件事，不是五件事。一個事物有相，就必然有名；有名，我們就要去認識他；認識一件事物，在開始的時候是我們的妄想分別在認識，是有漏的；如果在這個有漏法上以無漏智慧去認識，那就是正智；以無漏智慧認識的結果就符合於真如實相，那就是『如如』。」「『相、名、分別』是生活，同時也是禪；『正智、如如』是禪，同時也是生活。……生活禪就是要說明，生活就是禪，禪就是生活。」❸

（3）提出生活禪的近因：他說：「我十六、七歲的時候，就已經上山去砍柴火。砍了柴火賣了以後再買米回來煮飯吃，吃完飯有了時間才能看經。那個時候晚上看經要點小油燈。晚上看，白天沒有時間，白天要去種地、要去打柴。不種地不打柴，就沒有飯吃，所以晚

---

❸ 釋淨慧，《生活禪鑰》，頁 174-177。

上看經。那時生活相當地艱苦，想要系統地學習、系統地修行，條件不允許。後來過了三、四年左右的時間，我就到中國佛學院學習，一下子又陷入到各種運動當中去了。到了一九五九年老和尚離開了我們，我們就再也沒有辦法接近他老人家。之後，將近二十年，我在各種運動當中運動來運動去，做了『運動員』。不過畢竟是從小出家，向道的這一念沒有忘記掉。」「十年浩劫之後近二十年來，我一直在做佛教文化宣傳教育方面的工作，……最重要的就是經常思考如何來引導現代人正確地認識佛教。改革開放以來，……社會上一方面是在把禪推向一個熱潮，另一方面在某種程度上也把禪歪曲了。迫於這樣一種形勢，我從歷代祖師的語錄、從佛言祖語當中體會到修行不能離開生活，提出了『生活禪』。」

（4）生活禪初試啼聲：「『生活禪』這個理念，是在一九九一年提出的。一九九三年在柏林禪寺舉辦第一屆生活禪夏令營的時候，正式推出這樣一個理念。當時，我們非常地謹慎，怕這樣一個理念提出來遭到教內外人士的反對，那我們就吃不消了。但是由於生活禪這個理念沒有違背佛法的精神，沒有違背禪宗的精神，恰恰是在這樣一個關鍵問題上體現了佛法的精神，體現了

禪的精神，因此能夠得到教內外人士的關心重視，也得到了很大的同情和支持。」❹

2.《生活禪研究》

《生活禪研究》一書中〈關於生活禪理念提出二十周年的一點感想〉，這一篇文章對於其前不但提出了一些補充性的文獻，也指出了如何推行生活禪的方法。

（1）補充了一九九二年冬在柏林寺舉行首屆禪七期間，正式提出修禪生活的一些具體要求；一九九三年以後在柏林寺、四祖寺的一些主要法務活動中，均以「弘揚生活禪」為主題。

此外，他認為太虛大師的「人間佛教」思想，解放後經過趙樸老等人的大力提倡，要落實「人間佛教」，必須落實「僧團自身建設問題」及「法的建設問題」。他所說之「法的建設」，是要根據現代人的根性，對傳統佛教固有的那些貼近生活、鼓舞上進的教義與修行理念、修行方法做出新的闡釋，與現代社會思潮、現代人的生活方式相適應。

他之所以選擇禪宗做為終生修行的法門，因為禪宗為佛教的「正法眼藏」，是真正中國化的佛教，八大宗

---

❹ 釋淨慧，《生活禪鑰》，頁 170-173。

中禪宗為一枝獨秀。一九五一年在廣東雲門寺依止虛雲
老和尚受戒、承受法脈；由於因緣成就，受邀到河北籌
組省佛協，並負責柏林寺的修復工作，這是趙州和尚的
道場。在歷代祖師語錄中，《臨濟錄》與《趙州錄》被
大多數禪人視為最重要的兩部語錄，他曾住持過趙州祖
庭，現住持四祖寺，他對禪宗有著最深厚的法緣。

　　選了禪宗之後，為什麼又加上「生活」二字呢？
因禪宗修行共同特色是「道在日用」間。如趙州答覆學
生之疑時，多教學人「吃茶去」、「洗缽去」、……；
臨濟禪師說：「佛法無用功處，只是平常之事，痾屎送
尿，著衣吃飯，睏來即眠。」

　　（2）如何推行生活禪：他認為現代人選擇信仰和
修行法門的傾向是追求簡易、追求休閒、追求生活化。
生活禪就是將祖師禪之「修行與生活打成一片」。他也
關注到現代社會思想：對信仰和道德的渴求；對社會和
諧的渴求；對個體心靈健康的渴求。

　　針對以上個人與社會之渴求，他提出「覺悟人
生」、「奉獻人生」八個字。前者是大乘佛教重智之解
脫道，後者是大乘佛教重悲的菩薩道，這是推行生活禪
的宗旨與目標。

　　究竟如何落實生活禪？長老在這裡提出了具體的

方法：

①信仰落實生活：提出了信仰、因果、良心、道德八字要求。

②當下：提出了修在當下、悟在當下、證在當下、莊嚴國土在當下、利樂有情在當下。

③佛法融化於世間：提出了敬信佛、法、僧三寶；勤修戒、定、慧三學；息滅貪、瞋、癡三毒；淨化身、口、意三業。

④個人融化於大眾：提出大眾認同、大眾參與、大眾成就、大眾分享。爲了凸顯生活禪的入世精神，重在「做人與做事」兩方面：前者爲信仰、因果、良心、道德的二八方針；後者爲感恩、分享、包容、結緣的二八方針。這對於物欲橫流、誠信缺失的時代，提供了一定的普世價值。❺

二、陳紅兵先生對「生活禪」具有代表性的補充

陳紅兵先生以佛教中國化、佛教現代化爲線索，來補述《生活禪的思想淵源》；學愚教授以《生活禪今

---

❺ 錄自首屆河北趙州禪、臨濟禪、生活禪學術論壇論文集《生活禪研究》，黃夏年主編，中州古籍出版社，2011 年 10 月初版，頁 14-21。

論》，從佛教史的立場，也做了帶有建設性的論述。當
然還有更多學者提供有關弘論，本文僅以兩位的大作為
代表加以介紹。

　　陳先生首次揭示淨慧長老以為道安、惠能、太虛三
人為佛教中國化、現代化的代表：道安最早使佛教從僧
團制度、經典流傳到教理、教義都適合中國國情；並引
用毛澤東的話：「慧能主張佛性人人皆有，創頓悟成佛
說，一方面使繁瑣的佛教簡易化；一方面使印度傳入的
佛教中國化。因此，他被視為禪宗的真正創始人，亦是
真正的中國佛教的始祖。」❻

　　雖然佛教中國化在變文、俗講等各方面均有貢獻，
就禪宗「教外別傳」的發展來說，當然六祖貢獻最大是
可以肯定的。

　　（一）陳先生具體指出：「慧能將佛性理解為人
內在的本性，強調明心見性，又強調無念為宗、無相
為體、無住為本，將佛教修行與儒家倫理有機結合起
來；佛教修行與百姓生活、傳統道德倫理結合起來，體
現了平民化的走向。如《壇經‧無相頌》：『心平何
勞持戒，行直何用修禪；恩則孝養父母，義則上下相

---

❻　林克，〈瀟灑莫如毛澤東〉，《湖南黨史月刊》，1995 年第 1、2 期。

憐；……改過必生智慧，護短心內非賢；……菩提只向心覓，何勞向外求玄。』那麼，以慧能思想爲代表的禪宗便是最典型的中國佛教。」❼

（二）淨慧長老曾住持過柏林寺，對於趙州與臨濟禪師之禪法當然更爲親切，發揚兩師的禪法，也是責任之所在。陳先生依長老將趙州生活禪歸納爲四點：

1. 本分事接人：即別於傳統以講經論接人，而以日常事應機說法，「吃茶去」、「鹽貴米賤」等。

2. 平常心是道：是趙州承繼馬祖、南泉而得。馬祖：「無造作、無是非、無取捨、無斷常，無凡無聖，……只如今行住坐臥，應機接物盡是道。」❽

3. 無雜用心：「若一生不離叢林，不語十年五載，無人喚你作啞漢，已後佛也不奈你何！」

4. 主體擔當精神：一是自救、自悟、自修的自主性；二是迴小向大的大乘擔當精神。

這四點淨慧長老稱作趙州禪的四大特色；更補充後二者「狗子無佛性」是「無」字公案，稱作「趙州關」；「趙州橋」度驢度馬。前者代表大智慧，後者代

---

❼ 釋淨慧，〈試論慧能思想的特色〉，《中國佛教與生活禪》，北京：宗教文化出版社，2005 年，頁 76。

❽ 《馬祖道一禪師廣錄》，《卍新續藏》第 69 冊，頁 3 上。

表大慈悲。淨慧長老從「無門關」衍生其「覺悟人生」的大智慧；從「度驢度馬」衍生其「奉獻人生」的大慈悲精神。

（三）其得自臨濟禪師，陳先生歸納為三點：

1. 即心即佛思想，突出了「本源清淨心」的中心地位：「你一念心上無分別光，是你屋裡報身佛；你一念心上無差別光，是你屋裡化身佛。」

2. 繼承馬祖平常心是道：「你且隨處作主，立處皆眞，境來回換不得，縱有從來習氣、五無間業，自爲解脫大海。」❾

3. 凸出主體性的自信精神：「爾若能歇得念念馳求心，便與祖佛不別；爾欲得識祖佛麼？只爾面前聽法底是；學人信不及，便向外馳求。」❿

（四）陳先生亦歸納了虛雲和尚的生活禪：

因爲淨慧長老從虛老學禪十年，自然有其皈依處，有五點，分兩部分：

1. 承襲中華禪者：強調明心見性；發展了臨濟、曹洞宗之禪法；將禪宗修行落實於現實生活；強調戒律在

---

❾ 《古尊宿語錄》，《卍新續藏》第 68 冊，頁 24 下。
❿ 《鎮州臨濟慧照禪師語錄》，《大正藏》第 47 冊，頁 497 中。

修行中之重要。

2. 對禪、淨合流做了相應的會通：「念一佛要認識自性淨土；淨、禪只是下手處不同，及至成功兩者可互通，參禪與念佛都是方便；禪、淨雙修，以念佛為緣起，後以參禪為究竟。」

陳先生認為淨慧長老在宣導生活禪的過程中，也自覺地繼承了虛雲和尚的禪法，如對戒律的強調，對禪、淨關係的態度，經常舉辦禪七等。

（五）關於佛教現代化，淨慧長老也肯定了太虛大師的「人間佛教」（早期也稱「人生佛教」）：首先關注現實社會人生是太虛大師人間佛教的特徵：「仰止唯佛陀，完就在人格；人圓佛即成，是名真現實。」❶

其次，「當以『求人類生存發達』為中心而施設契時機之佛學，是為人生佛學之第一義。佛法雖亦容無我的個人解脫之小乘佛學，今以適應現代人生之組織的群眾化故，當以大悲大智普為群眾之大乘法為中心而施設契時機之佛學，是為人生佛學之第二義。……大乘法有圓漸、圓頓之別，今以適應重徵驗、重秩序、重證據之

---

❶ 釋太虛，〈即人成佛的真現實論〉，《太虛大師全書》精裝第 24 冊，善導寺佛經流通處，頁 457。

現代科學化故，當以圓漸的大乘法爲中心而施設契時機
之佛學，是爲人生佛學之第三義。」⓬

　　第三，太虛大師強調人間淨土之建設，「若人各
改造其心、爲善去惡，便能轉此苦惱世界而成清淨樂邦
也。」。

　　第四，太虛大師「佛教子弟在社會要做好人，積極
參與社會各領域，將佛教的道德精神貫徹其中，造成大
同世界，以安定中國」。⓭

　　淨慧長老認爲「人間佛教」的理念，是佛教現代
化的理論基礎。「我們提出『生活禪』、舉辦『生活
禪夏令營』，圍繞『人間佛教』的理念，旨在探索佛
教在現代生活環境中實踐的方法以及與社會溝通適應的
方式。」⓮又說：「太虛大師在這裡所講的人生佛教，
同我們今天所提倡的人間佛教，其含義是相同的，……
應該發揚佛教切合人生現實的積極進取精神，……積
極投身改善世間、淨化人心善業，使佛教與世間打成一

⓬　釋太虛，〈人生佛學的說明〉，《太虛大師全書》精裝第 3 冊，善導寺佛經
　　流通處，頁 208。
⓭　釋太虛，《大乘佛法的眞義》，《太虛大師全集》精裝第 3 冊，善導寺流通
　　處，頁 770。
⓮　釋淨慧，〈佛法・生活禪・夏令營〉，《中國佛教與生活禪》，頁 128。

片」。⑮

　　第五，淨慧長老與趙樸老在中佛協會共事多年，陳先生說：「其生活禪理念在一定程度上受其影響。一九八三年十二月，中佛協會成立三十週年紀念會上，提出人間佛教思想，做系統性的闡述，成為中國各級佛協及各宗派的指導思想；其次，其人間佛教的主要內涵為四攝、五戒、六度、十善；其三，其肯定佛教能與建設社會主義相適應。淨慧長老曾發表多種論文相呼應」。

　　第六，此外，一九九一年臺灣耕雲先生回大陸探親時，曾與淨慧長老晤面。長老認同耕雲「把佛法拉到人間來，與生活打成一片」的理念，並且印行了耕雲《安祥集》等著作，把「身體輕安」做為正受與「安祥禪」將安祥做為正受有類似的地方。⑯

三、學愚教授對「生活禪」的評議

　　學愚教授對「生活禪」的評議，是站在整個佛教史的觀點，也對生活禪帶有建設性的論述。他首先肯定：「自唐宋以來，中國佛教特色在禪」，又說：「近代以

---

⑮　釋淨慧，〈人間佛教與以戒為師〉，《中國佛教與生活禪》，頁 18。
⑯　《生活禪研究》，頁 92-112。

來在鈴木大拙、一行、星雲、聖嚴、淨慧等大師的帶領下，禪又一次流行於世。」於是預料：「如果當代中國佛教正在經歷一場復興運動，那麼這場復興運動的領軍者，就是禪。」

學愚教授認為：「唐宋以降，特別是南宋建立以後，印度禪法與中國文化、特別是老莊哲學有機結合，實現了『如來禪』與『祖師禪』的典範轉移；……禪不再是一修行法門，而成為『禪』與『法』的等義詞。從原來的禪修演化為宗教實踐的悟證。」「人的起心動念、行住坐臥、瞬目轉睛，無不富有禪機，生活的禪化打破了世俗與神聖、修行與生活的距離，構成禪宗佛教的生活禪。」

該文是以「大乘佛教不二法門為基礎，探討生活禪的內容」。先舉《中阿含經》：「五比丘，捨此二邊，有取中道，成明成智，成就於定，而得自在……。」更以《中論》為例：「不生不滅、不常不斷，……八不中道……。」舉《心經》：「色即是空，空即是色……。」《壇經》：「定慧一體，不是二。定是慧體，慧是定用。」因為「不二既是一實平等之理。又是菩薩悟入此一理的方法，是大乘行者修行與生活一體之實踐」。

接著學愚教授就舉例，佛陀及諸祖師都在實踐「生活即修行」；他舉《阿含經》中，佛陀一直在生活中修行。又引星雲法師借用《金剛經》中一段，說明佛陀的日常生活、在生活中修行：「爾時著衣缽」是佛陀的「持戒」生活；「入舍衛城乞食」是給信眾供養布施，也布施佛法給供養者；「次第乞食已」是隨緣，即使乞得粗劣難咽食物，也須忍耐行平等施；乞食畢「還到本處，收衣缽，洗足已，敷座而坐」是佛陀的「精進」。學愚教授更進一步陳述：「次第乞食，平等一念，以慚愧心接受供養，以慈悲心廣結善緣。同時也可以讓僧團接觸社會大眾，提高他們的精神生活，也是出家人自利利他的修行生活。」

歷代中國禪宗祖師雖以佛陀為師，在生活中禪修覺悟，在吃飯、喝茶，乃至拉屎撒尿都是禪；如溈山問仰山：「子一夏不見上來，在下面作何所務？」仰山答：「某甲在下面鉏得一片畬，下得一籮種。」溈山：「子今夏不虛過。」仰山問師：「未審和尚一夏之中作何所務？」溈山答：「日中一食，夜後一寢。」仰山亦贊道：「和尚今夏亦不虛過。」

又引青原惟信一個公案：「初學道，見山是山、見水是水；十年後，見山不是山、見水不是水；又十年

後,見山又是山、見水又是水。」隨即引星雲法師說:
「離開生活固然沒有禪,離開了作務更無法深入禪心。
自古以來,像百丈的務農、雪峰的飯頭、楊岐的司庫,
溈山的粉牆等,處處都說明禪者重視生活。」又說:
「悟道生活是絕對自由自在的無住生活,是參透凡情無
牽無絆的生活;住於喧嘩的十里紅塵,常懷遁世歸隱的
出離心……。」

接著學愚教授藉引用胡適之的話,亦引發他個人
建設性的想法。胡適之認為,禪宗的方法就是教人「自
得之」,教人知道佛性本自具足、莫向外求,故無須言
教。禪宗四百年的黃金時代,若非沒有方法,可以騙人
一時,也不能騙到四百年。他總結了禪宗方法論,歸納
為五,即不說破、疑、禪機、行腳和悟。但是他亦認
為,正因為禪這種「自得之」和「不借言說」的說法,
「這個悶葫蘆最最易作假,最易拿來騙人,因為純是
主觀的,真假也難證實」。「五部《傳燈錄》中所載禪
機,百分之七十可能是無知妄人的捏造。」

因之學愚教授提出了想法:「佛教歷史上出現的口
頭禪、野狐禪,也許就是胡適之批評無知妄人的捏造,
正是中國佛教走向衰弱的根本所在。嚴格來講,當代生
活禪不是傳統禪宗生活禪的延續,而是佛法應化典範或

模式之轉換。因爲當代生活禪的主要實踐者，是當代社會大眾，完全借用傳統禪宗的公案、經典、方法來講當代生活禪，雖然動聽，但作用不大。」

　　所以他肯定「林崇安教授所說，禪就是覺、明、正念、正知，在日常生活中，不斷培養覺性，使之相續不絕，這種禪修便是生活禪」。學愚教授說：「這樣的生活令人嚮往，但是現代大眾不可能像祖師大德，乃至一般出家人一樣辦道。因此教導當代人如何在生活和工作中次第修行，內觀自己身心實相，……在行住坐臥中，活在當下，當下清淨、當下淨土，這才是現代生活禪需要提供的。」

　　時代社會不同，如何應機推行生活禪，學愚教授舉例說：「在早期《阿含經》中，佛陀契機說法，對出家人講解脫，對在家人講佈施。若在家人修出家人的法、或出家人修在家人的法，雖然契理、但不契機，結果是事倍功半、或一無所獲。同樣地，現代生活禪一旦失去契機、一旦泛化，其必成爲空洞的說教。」

　　又說：「出家僧眾的佛法修證、文化弘揚、服務社會大眾，都是修行的一部分。而在家人過著世俗生活，承擔著各種各樣的家庭、社會和國家的義務，他們不能像出家人一樣全心全意地修行。此外，除了淨土思想與

民間宗教結合而成為大眾信仰外，其他各宗派都是以僧團為本位，以僧眾修行為中心，禪宗亦不例外。」

因此，學愚教授提議：「現代生活禪要把這樣修行與生活一體實踐，推行到廣大社會、人生，必定首先要建立其實實在在可行的方法，而且是實踐方法之創新」。他建議：「中國佛教的真正復興，唯有對傳統的山林禪、叢林禪、文字禪、野狐禪等作一番整頓改革。生活禪即佛法，但最重要的是建立自己的修行方法」。所謂要「建立自己的修行方法」一語，應是指「提倡生活禪的淨慧長老要建立他自己修行生活禪的方法」，來推行「生活禪」。

最後，學愚教授舉例：「美國哲學家、教育家杜威曾經提出『教育即生活』的觀點。杜威的學生、中國著名教育家陶行知進一步提出『生活即教育』的命題。兩者為當代佛教建立生活禪提供了理論基礎。」

四、臺灣「人間佛教」的特色

臺灣解嚴以後，政治開放、經濟起飛，給了佛教最大的發展空間。臺灣的佛教有三個共同的特色，那就是佛教文化化、社會化、教育的深沉化。尤其是佛光、慈濟、中台、法鼓山等四大道場，甚至也影響其他小

道場。所以佛教文化化、社會化、教育的深沉化，形成了臺灣佛教整體之特色。這三大特色的共同現象，就是「佛教人間化」，但仍不失佛教、尤其是禪佛教之本質，雖然沒有「生活禪」之名，實已有「生活禪」之實。

所謂佛教文化化，就是從事出版、傳播事業；社會化，走出寺廟從事社會運動，諸如環保、社會禮儀、保護動物；教育的深沉化，除佛教本身之僧伽教育國際化外，更從事大、中、小學，乃至幼稚園之興辦，而均力求與國際接軌。雖然這三者是臺灣佛教之共同特色，但各大道場及小道場也各有其特色。

例如佛光山星雲法師在臺灣以內、乃至世界各大洲，都建有佛光山的道場，而且規模都很大，它是以傳播佛教、乃至中國佛教到全世界為主要目標；慈濟功德會證嚴法師是以慈濟救助為主，其所辦之教育是醫學，所辦醫院都是慈濟性質，其國際救濟組織遍布各大洲；惟覺法師的中台山在臺灣算是比較晚成立的道場，但它在僧伽教育方面卻較謹嚴，也成立中、小學，雖然自身未辦大學，但常派有優秀法師到國外留學；法鼓山的聖嚴法師，為一學問僧、宗教家，經常在國內外著名大學弘法、演講、教授禪法，為聯合國宗教高峰會議成員，

為該會常務委員、顧問，為聯合國亞洲區宗教事務主任委員。法鼓山是宣導心靈環保、宣導社會風氣改革之團體。

臺灣佛教的共同特色，以及各道場所形成之個別特色，可說都與太虛大師的「人生佛教」有關。因為《太虛大師全集》是由印順長老主編的，印順長老自己雖未從事任何佛教社會改革的具體活動。但是他所弘揚的太虛大師「佛在人間成佛」、「行化在人間」思想對臺灣的影響是很大的。可說在臺灣，已將太虛大師的「人生佛教」發揚光大到「現實的人間佛教」。

證嚴法師年輕時發願皈依佛教，得到印順長老的法緣，教他「為眾生、為佛教」。早期他以苦行方式，感動了幾位原追隨他的苦行居士。以大家苦行之手工所得從事救助工作，感動力量逐漸擴大，現在已是國際間急難救助最有力的宗教團隊。

星雲法師最初辦幼稚園教育，先度化了幼稚園的老師們出家形成僧團，再辦僧伽教育，乃至大學、中學，舉辦大型弘法會，辦理大型集體皈依，成立國際佛光會，擴大國際佛光弘化道場。

聖嚴法師開始是辦中華佛學研究所，資助國內外大學推動人文社會教育，舉行大型弘法會，創辦各地區社

會大學，主辦大型社群活動，如佛教婚禮、團體喪禮。不斷辦理菁英禪七，使各級官員及企業首長、幹部參加禪修。除自己在各大報寫「專欄」外，還經常與教界、學界、藝術界名人舉行電視雙邊會談，特別注重環保，以上均合稱為「心靈改革」。

惟覺法師是以坐茅蓬苦行、禪修培訓，廣結法緣，成立中台山道場；更以最富盛名的大塔式的建築物，使其法緣增上。他對僧教育的戒律、僧儀要求極為嚴格。他辦的中、小學也是按佛教戒律理想來辦的，希望他們能童貞出家，培植出佛門的龍象。他的《見性成佛》文集，大多將佛教儀軌，轉化到平常生活之中。

五、對於前五項之回顧與展望

筆者以為自佛陀到歷代祖師，之所以為佛陀、為祖師，增進佛法、推陳出新，當然即是新思想的湧現。思想的湧出，一是出自禪定，二是出自禪觀，在佛教早期典籍處處有載。所以我們肯定地說：佛陀之緣起法、三法印、四諦法，都是在禪定中「觀」出來的。唯有在「禪定」中才有純思維的觀想，不會是顛倒妄想；也唯有在禪定中才能思惟出具有極精細、龐大系統的思想與著作；這與純知識的思辨不同。他們的生活，就是「禪

生活」。

　也正如六祖所言「禪不在坐」，眞正之禪定不一定在某一宗教信仰之下才能產生。我們試想：即使我們一般凡夫俗子，是在生活中正思維時，一定也是清靜（淨）的。任何學問家、科學家，如不專注其心意識，絕不可能完成一篇文章、一本著作與學說。這種精神之專注，就是一種禪定、止觀的境界，就是「生活禪」。

　所以說上自佛陀、大宗教家，中至一般學問家，下到販夫走卒、一般平民大眾，都曾有不同深淺、不同時間長短，至少有片刻清靜（淨）的心境。正如我們引用《大般涅槃經》所說：饑餓的得到飯食，負重後得到片刻的休息，煩惱後之解脫都稱之爲涅槃。涅槃在原始佛典，都稱之爲清淨、空性。辦理一件大事後之放下，一件煩惱之解除所得的安慰，都是放下後的自在，也都是生活禪的境界。

　這就可以說明禪修、禪觀、禪定的工夫，有長、有短、有深、有淺，都是生活中的事，不是神祕、高不可測。其實眞正禪者的成就，是關係到各個行者的道德修爲。佛陀教人修爲，是從「八正道」著手，四諦法的根本在於「道」，一切佛法的修持也在於「八正道」。歷代祖師、包括中國禪宗祖師之教法，可說都是根基於佛

陀的八正道。雖有各種德目不同，但都不能脫離佛陀的
八正道。

其實禪之境界，不只是佛教的禪宗；莊子之「罷肢
體、絕聰明、逍遙遊」；孟子的「充實之謂美」；陶淵
明的「欲辯已忘言」都是禪的一種境界。有此種境界的
生活，應即是生活禪；隨時都可享受禪的生活，當然也
應包括歷代祖師禪在內，那就是「禪生活」。

我們進一步分析，淨慧長老所說：「生活即是
禪」、「禪即是生活」；學愚教授所引用杜威師徒所
說：「生活即教育」、「教育即生活」；並說：「這兩
句話可做為提倡生活禪的基礎。」

首先我們舉出一簡單命題，來分析：「凡等邊三角
形，必三邊相等」，或說：「凡 s 是 p」；兩者可主、
謂詞換位：「凡三邊相等者，必是等邊三角形」，或
說：「凡 p 是 s」，這是恆等式命題。

但「凡 s 是 p」，或說「凡人是動物」，也可能
是全稱命題，不是恆等式。如換位應是：「有些 p 是
s」，或說：「有些動物是人」。

現在我們再來檢驗：「生活禪即是禪生活」、
「禪生活即是生活禪」，「生活即教育」、「教育即生
活」。這兩組四句，並非為恆等句，而是一全稱命題。

因為「生活即是禪」，應是在生活中修習禪的意涵；而「禪即是生活」，應是指隨時都在禪定中的行者。換句話說，「禪即是生活」，凡禪定之行者都在生活禪中生活；「生活禪」是有些修習生活禪的行者，是在禪定中生活之行者。更簡明地說，只有些修生活禪的人有時生活在禪定中，凡隨時隨地生活在禪定之行者，才能過著禪生活。由此可知，「生活即教育」是意謂學到老的終生學習，「教育即生活」是意謂負責教育的人士應終生為人師表。

實際上，「生活禪、禪生活」在佛教史上、甚至在宗教史上、乃至哲學史上，早已在實踐著，只是沒有喊出「生活禪」這個口號，也沒有推廣到民間而已。我之所以分析「生活禪」與「禪生活」，旨在說明二者具有「不同、不異的關係」。我們所推動的是「生活禪」，至於「禪生活」，那是修「生活禪」的結果。「生活禪」是「禪生活」之因，二者為因果關係。

即使在臺灣推行「人間佛教」，星雲法師幾十年來，以日常生活來講析禪師公案。聖嚴法師的《自在語》、《法鼓全集》百冊內容及一切社會、文化活動，都是生活禪中的一環。慈濟功德會證嚴法師的救濟事業，都是靠居士在推動，把生活禪推到從事救濟訓練中

實踐。中台山惟覺法師，在臺灣各地都有分支道場，從事各種弘法活動，也主張落實在生活禪上。在臺灣的人間佛教之行化，雖無「生活禪」之名，卻有「生活禪」之實。

孔子說：「名不正，則言不順。」在臺灣推行「人間佛教」，雖有「生活禪」之實，也早於大陸佛教界推行人間佛教。可是由淨慧長老首倡「生活禪」之名稱，名正言順之餘，亦是應機設教，可能會導致中國佛教邁入一個新的里程，更希望它能發展成為一個新的社會運動。

我們已指出，臺灣「人間佛教」的發展是文化的、社會的、教育的深化，不僅在寺廟之內弘法，從事三大活動，而且也走出了寺廟，在大型公共場合從事弘化工作，具有廣大的感染力，發揚了高度的教育作用。

個人一直相信，中國佛教未來的希望在大陸；淨慧長老所提倡的「生活禪」，是禪佛教發展的一大契機，甚至可以成為新的社會復興運動；因此，這有待各級政府及民間團體共同合作。因為「生活禪」一旦社會化了，它不僅是宗教的，而且是社會的公共財富；不僅是社會的安定力量，也是社會發展與淨化的力量。

實現「生活禪」，就法師們來說弘化工作忙碌，不

一定行有餘力；對居士們來說，有家庭、社會責任，更難得心應手。所以聖嚴法師特別提出：「面對它、接受它、處理它、放下它」四句「自在語」。只有在「心無罣礙」、「放下自在」的心態下，才能把生活禪的理想變成現實。

印度南部有一位宗教家賽‧巴巴（Sai Baba），他說：「如你每天能禱告十分鐘，即可得到一生的平安；即使你認為禱告是徒然的事，對你也無損失。」對修生活禪的行者，也可作如是觀。

修生活禪，正如淨慧長老所說：「修在當下、悟在當下、證在當下、莊嚴國土在當下、利樂有情在當下。」然而，如何讓參加生活禪的修行者得到禪悅的利益？那才是最重要的事。至於是否需要很深的理論？如能得到禪悅，即使需要理論，那理論也成為方便法門了。

六、結語

（一）自佛陀時代，經過部派的禪觀，大乘如來禪，到中華祖師禪，這些有成就、有證量的禪修者，畢竟先經「生活禪」之修習，才能進入「禪生活」的常態。但我們現代所提倡的生活禪，只是在促進一般大眾

修習禪生活。如要進入「禪生活」，那就是修習生活禪
所得到的成就了。

（二）現代中國佛教，虛雲、太虛及兩岸所沿襲
「人生佛教」到「人間佛教」，也有落實到「生活禪」
之禪修者，但直到淨慧長老，才正式提出「生活禪」。
可說是佛教幾千年來「石破天驚」的另一里程碑，甚至
可能形成一種新的社會、文化思潮。至少它為此一思潮
播下了種子，已有了理論基礎及實踐方法。

（三）「生活禪」應不限定是佛教、禪宗的修行生
活。既可能是一種社會文化運動，它就是全民的；如全
民實行生活禪，對社會的淨化、文化的提昇、教育的深
化，畢竟都有重要影響。

（四）生活禪如要社會化、全民化，畢竟有賴各級
政府及民間機構，共同努力才能成功。它雖是佛教提倡
的，而社會化、全民化以後，則必超越宗教，成為修養
身心的共同寶典。

（五）至於如何具體推行生活禪，可能要多辦禪
修班、講習所，培訓優秀講師人才，不一定全要法師來
一一指導。推行生活禪盡可能全民和社會化，盡量避免
深奧禪語、神祕經驗、繁瑣次第等，要用一般人一聽就
懂、一目了然的語言；吸收禪修菁英做基礎指導，先以

社會中堅人士，如行政人員、工商業幹部等。他們修生活禪，一旦得到個人及團體心、身之好處，就會影響其上級與下屬人員，容易形成風氣。

（六）佛教界高僧大德的影響：他們之所以成為一代高僧大德，除其修養、願力、悲心之外，更因為他們在接引不同的苦難信徒時，具有進行心理治療的經驗，所以比一般人士具有攝受力。例如本人皈依白聖長老，也是印順長老的受業，曾長期追隨曉雲、星雲、聖嚴等大法師，他們對世法的豐富、對人生的體驗，是我們從事教學、研究的人所望塵莫及的。所以他們在社會上推行人間佛教，能獲得社會的歡迎與支持。

（七）我們對推行生活禪的展望：二〇一一年五月，我意外地參加了柏林寺舉辦的「首屆河北趙州禪、臨濟禪、生活禪學術論壇」。很慚愧，這是我第一次接觸到生活禪的討論。承大會對我們這樣老人的優待，安排柏林寺禪修班的兩位居士，在會期照應我的生活活動。方麗居士是一位事業單位主管。王新居士是一位創業有成的企業主，有一次因為員工難以管理，特去向師父淨慧長老請示。師父反問道：「難道你不會反過來，把員工當老闆對待嗎？」「哦！我當下受到了極大的震撼，感動得落淚！」王新總經理把這個故事告訴我，我

聽到後也受到莫名地感動，由此可見長老的攝受力。

　　十月又參加了由淨慧長老主持、黃梅四祖寺承辦的學術會議，從這兩次的會議，學者們所得到大會貼心的服務，就更知道淨慧長老攝受力的濃郁。爲地方居民服務造福無微不至；地方居民、退休人員心甘情願投入其寺廟做義工；其四眾也威儀具足，是大陸很稀有的道場之一。

　　所以深信生活禪在淨慧長老宣導下，一定會成功。兩年來，我在大陸參訪了十幾座具有代表性的寺廟及佛學院，也連續參加了好幾場佛教所辦的學術會議。普遍見到大陸佛教信徒信仰增上，這是一件可喜的事，如能一致回應淨慧長老所提倡之生活禪，提高居士們的素質，尚有待整個佛教界因勢利導，將生活禪形成一新的社會運動，對佛教、對社會都是一件好事，應不只是淨慧長老所弘化一方、一枝獨秀的生活禪。

　　（八）如佛陀的「緣起法」，是對宗教的改革，也是對社會的改革，其理論基礎都很簡單。佛教繁瑣的理論的建立，那已是佛陀圓寂以後的事。我國抗日戰爭前後之「五四運動」、「新生活運動」影響都很大，但也沒有太多的理論，而在應機契理。淨慧長老所提倡的「生活禪」也應作如是觀。如能將禪修、生活禪的宗教

活動，轉化成社會的、文化的、教育的活動，的確不需
要太多的理論，剩下的只有推行的具體方法。如何能使
一般人在修習生活禪的過程中得到身、心上的利益才是
關鍵。如然，也就沒有胡適之所說「五部《傳燈錄》，
百分之七十可能是無知妄人的捏造」的問題。因為公案
中的參悟真假，那已是通過生活禪以後證悟的境界了，
生活禪並不涉及「禪生活」的層次。至於分析「生活
禪」與「禪生活」的層次，旨在凸顯「生活禪」的社會
化；而「禪生活」，那已是修道層次，在文中已做了分
析，於此不再贅述。因為「生活禪」比「禪生活」更容
易推行，更容易社會化。「生活禪」行之有素，自然就
是更高一層的宗教「禪生活」的境地。

玄奘大師在印度境內遊學與善財童子參學有關地理、路線及其意義之探討

提　要

　　本文旨在對玄奘大師在印度遊學，與《華嚴經》中善財童子之參學相關路線做一考察；再將此路線之地理、地質、氣候、交通做一探討；以證明其對印度早期乃至當代都具有重要之地位。

　　然後再根據《華嚴經》集成之時代背景，與玄奘大師遊學時之時代背景，做一比較討論。

　　由於此一比較中，可以得到兩者遊學與參學在意義上之異同；再由以上之異同，可以看出兩者不同之影響與貢獻。

　　故本文對兩者相關遊學、參學路線之觀察，其路線對印度之重要；兩者在意義上之影響與貢獻，均為所討論之重要論點。

關鍵詞：玄奘、善財童子、七處九會、菩薩住處

一、善財童子的參學

（一）《華嚴經》的人生理想

　　《華嚴經》❶是經過長期增編而成，❷甚至整個佛教大乘經典大都是透過文學方式表現出來的無上深義。❸本經也不例外，❹我們不能當作歷史去考證；可是也正如一般文學作品一樣有其一定之背景，更有所要表現之深義。❺《華嚴經》的理想人生，是要有出世之

---

❶ 除了部分譯出之若干品外；全部譯出者有兩部：一爲東晉佛陀跋陀羅所譯之六十卷本《大方廣佛華嚴經》，載於《大正藏》第 9 冊。二爲唐實叉難陀所譯之八十卷本，亦稱之爲《大方廣佛華嚴經》，載於《大正藏》十冊，簡稱《八十華嚴》。本文以《八十華嚴》版本引文爲主。此外，尚有唐般若所譯之四十卷本，亦稱《大方廣佛華嚴經》，亦載於與《八十華嚴》同一《大正藏》中。

　　這三部譯本均有善財童子南行參訪之事。唯八十與四十兩種譯本，均說善財童子「經人間至福城」；而六十卷本則沒有「經人間」之說。

❷ 釋印順，《初期大乘佛教之起源與開展》之〈華嚴經的部類與集成〉，頁 999。

❸ 如《維摩詰所說經》，《大正藏》第 14 冊，本經之表現形式，具有高度戲劇性。藉佛陀派各大菩薩前往維摩詰居士探病，居士則稱「因眾生病、故病。」共有四幕。見拙著《中印佛學之比較研究》，頁 269-270。

　　又如《入楞伽經》，《大正藏》第 16 冊，以楞伽五十頭羅刹爲會主結集而成。而印度歷史上之魔王均參加了本經之編集大會。結集完成後與會者以「自心爲境」，乘「花宮車」至天上得佛印可。禪宗達摩東來傳佛心印者，就是這本經典。

❹ 本經有七處九會；也就是七場、九幕之劇作：第一、九會場在人間，其中七會均在天上。

❺ 「在離世間品裡面，還有一個很重要的階段叫『出、出世』，……再回到

修養，便沒有世俗的欲念與煩惱；但出世不是爲了個人
享受清福，還要下降到世間，救度眾生。所以華嚴法
會之初會在人間，二至八會在天上，九會又回到人間
召開。以喻世人需要有出世間之智。其「放光」與「入
定」均可作如是觀。

　　善財童子❻之參學，始於菩薩們在第九會圓滿後，
都證得了很大的智慧：「文殊師利菩薩勸諸比丘住普賢
行；住普賢行已，入大願海，……心清淨，……身清
淨，……得大神通無有退轉。」❼於是，他們走出逝多

人間上面。」「假使出世的目的就是在出世，那麼，一切大菩薩都可對
宇宙不負責任，開小差跑掉了。」（方東美，《華嚴宗教哲學》上冊，臺
北：黎明出版社，頁 108）
初會與九會均在人間，二至八會則在天上。在人間表示世間，在天上表
示出世間。放光表示智慧，入定表示定力。
❻ 1.《根本說一切有部毘奈耶藥事》，《大正藏》第 24 冊，頁 62-69。爲佛
之本生。其大意是：一名獵人將所擄獲之女悅意獻給那布羅城的王子善
財，王子出征返回，女悅意受到國王的加害而逃走。善財出征回來，到
處尋找悅意。
2.《六十華嚴》：「婆羅門中，善明相師子（字）曰善財，此童子者，
已曾供養過去諸佛……。」（《大正藏》第 9 冊，頁 688 上）
3.「觀察善財，以何因緣而得其名？……初入胎時，於其宅內，自然而
出七寶……父母親屬及善相師，共呼此兒名曰善財。又知此童子，已曾
供養過去諸佛。」（《大正藏》第 10 冊，頁 332 中）《八十華嚴》有如上
之文字。《四十華嚴》則無關善財出身之記載。
❼ 《八十華嚴》，《大正藏》第 10 冊，頁 331；又黃蘗希運《傳心法要》：
「文殊當理，普賢當行……。」（《大正藏》第 51 冊，頁 270 中）禪宗雖
不立文字，但希運的說法是有根據的，因爲《文殊師利淨律經》說：

林（Jetavana），漸往南行，經歷人間至福城。

之所以稱為「福城」，就是因城東之「婆羅林」，有一「大塔廟」，為往昔諸佛所止處，教化眾生的；此外這裡亦是天龍聚集，人文薈萃之所，甚至年輕一代之童男、童女各有五百之眾，亦都是俊美聰明無比。❽因為，住在這裡的人，是有福的，所以稱為福城。❾

文殊觀察了福城所有有福的人以後，認為善財童子最有因緣，於是教他修菩薩行，而善財亦立志學普賢菩薩的行願。一共在人間、天上參訪了各種不同的人物，從人間到天上，從天上再返回人間，一如華嚴法會。要學普賢行願，先得向眾生學習，了解人世間才有能力學天上之出世行，然後再返回人世間，才能救度眾生。柏拉圖（Plato）的《理想國》（*The Republic*），也主張人的心靈提昇以後還得下降人群中，共同勞動與同享榮

「彼土眾生，了真諦義以為元首，不以緣合為第一義。」（《大正藏》第14冊，頁448下）文殊師利就是從東方寶英佛處來，幫助釋迦佛推動教化工作的。對於普賢行願，《四十華嚴》之〈普賢行願品〉中「十大行願：一者禮敬如來，二者稱讚如來，三者廣修供養，四者懺悔罪業，五者隨喜功德，六者請轉法輪，七者請佛住世，八者常隨佛學，九者恆順眾生，十者普皆迴向。」（《大正藏》第10冊，頁844中）

❽ 《八十華嚴》，《大正藏》第10冊，頁331下-32中。

❾ 《六十華嚴》譯為「出祇洹林」，即「逝多林」。《大正藏》第9冊，頁686下，並將「福城」譯為「覺城」。

耀。❿所以柏氏認為國家需要哲人來治理。⓫

（二）善財之參學

於是，善財就遵照文殊的指示南行至勝樂國之妙峰山參德雲比丘；德雲教其南行參海門國之海雲比丘；南行至楞伽道（邊）海岸聚落，參善住比丘，該比丘於虛空中來往經行；南行至達里鼻荼國之自在城，參名叫彌伽的人；南行至住林聚落，參解脫長者；南行至閻浮提畔之摩利伽羅國，參海幢比丘；南行至海潮處普莊嚴林中之優婆夷。⓬

「漸漸遊行」至那羅素國，參修苦行之毘目瞿沙；又南行至伊沙那聚落，參勝熱；又南行至師子奮迅城，參慈行童女；又南行至三眼國，參善見比丘。⓭

「漸次南行」至海住城，參優婆夷；再南行至大興城，參明智居士；漸次至師子城參寶髻長者；漸次至藤根國之普門城，參普眼長者；漸次至多羅幢城，參無厭足王；漸次經人間城邑、曠野，巖谷至妙光大城，參大

---

❿ *Plato: The Republic* VII. p. 260。臺北：新月圖書。B. Jowett, M. A. 英譯。
⓫ *Plato: The Republic* VI. P. 239。
⓬ 《八十華嚴》，《大正藏》第 10 冊，頁 334 上 -343 上。
⓭ 《八十華嚴》，《大正藏》第 10 冊，頁 345 上 -349 下。

光王；漸次至安住城，參不動優婆夷。⓮

「漸漸遊行」至都薩羅城，處處遍行外道，參城東善德山之一外道師；漸次至廣大國，參長者；漸次至樓閣城參船師。⓯

善財至此，「心常現入一切智城」至彼城可樂，城東有無憂國，城中有無量商人，參一長者無上勝；漸次至輸那國之迦陵迦，參師子頻申比丘尼；漸次至險難國之寶莊嚴城，參婆須蜜多女；漸次善度城之鞞瑟胝羅居士；漸次至補怛洛迦山，參訪觀自在菩薩。⓰

善財得觀自在之指引參東方空中來之正趣菩薩；至閻浮提摩竭提國菩提場中，參訪安住地神；至迦毘羅城參主夜神婆珊婆演底；折返摩竭提國參主夜神普德淨光；又參同國菩提場之喜目夜神。⓱

「此眾會中」有名普救眾生妙德夜神，善財「於喜目觀察眾生夜神所」；參「此去不遠」之寂靜音海主夜神；參「此菩提場如來會中」之守護一切城增長威力主夜神；參「此佛會中」之名開敷一切樹華主夜神；參

⓮ 《八十華嚴》，《大正藏》第 10 冊，頁 351 中 -358 下。
⓯ 《八十華嚴》，《大正藏》第 10 冊，頁 360 上 -361 下。
⓰ 《八十華嚴》，《大正藏》第 10 冊，頁 362 中 -366 下。
⓱ 《八十華嚴》，《大正藏》第 10 冊，頁 367 中 -372 下。

「此道場中」名大願精進力救護一切眾生之夜神。⑱

參「此閻浮提、嵐毘尼園」參迦毘羅城之釋種女瞿波能「觀於菩薩一一毛孔，悉見三世法界中事」；參「此世界中」佛母摩耶，而得觀佛境智。⑲參「此世界三十三天」正念王之女天主光。⑳

參摩竭提國婆怛那城之優婆夷賢勝；漸次至南方出生城，參無勝軍長者；南行至妙意華門，參德生童子及有德童女；善財以正念思惟諸菩薩行，向海岸國，讚盧遮那莊嚴大樓閣中諸菩薩已，乃見彌勒菩薩。彌勒菩薩在眾菩薩中讚揚善財發菩提心之功德，並對其開樓閣門，令其參學；漸次南行經由一百一十餘城已，到普門國蘇摩那城，一心要見文殊。文殊隱身按其頭，於是見三千大千世界諸善知識。㉑

文殊自己不現身，但教善財去金剛藏菩提場，參見普賢菩薩。稱讚普賢一切行願大功德，一心求見普賢，以智慧眼觀普賢道，入妙果境，住普賢地，時善財童子，即見普賢，一一毛孔，出一切世界。㉒時善財童

---

⑱ 《八十華嚴》，《大正藏》第 10 冊，頁 378 上 -396 中。
⑲ 《八十華嚴》，《大正藏》第 10 冊，頁 401 下 -412 下。
⑳ 《八十華嚴》，《大正藏》第 10 冊，頁 417 中 -418 中。
㉑ 《八十華嚴》，《大正藏》第 10 冊，頁 418 下 -439 中。

子又見自身在普賢身內。次第得普賢菩薩諸行願海與普
賢、諸佛等。一身充滿一切世界，剎等、行等、正覺
等、神通等。㉓

（三）參學路線分析

善財之參學，以哲學、文學觀點自然還有更豐富之
意涵，也有很多的話要說，但我們只是將以上善財參學
之路線做一分析：

福城之究竟位置，我們不敢斷論，但至少是在
印度之奧瑞薩省（Orissa）境內沿海岸與摩訶那地
（Mahānadī）河口地帶應是可靠的。㉔因為這一帶為頻
闍耶山（Vindhya）以東餘之脈、逝多林山，㉕所以眾
菩薩「出逝多林便到了福城」。福城應在諸河流沖積
地帶，至少應在接近沖積平原之鐵礬土地區，㉖為古代

㉒ 《八十華嚴》，《大正藏》第 10 冊，頁 440。
㉓ 《八十華嚴》，《大正藏》第 10 冊，頁 442 上 - 中。
㉔ 現在奧瑞薩（Orissa）即 Vapur 市東北、約二十里處，有地名 Bhadraka
的，與福城（Dhanydkara-Nagara）語言及方位都完全相合。（《八十華
嚴》，《大正藏》第 10 冊，頁 1112）
㉕ *India: A Regional Geography* (Editorial Board, National Geographical Society
of India, Varanasi-5 January 1971), p. 758.
㉖ *India: A Regional Geography* (Editorial Board, National Geographical Society
of India, Varanasi-5 January 1971), p. 759.

結晶岩塊，故礦藏頗豐，❷這裡的鐵，已早爲早期移民
之奧族人（Australoids）所使用。這裡的人民以布雅人
（Bhniyds）及共達人（Gonds）爲主，❷他們都屬最早
移民印度之奧族人。❷站在雅利安人（Aryań）的種族優
越立場，也是出自傳統信仰，認爲婆羅門、刹帝利、吠
舍、三階級爲再生族，所以爲梵天（Brahma）所保護，
是神聖的；首陀羅爲一生族，爲奴隸。❸佛教亦因之，
只是不承認梵天，在提到四種階級時將刹帝利武士排在
首位而已。但能將當時之奧族人視爲「民」，已算是佛
教的眾生平等思想之顯現。

　　善財所參第四處之「楞伽道（邊）」，這究竟是
何所在？若是近今日室利南卡（Srilanka），則以後尚
得南行參訪二十餘處便沒有餘地。因爲這已是接近印度
之最南端了；而因迦陵迦（Kalinga）在其北方，不在
其南方。筆者以爲約在今日奧瑞薩省之省會位置布般

❷ *India:A Regional Geography* (Editorial Board, National Geographical Society
of India, Varanasi-5 January 1971), p. 756.

❷ *India:A Regional Geography* (Editorial Board, National Geographical Society
of India, Varanasi-5 January 1971), p. 754.

❷ *The Changing Indian Civilization* (Oroon Kumar Ghosh, 1976), p.140.

❸ *Rg-Veda*,（X.90）Purusa Sukta。又《科多馬法典》（12，417 條）道陀
羅可以如同牲口買賣，不許有宗教信仰。所謂「首陀羅」多爲被征服之
奧族。

里本瓦爾（Bhubrueshwar）。與玄奘大師所遊發行城
（Varsin）應在同一地區，因這裡爲「入海商人，遠方
旅客，往來中止之路」。❸甚至今天也是交通中樞，當
時亦應有海路通向今日之室利南卡。❷

　　善財參學之都薩羅，應即是玄奘大師所記之憍薩羅
（Kosala），再折回今日印度安達羅河省（Andhra）之
室利卡庫南（Srikakulam）一帶之樓閣城，參訪船師。
現在亦有印度的造船場設在此地區。❸

　　善財所參之迦陵迦城，應即是玄奘大師所記羯陵
迦國（Kaliṅga）。其所到最南的地方只是到了補怛洛
迦山。離迦陵迦城應不遠。筆者以爲即是印度今日之
該省府所在地雅南（Yanam），以此沿海之布亞坦普落
（Pishtapnra）位在摩咸陀山（Mairudra）南端餘脈處，
與戈達維利河交會處。在古代已爲重鎮。❹

---

❸ 《大唐西域記》，臺灣印經處，1955 年，頁 147。
❷ 《入楞伽經》，就是在室利南卡結集的，故稱《入楞伽經》，楞伽，即南
　卡。古代印度向來稱其島上人爲羅刹（Rakṣa），故其會主亦爲羅刹王。
　依《黎俱吠陀經》（Ṛg-Veda. X.162.5）指其爲魔，在《羅摩史詩》
　（Rāmāyaṇa）之妃子西姐亦是爲該島上酋長所擄。
❸ India: A Regional Geography（Editorial Board, National Geographical
　Society of India, Varanasi-5 January 1971.）p. 957.
❹ 拙譯《印度通史》上冊，臺北：國立編譯館，1981 年，頁 79，〈古代印
　度地形圖〉。

　　以後善財就北返到摩竭提，即玄奘所記之摩揭陀國
（Magadha）一帶參訪諸夜神。最北至嵐毘尼（Lumbinī）
佛陀涅槃處，並參三十三天主光神。除摩竭提為現世之人
間城外，所參訪的可說都是人間以外的諸神。

　　然後返回人間摩竭提國之怛那城，筆者以為即玄奘
所記之波吒釐子城（Pāṭaliputra），或同地異名之帕第
拉（Patna）。❸再南行到海岸國，見到彌勒菩薩，又經
過一段長途之百餘城到了普門國之蘇摩那城。這應是在
印度南部克利塔瑪拉河口（Kritamala）外一個小島，稱
之為羅摩蘇摩那（Rameswaram）。據傳說在羅摩史詩
中，猴王哈紐曼負石填海為羅摩王子救回西妲（Sita）
妃子之遺跡就是這裡。實際，應是該作者以此為背景而
杜撰出的故事。善財在這裡得到文殊在隱身狀態下，教
他去參金剛藏菩提場的普賢菩薩。普賢菩薩道場應指的
是在同一島內。

（四）華會與參學之意義

　　由此可知，善財由福城到戈達維利河以北即由「民
間」北返佛陀悟道之菩提場（Bodhigaya），參訪諸天

---

❸　同前註。

神，然後再下降人間，而參訪到普賢；這與諸菩薩先在
菩提場人間召開華嚴法會，其中七次在天上，第九次在
近福城之逝多林之意義是相同的：那就是，要有出世
心，才能具有眞正之俗世智，才能眞正下降，發大悲心
救度眾生。唯有以出世心，俗世智，救度眾生才能成爲
大菩薩，而得眞正解脫。

　　就以社會觀點看：爲社會、國家服務的公職人員，
雖然不必作出世想，如具有出世修養，即使不能積極爲
民眾服務；至少不會貪汙，敗德亂行危害國家社會。如
果社會、國家、乃至國際間之菁英、領導人才具有此一
菩薩道之心境與胸懷，對於人民更能起領導與教化之作
用，社會也定然變得清淨、清平，進而成爲國泰民安，
天下爲公之大同社會。

　　就以個人來說，不但可以不受感情之桎梏，也能
使理性得到昇華。沒有私欲之蔽障，沒有生死之煩惱，
然後才有超拔之大悲，才能運用無限之大智，來觀照人
群社會。此時，個人所享受到的爲道統之美，爲空靈之
美，爲充實之美。華嚴法會與善財之參學，是菩薩享受
犧牲的典型，也是理想人生的崇高境界。

二、玄奘大師之遊學

（一）遊學之背景[36]

玄奘大師為官宦世家，在兄弟中排行第四，年紀最小。他二哥陳素，已出家稱長捷法師。因大師十歲時，父親過世，就依二哥住洛陽淨土寺。因之佛教為大師種下善因。

大師十三歲時，隋煬帝詔准在洛陽甄選僧人，當時，僅有二十七名名額，竟有數百人報名。大師年幼，只是前往探視，觀看熱鬧而已。但主試人鄭善果，以大師相貌出眾，談吐高雅，志氣恢宏，遂主動以特例入選。

那時正值隋、唐政權交替之際，也正值阿拉伯伊斯蘭教鐵騎，席捲歐洲，國內外均擾攘不已。

大師二十三歲，已認知到當時，佛教宗派旋異，很想了解佛法之真相；尤其想一探《瑜伽師地論》之原典；同時，前代法顯和智嚴西遊之壯舉，對他更是一大鼓舞。

---

[36] 前嶋信次著，李君奭譯，《玄奘三藏》，彰化：專心出版社，1971年，頁 5-11。

唐貞觀元年（627），大師數度申請西出玉門關，因屬戒嚴的邊境，均未獲准，乃決心偷渡，幸獲都督府李大亮之同情與尊敬才得出關。

（二）遊學路線[37]

1. 西天行

大師之《大唐西域記》，為一寫實之遊記，而且是有心、有願力之遊記；不像《華嚴經》善財之參訪，是意在言外，不容易與現實對照得起來。

大師出玉門關，西北行至高昌（Samarkand），西行經天山北路到達最西北之白水城（Visali），向西南之赭時國（Chaj），又東南向至怖捍國（Ferghiani），又西向至颯秣建（Saparkand），直南下至梵衍那國（Bamiyan），又東南向至迦濕彌羅（Kaśmīra），又南向至那僕底國（Chinapati），又東向至屈露多（Kulūta），又南下至婆理夜坦羅（Pariyatra），東向至秣菟羅國（Mathurā），北上至薩他泥溼伐羅（Sthāneśvara），又東北向至禮勒那（Lulrna），東南

---

❸ 以其遊學之直線、或重要地點記述，其直線內，不重要之地點，國名均省略。

下經曲女城（Limatala），至婆羅泥斯（Vārāṇasī），東向至華氏城（Pāṭalipura），南下至菩提樹（Bodhidruma），即菩提場，那爛陀寺所在地，大師就在這裡受學。華嚴初會就在這裡，善財南到人間參學折返北邊朝聖也是在這裡。

2. 在印度境內遊學

（1）東南行

大師自貞觀九年（635），準備返國，決心周遊全天竺，先東行，至迦摩縷波國（Kāmarūpa），轉至西南之三摩坦吒（Samataṭa），沿海西南行經耽摩栗底（Tamalittī），即近福城地區。再南向到發行城（Varsin），亦即「楞伽道（邊）」。又南行至羯陵迦國，向西北至憍薩羅；而善財則是自楞伽道至都（憍）薩羅城。再南下至案達羅國（Andhira）；善財則自都薩羅參迦陵迦。再南下最南到達達羅毘荼（Dravida）；善財則至戈達維利河口之雅南即已折返北方中印度之菩提場，直到第二次南向訪普賢時到達鄰近室利南卡之羅摩蘇摩那島。

（2）西、北行

西北行至達那補羅（Koṅkaṇapura），到印度西南部地區摩臘婆（Mālava）、契吒國（Kachha），再西北向狼揭羅（Lanrala），再經印度行北上到信度（Sindhu）、東向行

至華氏城、那爛陀寺。

3. 返國行

大師大致按原路，到了醝健國（Ragh）、東向經天山南路之竭盤陀（Khabandha），北上佉沙國（Kashqar），再東南向至斫句迦（Chakūka），東行至覩貨羅國（Tukhāra），再東南行抵玉門關。

（三）大師遊學之深義❸

奘師於貞觀十七年（645）入長安，前後十七年，周遊一百三十八國。同行法師不是半途而返，即是中途喪命，奘師孑然一身獨排眾議，為法犧牲之精神與願力實已超越善財童子。

他所經歷之西域各國，全都以車馬厚禮相待；而朝廷尚得向其設重兵防守，奘師之威儀道行，確勝千軍萬馬。他在受學期，自然是受到他的老師眾賢之器重；回國前亦受到各國之爭相慰留。戒日王邀集各宗教家集會，請玄奘講大乘教義，舉行露天群眾（無遮）弘法大會，奘師舌戰群倫。整裝東回時，十八國國王沿道迎

---

❸ 同註❸有關記事；同註❸；及釋東初，《中印佛教交通史》，北投：中華佛教文化館，1985 年，頁 218-219。

送。古今留學生，誰能及此？

　　奘師回國，太宗在洛陽，準備東征，乃命西京留守梁國公房玄齡迎接，後親自接見於洛陽。太宗擬請奘師輔政，則堅辭世俗之榮耀。

　　奘師實爲一偉大旅行家，所到、所見、所思均觀察銳敏，記載確切。不僅爲中國之西域經營提供資料；印度人不太重視文獻，所以大師之《大唐西域記》亦爲以後印度留下寶貴之歷史紀錄。

　　以後高宗在顯慶二年（658）平定西突厥，設置州府。嶺外諸國相繼內附。天山南北，蔥嶺以南，以西皆已入於大唐版圖。更取伊犁、收撫波斯，先後經營凡三十年、遠勝兩漢。❸

　　奘師在佛教史上，尤其在中國佛教史之貢獻到現在仍是空前的：他在印度所取得之經、律、論共五百二十篋，六百五十七部；譯出一千三百多卷；訓練翻譯人才，培植僧才；形成法相宗；樹立完整之譯場規模；所攜回之典籍以後在印度多已散佚，爲佛教保存了極珍貴之文獻。

---

❸　鄺士元，《國史論衡》第 1 冊，臺北：里仁書局，1980 年，頁 504-505。

三、比較分析

（一）時代背景

1. 善財之參學

善財之參學，出自《華嚴經》之〈入法界品〉，又名「不思議解脫境界」，這是大部《華嚴經》以前就存在的經典。❹大部編集地大約在斫句迦（Chakūka）。❹其時代約為西元三世紀。❹因為《八十華嚴》❹乃至《六十華嚴》❹均載有「菩薩住處」遍及印度四境，以及新疆之疏勒國及震（眞）旦國（中國）在內。這時，佛教早已傳入中國。❹所謂菩薩住處，及意謂著大乘佛教所流布之地區。

因之，可以說，華嚴法會與善財參學雖有其宗教上之深義；但也顯示了大乘佛教初期向南發展。因為龍樹

---

❹ 《初期大乘佛教之起源與開展》，頁 1011。
❹ 《初期大乘佛教之起源與開展》，頁 1022。引石井教道，《華嚴教學成立史》，頁 154。
❹ 《初期大乘佛教之起源與開展》，頁 1021。引石井教道前著，頁 152-156。
❹ 《八十華嚴》，《大正藏》第 10 冊，頁 241 中 - 下。
❹ 《六十華嚴》，《大正藏》第 9 冊，頁 590 上 - 中。只是翻譯名稍異而已。
❹ 佛教傳入中國應在漢和帝永元（89-105）以後。歷史上有不同之記載。拙文〈佛教與中國文學〉曾涉及「佛教傳入中國之時代問題」。（《鵝湖》月刊第 204 期，1992 年 6 月，頁 7）

之《大智度論》，已引用了〈入法界品〉。故其集成應在西元二世紀前後。❹

2. 玄奘之遊學

奘師未西行前，國內之紛擾不安，佛教內各宗異趣，前已言及。他生於隋仁宗二年（602）；於隋大業八年（612）出家；唐武德五年（622）受具足戒，年二十一；貞觀元年（627）八月西行，年二十六；貞觀十九年（645）返長安，年四十二；唐麟德元年（664）年二月卒，年六十三。

現在，我們來看，奘師出家到西行為西元六一二至六二七年間，是他受中國佛教之薰習期。這期間，羅什（343－413）、僧肇（405－409）、智者（538－577）、吉藏（549－623）以及道安（313－385），道生（372－437）等大師級人物，或譯、或著，都已有相當之名望，但不一定已形成宗派，成為當時之顯學；而華嚴宗尚未形成，禪宗正值五祖時代（602－674）也尚未形成氣侯。因之可以說，這一時期，佛教在中國，是大乘佛教之初期；而且，是以般若、中觀一系為主；而且，在唯識學上極為薄弱。所以他去印度專門研究唯識

---

❹《初期大乘佛教之起源與開展》，頁 1020。

學是有宿願的。

這一時期，《八十華嚴》與《四十華嚴》❹雖然未譯出，可是《六十華嚴》早於東晉末年（418－420）即已譯出。

奘師應已見過善財童子之參學精神。他的遊學，無論是否曾受到善財童子之鼓舞，但其精神實有過之；其時代，也正是中國大乘佛學方興未艾之際。

（二）參學與遊學之路線

1.善財童子之參學

善財童子之參學，實際應賡續「華嚴法會」之精神而來。法會始於人間之菩提場，然後就在天上開了七次，最後又下降人間之逝多林，善財根據九次大會之宗旨去訪問人間，抵達今戈達維利河之北岸後就北返菩提場。再參訪那一附近的天神、夜神。這也說明了早期大乘佛教只傳到這一地帶為主。直到善財再進一步「到天上留學」以後才到最南端，見到了普賢，也成就了自己之道業。如文末附圖。

---

❹ 《八十華嚴》於武周（695-697）年譯出；《四十華嚴》於唐德宗（796-799）年間譯出。

　　《華嚴經》將出世心，入世行之崇高理想，藉華嚴法會與善財參學與大乘佛教之發展背景相連接起來，更可見結集本經之慧心與苦心。其實，以前，小乘佛教，如銅鍱部傳到錫蘭；再更早期地中海各民族或來經商、或殖民，在佛陀前即已非常繁榮，可謂人文薈萃，五方雜處之地。❹印度對東南亞之貿易、殖民，及其文化播遷都是出自這一地區，就是在現代之重要亦不減當年。所以善財參學之路線，無論在地理、歷史、文化、宗教上，都提供了其重要性。

2. 玄奘大師之遊學

　　我們先說奘師遊學與善財參學之有關地區。奘師也是始於菩提場之那爛陀寺與「華嚴法會」相同；奘師到東印度，法會則在天上開；奘師所到憍薩羅與羯陵迦與善財相同。奘師更南遊到今印度伽威利河（Cavery）之南岸，再西北行，經中印度又回到摩竭陀；而善財則自戈達維利河北岸北返到了摩竭陀。當奘師北返中國；善財則又南向，比奘師更南之羅摩蘇摩那。如文末附圖。

---

❹　*India:A Regional Geography*（Editorial Board, National Geographical Society of India, Varanasi-5 January 1971.）p.932。

　　奘師爲一偉大旅行家，更以朝聖之心情，從中國周遊印度全境。他所遊之處，也正如《華嚴經》所說之「菩薩住處」：「東南方有處，名支提山，……毘舍離，摩度羅城、摩蘭陀、震旦、疏勒國、迦葉彌羅、乾陀羅。」都是奘師經歷之城市或地區。❹雖然有些是已美化的地名、虛擬的地名，但瑕不足以掩玉。除了印度境內外，新疆及中國亦涵蓋在內。

　　因之，善財所參學的地區代表了大乘初期之展開；而玄奘所遊學之地區代表了大乘佛教之盛行。同時，奘師決心西遊；有如善財南參。奘師之決心返國；有如善財二度南參。奘師西行之悲願與成就；亦有如善財悲願之完成。

3. 貢獻與影響

（1）善財之參學

　　善財童子之參學，是稟承了諸佛諸菩薩在「華會」中之悲願，而以人間童子，在遍歷參訪人間天上後，亦能成就如菩薩。茲以《八十華嚴》爲例：

---

❹ 《八十華嚴》，《大正藏》第 10 冊，頁 241 中 - 下。

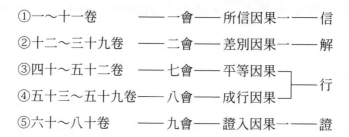

  華嚴法會所討論的「華藏世界海」是一花一世界，一微塵含萬法，一即十，十即一。這是諸佛現身說法，所證得之果，使諸大菩薩生「信」心。如果這個道理了解以後，我們必信心十足，毫無質疑之餘地，便是「所信因果周」，也即是信心周遍圓滿，也即是多因含果，一含多，一即多的道理。

  明白了因中有果，一含多，一即多，也就能逆抵果在因中，多在一中，多即是一，然後來看一切差別之眾生，乃至差別之事物皆是無比之圓融、親切。諸佛要諸菩薩了「解」因果之差別，亦即是果在因中不離因，多在一中，不離一。又稱之為「差別因果周」。

  因之，菩薩要救度眾生，眾生雖不同，但多在一中，就此說來，心、佛、眾生三無差別，都是平等地存在同一因中，同一理中，同一佛性中。因此，菩薩看一切眾生都是平等的，又稱之為「平等因果周」。

　　有了平等的心，才能以平等對待一切眾生。度一切
眾生，尚得具有出世心，入世行之大悲大願，如此救度
眾生工作才能做得圓滿。所以又稱作「成行因果周」。

　　最後，善財以人間童子身分學習諸菩薩之大願，參
訪世法與出世法，卒以完成其大願。為人間的人能成為
菩薩願行之典型。是凡人從因證果之例證。所以稱之為
「證入因果周」。[50]

　　華嚴法會的思想，已由杜順法師之《法界觀門》[51]
歸納為「理無礙、事無礙、理事無礙、事事無礙」，形
成中國華嚴宗哲學之中心思想。

　　善財童子之參學精神，已是中國華嚴宗子孫早晚課
誦之悲願，形成宗教儀式之一。

　　善財參學之路線，不但代表大乘初期向南之發
展；[52]同時，更可追溯到印度早期民族之殖民；[53]與爾
後雅利安人統一東印與南印度之過程；[54]以後傳到東南

---

[50]　《華嚴宗教哲學》上冊，頁 105-109。

[51]　釋杜順，《華嚴法界觀門》，《大正藏》第 45 冊，頁 684。今人有疑，認
　　　可能為釋法藏之著作。

[52]　《大唐西域記》，頁 105；頁 147-148。

[53]　J.Talboys Wheeler, *India from the Earliest Ages*（Cosmo Publications, Delhi,
　　　6, 1973, India）p. 12.

[54]　同註[53]，頁 29。其他如《羅摩史詩》及摩訶般若多（*Mahābhārata*）史詩
　　　都可窺出雅利安人向印度東南之發展。

亞印度之宗教、文化、建築,以及文字字母都是從這一
地區傳播出去的;❺到中國來建立禪宗之初祖達摩亦由
此一地區渡海來到中國。❺

　　所以善財之參學路線,是《華嚴經》之作者已認知
這一地區印度之重要性所做之肯定;也是對爾後此一地
區重要發展所做之啟示。

　　(2)玄奘之遊學

　　奘師遊學印度以前,印度已有三大民族前來殖民,
奧族、荼盧族(Dravidians)、與雅利安人。奧族是採
集初民沿中亞,分向印度河、或向今恆河東向,再南
向;而荼盧族,部分與奧族人混合,一部分追逐奧族
人,使奧族人走避山林;雅利安人又是沿著荼盧族之
征服故事重演,❼而奧族與荼盧族成為被征服之「民

---

❺ 如爪哇,及吳哥窟之塔廟,所演唱之民俗歌謠與舞蹈,多以印度史詩為
　背景。乃至泰國之文字與瑪來亞倫(Malayalam)文極相似,其建築形
　式,尤其是寺廟,更影響到了泰國及我們雲南傣族。

❻ 釋印順,《中國禪宗史》,頁3。

❼ 同註❷,頁 33-35;頁 78-82;頁 85-90。要了解三個民族殖民之過程,全
　書上冊值得一閱。
　A Cultural History of India(Edited by A. L. Basham, 1975)pp. 20-50.
　印度一般史學家,認為奧族在印度文化上,沒有多大貢獻,所以大多抹
　煞他們的存在。而本書能以相當篇幅,論其在印度文化史上之貢獻,相
　當可貴。

間」，而雅利安人為神、梵天之子嗣，華嚴法會眾菩薩下凡，也就是由此文化之背景而來的。

民族之遷徙自應是順應自然環境而成的；以後佛教之形成及其傳布，也是受到自然環境與人文環境而成的。

因之，奘師之遊學印度，也就是沿印度先民之殖民路線，與佛教傳播路線做了一次巡禮。所以他的《大唐西域記》對佛教、對印度之歷史、文化都具有重大之貢獻與影響。

奘師雖投注心力在唯識學上較多，或因為興趣，或因為使命感，或應乎需要，筆者以為，他之所以研究唯識學是屬於後兩者，也證明他有真知灼見。

回顧歷史，中國只有儒、道兩家在中國歷史上循環更替：大亂後，以黃老休養生息；一旦政權穩定之後，儒家「經世之學」又派上用場。所以中國的學者，多重綜合；不重分析。因之中國各家，墨家那一套講語言分析，論邏輯概念在中國不能生根。例如：《荀子》之〈非十二子〉：

　　不法先王，不是禮義，而好治怪說，玩琦辭，⋯⋯然而其持之有故，其言之成理，足以欺惑

愚眾，是惠施、鄧析也。

以及《抱朴子》之〈外篇〉：

　　而著書者，徒飾弄華藻，……治靡麗虛言之美，有似堅白厲修之書，公孫刑名之論，……鳥影不動，雞卵有足犬可為羊，大龜長蛇之言，適足示巧表奇以誑俗。

　　所以佛教傳入中國，初只有少數地論師，重知識、分析之唯識學不能得到發揚；玄奘大師返國，一則傳唯識學，二則也傳因明學，以大師之學深、德厚亦不過三代。唯識學在中國，反而不及其他宗派有力。甚至，清末、民初，楊仁山先生主持金陵刻經院，尚得從日本、韓國請回散失之唯識典籍。

　　因為我們中國人長期以來喪失知識分析之能力與興趣，所以大師所形成之法相宗發揚不下去，這是中國之損失，更是佛教之損失。

　　其實，唯識學關係到我們人之心理上、生理上很多問題，對於我們人較之其他佛學學派更為親切；其本身自然為一龐大體系哲學，再昇華上去，便是提供

人生解脫之宗教。就將其擴大到當代知識來看：唯識學可與現代心理學參照研究；可與現代行政體系參照研究；其種子學說，可與萊布尼茲（Leibniz）之單子論（Monadology）參照研究；其種子熏習說亦可與進化論（Theory of evolution）參照研究。如然，不但豐富了唯識學，也豐富了相關之哲學思想。

除唯識學之精深博大；而且唯識學更能相應世法，廣度眾生，以大師之大智慧，大悲願尚不能得到充分發揚，自然是一件遺憾的事；然而，也更可以使我們景仰大師之卓見高行偉大無比。

中國文化大學的創辦人，張其昀先生在其所作校歌歌詞上有一句是這麼說的：「唯有眞知，方能力行。」眞的，玄奘大師，如果沒有眞知，如何可能會九死一生西行印度專修唯識！

雖然，大師以發揚唯識學爲己任，但是，他所攜回之經卷，所譯之典籍，卻不限於唯識一系。由之可見，大師並無門戶之見。其所以發揚唯識只是出於其重要、需要之使命感而已。

總而言之，善財童子之參學地區，不但是說明佛教，乃至大乘初期的印度南方展開之事實；也說明了，此一地區在古今印度都是重要的；更是印度文化向東南

亞發展之發源地。

　　而玄奘大師所西遊之路線，乃是印度先期各時代殖民，以及部派佛教、乃至大乘佛教發展路線所做之巡禮，也是印度文化經由其西北轉入東方之路線。

　　善財童子之參學，影響了中國華嚴宗的成立；玄奘大師之遊學形成了中國之法相宗。華嚴學在佛學史之綜合上、超越上，都是世界哲學史上之最；❺而唯識學，在分析上，至少在各宗派上，也是比較更有體系的。

　　善財童子從人間到處參學，再到天上向諸神參學，最後又下降人間而見到彌勒、文殊與普賢菩薩而成道；而玄奘大師歷經戈壁、雪山、深谷而至西天，再返回中國，而不留連西天，決意返國貢獻此學。兩者之悲願也是相同的。

　　（本文曾於一九九四年四月十五至二十三日在洛陽、西安「玄奘一三三〇年國際學術會議」中宣讀發表）

---

❺　同註❺，方東美先生之《華嚴哲學》全書只在與佛教各宗及西方哲學做有相當之比較，都是在說明此一思想。

附圖：玄奘大師遊學印度與善財童子參學路線示意略圖

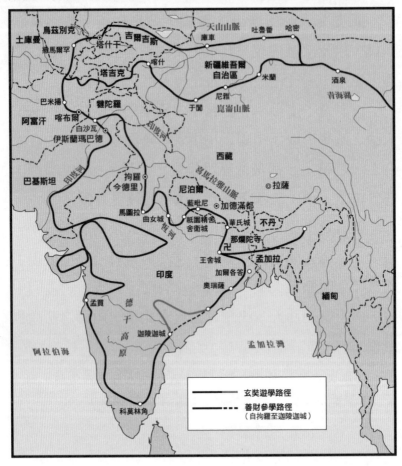

原《原人論》之「原人」
——兼回應已故聖嚴法師
《華嚴心詮——原人論考釋》

提　要

　　法鼓山的開山聖嚴法師著作等身，門下弟子將其一生著述彙編成《法鼓全集》一〇二冊，法身舍利，嘉惠後學。佛曆二五五〇年（2006）《華嚴心詮——原人論考釋》一書出版後，他親自簽了名當面送我一本，並且說：「我僅送你與陳英善教授兩人，希望你們能做一點回應。」「謝謝，我試看有無這個能力。」確實是我當時真心誠意的話，因為我個人覺得圭峰宗密大師的「原人」就是直指如來藏的佛性、本覺真心，何必套上「原人」一詞。直接以佛性、本覺真心、如來藏來判五教即可了。如果除此別有新意，應以「原（原人）論」為題，跳出如來藏系統，自行建構學說。我對《原人論》本身尚有此惑，對法師的考釋當然抱有很大的希望，能為我解惑。

　　我悉心拜讀之餘，以聖嚴法師的文筆才華來論，他的譯、考、釋也正如他的所有著述，都令我們讚歎稱美不已；以他博學、強記來檢覆其「考釋」精神也使我們稱美不已。如僅以讚歎稱美來迎奉為文，既非我所願，亦非法師一向的風範。

　　我想以「原《原人論》之原人」為文,以答法師之命。但當時我有「絲路研究專案」在做,除供網路外,另外要結文成冊,以後出版成《中西絲路文化史》;繼有《『有餘說』集——如來藏與唯識關係之研究》的撰寫(已於二○一○年出版)。時已近八秩高齡,智力已大減,無力再撰較嚴格的論文,然文債久欠,於心十分難安。

　　法音法師是我在大陸幾次學術會議中認識的法師,他是旅日駒澤大學研究員,除佛學專精外,對中日文化史也很有研究,也曾留德,尤其具有多種治學之語文能力,對他的研究工作大有補益,他很年輕,學術潛力無限。二○一三年他來臺講學,又送了一本其近作《哲學文庫——宗密思想綜合研究》;拜讀之餘,感到雖對宗密的《原人論》只簡單介紹,但全書考證,資料很豐富。

　　二○一五年五月五日我專程到他講學的臺北華嚴專宗學院去看他,特別向他請教宗密《原人論》的真正原人是什麼?與印度《黎俱吠陀經》(*Ṛg-Veda*)的原人(Puruṣa)有無關係?我們初步交換了意見,我已夠老了,無能力再撰述一篇嚴格的學術論文,希望法師能為我解惑。

關鍵詞:原人宗密、聖嚴法師、法音法師、《黎俱吠陀經》、*Ṛg-Veda*

一、法音法師「論原人」

很感謝法音法師於二〇一六年在華嚴專宗國際學術研討會上，提出了一篇弘文〈試論印度哲學之「Puruṣa原人」與宗密所論「原人」究竟有無思想關聯性？——以回應李志夫教授所問宗密（原人）之語義問題〉，刊載在大會論文集第一冊 A3 至 26 頁。

這篇長達兩萬餘言的弘文，其中第四篇第一段文字云：「宗密所著《原人論》，尤其是止揚儒、道，闡發『眞源』的如來藏說，便是這種思想的集大成。故『原人』，語義雖近乎中華，但思想之底（暗）流，不能不說隱藏著這種印度哲學思想的玄機祕義。李志夫先生的質疑，完全可以立證而成立。」

我把法師的博學弘文大要，簡述如下，向大家分享：

（一）舉證原人（Puruṣa）分別在印度《黎俱吠陀經》中是宇宙諸神、萬物人類發生的始源；在印度數論派（Sājkhya）哲學中的 Puruṣa 改爲神我，爲純精神、純意識的存在，受到物質因自性（Prakṛti）的反應、化合、影響，而產生生物及人生界，當神我不受物質因自性的影響，神我便解脫了，也是人的解脫。

　　（二）舉眞諦法師譯《金七十論》，本論即是數論哲學的異名，論中有跛子不能走路，盲人不能自行，於是二人合作，盲人揹著跛子，跛子指引盲人走路。盲人隱喻自性，跛子隱喻神我。這也是數論眾多隱喻之一。數論哲學有如中國易學之陰陽二元論。

　　（三）法師在他《宗密思想綜合研究》一書中說：宗密《原人論》的特點之一，便是靈知獨存，是先天之本源性，生、佛共通不二性，眾生迷的根本是隱伏如來藏性，這是受了《大乘起信論》的兩種眞如的影響，云何二性：一者如實空、二者如實不空，……如實空者，一切眾生以有妄心，念念分別；所言不空者，已顯法體眞實故，即是眞心恆常不變，淨法滿足，故名不空。

　　（四）《成唯識論》中的「中有」說與中國的「靈魂」說很相應。

　　透由上述，可以說將宗密的原人說與印度教原人說、神我說在思想上做了相當的聯絡。以宗密大師之廣閱博學應可以肯定讀過，或聽說過《金七十論》的內容，其「靈知獨存」與「數論神我」在宗教信仰本質上至少是相似，乃至相同的。

　　至於法音法師在推究原人之詞義上已廣引宋、元、明諸學者之考實，其引經據典，尤其廣引近代日本學者

之說，在在都不出：「原」是動詞，有溯源推究之意；或曰「原」是名詞。溯原是歸納法，以果求因；論名是演繹法，從因衍果；因果同一，其實都是在明瞭「心源」。

宗密倡禪教合一，他先入禪後入華嚴，其教就是華嚴，圓教所引他的「心源」、「原人」、也可說就是華嚴的「一真法界」。我認為《華嚴原人論解》中云：「原通能、所，論為能原，人為所原，是人之原。」亦宗密之「靈知獨存」義。

法師之弘文兩萬餘言，我僅以淺淺數百語帶過，雖有掛一漏萬之失，為補此失，並做以下體系簡表，想必更能取精用弘：

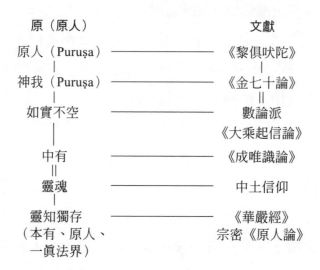

原（原人）　　　　　　　　　　　　文獻

原人（Puruṣa）————————《黎俱吠陀》

神我（Puruṣa）————————《金七十論》

如實不空　　————————　　數論派
　　　　　　　　　　　　　《大乘起信論》

中有　　　————————　　《成唯識論》

靈魂　　　————————　　中土信仰

靈知獨存　————————　　《華嚴經》
（本有、原人、　　　　　　宗密《原人論》
　一真法界）

二、宗密《原人論》摘要

「故數十年中，學無常師，博考內外（典籍），以原自身（之來源），原（追溯）之不已，果得其本（源）。」可見宗密大師之自足自信。

「推萬法窮理盡性，至於本源，則佛教方為決了。」他相信只有佛教才能解決人之本源的問題。

「就承佛師者，（仍有）迷實者，……不能原之至源。以復依了（義）教，顯示展轉生起之義，命偏（者）會（歸於）圓（教），而至於（了知）本末，名原人也。」即使是佛教徒也有不知本源的，所以更以了義佛教令其由偏轉圓，由末歸本。

「今習儒、道者，祇知近則乃祖乃父傳體相續，受得此身。遠則渾混一氣，剖為陰陽之二，二生天地人之三，三生萬物，萬物與人皆氣為本。」

（《原人論》序文）謂儒、道兩家，只知自身慎終追遠，論天道只知是氣化而已。

「儒道二教說，人畜等（同一）類。皆是虛無大道生成養育；謂道法自然，生於元氣，元氣生天地，天地生萬物，故愚、智、貴、賤、貧、富、苦、樂，皆稟於天，由於時命，故死後卻歸天地，復其虛無。」

（斥儒、道迷執）再次批儒、道之人道、天道思想。

（一）人、天教

「佛爲初心人說三世因果，上品十惡，死墮地獄；中品餓鬼；下品畜生，類似五常之教，隱惡揚善無別。令持五戒：不殺是仁，不盜是義，不邪淫是禮，不妄語是信，不飲啖酒肉益於智也。得免三途，生人道中；修上品十善及施戒等，生六欲天；修四禪八定生色界、無色界天，故名人天報也。據此教中，業爲身本，……故習此教者，雖信業緣，不達身本。」

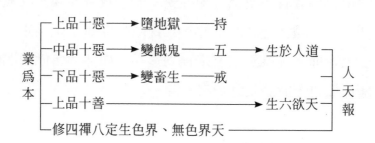

（二）小乘教

「身心從無始來，因緣力故，念念生滅相續，凡愚不覺執之爲我，起貪造一切業，劫劫生生，輪迴不絕。

都由不了此身四大所和合；心有受、想、行、識四蘊。
色、心皆是假有無我，翻覆執我，皆不可得，便悟此
身，但是眾緣和合相，是知專此教者，亦未原身。」指
小乘教以身心爲諸緣假合爲我，所以未能溯及到本源，
雖宗密未提到小乘以得羅漢果爲解脫，即使提及，按羅
漢的果有退，仍是屬人天界，以此推之，小乘仍是未求
得身之本源。

（三）大乘法相教

「說一切有情，無始已來，諸眾有八種識，其中阿
賴耶識爲根本，……轉生七識皆能變現（形），……如
夢中執爲實有，寤來方知唯夢所變，我身亦爾，唯識所
變。」以識爲身命的本源。其實阿賴耶識也是無始以來
受熏習而來，雖然宗密未提到這點，如然此更能說明阿
賴耶識也未能溯及到身之本源。

（四）大乘破相教

「此教可破前大小乘之教（理）之執；（亦可）
顯彰眞性空寂之理（如來藏眞實不空）。知心境皆空，
方是大乘實理，若約此原身、身元是空，空即是本；
（但）《法鼓經》云：『一切空經是有餘說』；《大

品經》云：『空（只）是大乘之初門。』」如依破相宗
「空能生萬法」；依宗密的觀點空是不能生萬法的，所
以更不能原身之源了。

（五）一乘顯教者

「說一切有情，皆有本覺眞心，無始以來，常住
清淨昭昭不昧，了了常知，亦名佛性，亦名如來藏，靈
覺眞心，清淨全同諸佛。我等多劫，不解返自原身。當
知迷悟同一眞心，大哉妙門，原人至此。」本教之「靈
覺眞心，全同諸佛，亦名佛性」。可以說靈覺眞心，就
是佛性，就是「原人」。其他前四教故未及此，所以是
偏、是淺，宗密判教至此已明。

三、簡喻宗密大師《原人論》之邏輯體系

宗密《原人論》之原人只是將如來藏「眞實不空」
轉換而成。中國孟子在其《孟子‧盡心篇下》有「一鄉
皆稱原人焉」之原人；唐‧韓愈以《原道》、《原性》
來襯托其《原人》之內涵；佛教「說一切有部」有「士
夫，Puruṣa」之原人異譯，可參閱《異部宗輪論》第一
卷，第二頁：「一切菩薩入母胎簡稱爲士夫」不是指父
精母血，或可說是菩薩的「原人」；Puruṣa 一詞在《黎

俱吠陀經》稱為「原人」,在數論派稱為「神我」,
都在追溯其最崇高之信仰,也是人生的終極關懷。佛
教是印度宗教(Indian Religion)之一,雖不是印度教
(Hinduism)但仍脫離不了是對印度教思想史之修正與
承傳。

　　宗密以《原人論》做為他的判教思想,從中國儒、
道起判為最基層的人天教→小乘教→法相教→破相教
→終至一乘顯教。他以「人人都有佛性,眾生都有如
來藏」之命題,將非佛教的純人文精神作核心文化的
「儒、道兩家」攝入其「判教」之中,形成一龐大思想
系統。我們讀之實有見林不見樹之感覺,因為其中任一
「教派」都各有其高大深廣的體系,要將各「教派」弄
清,其實已屬不易,何況各教間錯綜複雜,亦很難以一
家之言為是。但我們可以化繁為簡,來代替韓愈仿照宗
密大師之「眾生都有如來藏之命題」,可試以中國儒、
道「人文化成」貫通一切有情,從而證得「人為萬物
之靈」。

　　豬、狗雖是有情眾生,但不如獼猴有智慧;獼猴
雖是有情眾生,但不如人猿有智慧;人猿是有情眾生,
但不如智人有智慧;智人是有情眾生,但不如人類有智
慧,因為人類有理性,能創造文化,故人為萬物之靈,

不只是有情而已。

　　根據希臘哲學家亞里斯多德（Aristotélēs，西元前384－322）之說，一切生物、動物都有其形式因（cause of form），豬、狗、獼猴、人猿、智人、人類各依其類長成其形，很長期便不能再變了，因為他們受到形式因之影響。但生物界亦有其終極因（cause of end），如達爾文（Darwin）的進化論，猿猴可以進化成人；人可以成聖、成賢；成羅漢、菩薩、佛，必有終極因，就是人性、佛性。

　　中國文化確實是人文的，是治國、平天下、參天地之化育；在宗密大師看來，只是人天教而已。因為他心目中的極終因就是「原人」，悟得全佛性。以上我們「以近取譬」對大師《原人論》之體系做了淺顯的證明。而他《原人論》之「原人」，一名已早為孟子、韓愈先發得之；在印度佛教除說一切有部之「士夫」外，別無可考，他也並未說明得自之「士夫」。因此我們不得不從如來藏之源頭來追溯，以做為法音法師大作之狗尾續貂。

　　《黎俱吠陀經》為印度文化的啟蒙經典，《阿含》（Āgama），太陽反映在海水上有如一顆大蛋，稱為大胎藏；從胎藏化生出原人（Puruṣa），不但為人的祖

先，而且衍生宇宙萬物，此說本爲神話。久之「原人」
說影響很大，人們尊稱它爲「生主」（Prājāpati），
生主一名，出自《吠陀經》中的〈生主歌〉（Prājāpati
Sūkti），它的偉大力量愈來愈深入民心，衍爲大梵天
（Brahma），就是現在印度的宗教哲學。

因爲人是原人的後裔，所以具有神性，到了梵天期
因此人人都可以成梵，可自稱「我就是梵」，又稱梵我
（Ātama）。

雖說人人可以成梵，但仍有差等，在修行的梵行也
有次第。在《布利哈德奧義書》（Bṛhadāraṇyaka），
人的意識有四種境態：醒境有主客相對，意識受到外界
干擾，不純淨；夢境有經驗的外境殘餘印象干擾，雖較
前者好，但仍不純；熟眠時清淨無境，爲純意識，就是
梵我；死亡境即涅槃境，有同佛陀之無餘涅槃，但在
那個時代印度教尚無「涅槃 nirvāṇa」一詞，都以「死
位」通用。

再舉一例，《推提利耶奧義書》（Taittirīya），人
靠五種食生存，靠食而生存，靠空氣、靠意識、靠識之
自我觀照、靠解脫妙樂而生存。靠食、空氣而生存者是
動植物界，靠食識而生存的是動物與人類，靠識自動反
省反觀是人文宗教的聖人。依食「妙樂 Ananda」而存

在的是解脫境的常樂我淨。大乘《如來藏經》中眾生都
有如來藏；《大般涅槃經》人人都可成佛，除梵具有神
性，佛性雖非神性外，凡是形容梵的形容詞都可拿來形
容佛性、涅槃，無論大乘佛教是如來藏，或瑜伽唯識都
說涅槃同是常、樂、我、淨。

因為印度的佛教、大乘佛教都是印度哲學的一部
分，既然大乘佛教受有印度教之影響，忠於如來藏思想
的宗密，又如何能逃出印度宗教思想史的影響，現在我
們可說（原人）就是以後的生主、梵天、⋯⋯乃至如來
藏的「原（原人）」。從直接文獻雖不可考，但從思想
史的脈絡追尋，終會找到宗密大師之《原人論》之原
人，所以本文命題是原《原人論》之原人。

四、中、印原人之異同

原人說可以分數類：1.如人類學之原人，就是考古
學的原人，如「北京人」、「智人」、「直立人」等；
2.有宗教神學的原人，如印度教之原人；3.有人文宗教
學之原人，如宗密《原人論》之原人；4.有純人文的原
人，如孟子「一鄉之原人」，韓愈「原道」、「原性」
之「原人」。人類學的原人，不在本文討論之列；印度
宗教神學之原人，及宗密人文宗教學之原人，我們已在

前面論列很多，不再重述。以下我們要對純人文的原人
稍做補述；

　　《孟子·盡心篇下》：萬章曰「一鄉皆稱原人」
之原人，也就是《論語·先進篇》「先進於禮樂，野人
也」之野人，與之相對的「後進於禮樂，君子也」之君
子。「一鄉之原人」與「先進禮樂之野人」是同義語，
就是沒受過人為文明教化「染汙」的樸實鄉民。老子
《道德經》「五色令人目盲，五味令人口爽」，要「絕
聖、棄智」，甚至是「如嬰兒之未孩」。正是儒、道兩
家之原人。

　　唐·韓愈就是要顯示天、地、人三才，特以人為
貴，以原道、原性，來雕塑「原人」為萬物之靈，替
天行道參天地之化育。但也不要忘本，人之根本就是
祖先。

　　《論語》說「祭神如神在」，《中庸》說「如在
其上，如在其左右。」如在其上（一）以示天，如在其
左右（川）。合而言之就是祭祀之礻（示）。祭祀祖先
之「⊥且」即「示」加上「且」，且字的象形字為男
根，合組成示且（祖）即祭祀男根就是祭祀祖先，中國
祖先墳墓的石碑□也是男根的象形，衍生為神器之「雲
表」，在帝王陵墓外，乃至今之機關學校都可看到。

　　《三字經》是中國民間啓蒙教育的教本,即便是不識字的鄉民,亦可當歌謠傳誦「三才者、天地人,三光者、日月星……。」口而誦心而爲,俗稱「小綱鑑」。民間家中的中堂供奉「天地君親師位」。到民國沒有君了,改奉「天地國親師位」,實際是供奉「天、地、人三才」。這是中國普遍深入民心的人文教化。

　　華商乃至勞苦大眾到了國外,自動群居守住中國文化建立唐人街,供奉宗祠,《三字經》的影響力是很深遠的。拜祖宗在中國只形成人文文化,沒有形成宗教,在印度卻從拜祖宗信仰形成強大的宗教文化。

　　前面已說及原人爲印度人的祖先,印度人都是原人的後裔,在《黎俱吠陀經》,早期也說人死後要回到祖宗那裡去。祖宗崇拜在世界文化史上,乃至實地考古,都可找到崇拜生殖器的遺跡。印度至今濕婆(Śiva)神廟,幾乎到處都有,大小雖有別,但都是磚石砌成。尤其印度大學(Benares Hindu University)的濕婆神廟,莊嚴雄偉,一進入其殿堂大廳,就有一座大理石「石杵」象徵男根專供仕女觸摩,能心想事成。在世界築穴而居的時代,人民居所一半在地下,一半在地上,在進室內大門口,塑立一塊較高大石塊,根據臺灣華正書局,一九七九年印行徐亮文《中國史前史話》一書中,

〈大石文化與夏后氏〉一章，就表示半地下屋象徵女根爲多爾門（Dolmen），門口石柱象徵男根稱門希爾（Menhir），該書並列有世界各地之分布圖。徐先生是以古代神話史爲主，以地下考古記實做爲證據；引經據典極爲詳實，實際就是一部中國古代文化史。

既然中、印同以拜生殖器之祖宗崇拜，爲何在中國只止於人文文化的人本文化；而在印度卻衍爲一大宗教神學文化。其原因何在？

先試談中國爲何沒有走上宗教神學文化上去。中國在殷商時代「尙鬼」，《說文解字》說「鬼者，歸也」，即回歸於先祖者稱鬼，明白地說人死了成鬼，只說明了人死後之歸處。並未因此之崇拜走向高一層次的宗教信仰，此其一；周王朝一代，周王爲天子，只有天子才能拜天、諸侯拜社稷，士、民拜宗廟先人，剝奪了人民的宗教信仰，僅天子拜天，只是一種信仰儀式，並不能形成全民信仰以形成宗教的嚴肅信仰，此其二；周公治周禮，創立政治社會制度，自然從未想到建立全民宗教，來代替天子之地位。天子是上天所授，有了足夠的「神權」統治萬民，所以以周公之賢、之智，周之政權不但不須藉助宗教，或許更怕有宗教力量影響其政權，此其三；孔子爲歷代之至聖先師，孔子雖講祭神如

神在,他把祭祀只當成一種禮儀制度,「不知人,焉知鬼」,連民間普遍相信拜祖宗之鬼都不相信。所以孔子的影響很大,此其四;根據《說文解字》,中國最早的人字是象形字,象徵人跪拜的樣子;知跪拜鬼、跪拜先祖的就是人,以人之禮的擴大不僅拜鬼也拜祖先;而且反省到人與人之關係。我們的「五倫:父子、夫婦、昆弟、朋友、君臣」這樣的五種相對關係,構成一個整體社會關係。中國之所以在人倫關係上有這麼細微的稱呼,就是重視人倫關係的原故,此其五。

安名定分,無論在人倫、社會乃至科學上都極為重要,還是安名最細密的,代表最高深,最有價值。中國之家族,宗族關係安名定分之細密,使中國人文文化具有最高之價值。所以孔子說:「必也正名乎!」《孟子‧盡心篇下》說:「大而化之之謂聖,聖而不可知之之謂神。」老子《道德經》說:「至人,神人。」這是中國哲學最高之境界。宗密稱老子、孔子、佛陀都是聖人;但對儒、道兩家所判是人天教,算是最偏、最淺的教化。宗密雖未直言,而從其判教觀確實是如此的。

回過頭來,我們要試談印度早期也是拜祖先、拜鬼,由自然神教衍生出成現代構造型的宗教(Structural Religion),因為印度的原人是人教類祖先,此其一;

這是由神話變成信仰，又與拜鬼兩者相混雜在一起，神話信仰稀釋了人文和鬼神信仰，此其二；最先從中亞進入印度半島，印度河流域的採集文化，進化為陶土文化，為母系社會。在印度洋岸發現海洋中反映太陽的紅墩、胎藏就是她們原人思想的反應，構成她們的神話；到了雅利安人的騎兵式的強大移民與原來母系民族混居、頭目們娶了母系的酋長，進一步把雅利安文化與母系社會相混合，形成男系社會，使原人神話形成信仰，原人變成了化育天地的「生主」，更使多神的部族之圖騰信仰，變為唯一神教，之所以能化為唯一神教亦受政權影響部族統一，也影響神權之統一，「生主」一躍而為開天闢地的梵天。原人、生主、梵天是一系相承的，人是原人的後裔，自然也具有梵性。人具有梵性，所以人人可以成梵。總之，印度之所以成為宗教神學文化是因為神話、神學、神教稀釋了原始拜祖宗的信仰。也保持了人的神性，此其三。

五、對宗密《原人論》「原人」之反思

法藏大師以前的祖師判教只以印度的佛教為限，即便法藏大師本人之判教：小教、始教、終教、頓教、圓教五教，也是以印度人的佛教為限。

　　宗密卻將中國非佛教的儒、道亦判入佛教，是根據
「人人都有如來藏」、「眾生都有佛性」的命題而來。
他的目的就是要爲中國佛教判教，不但擴大了佛教判教
的範疇，也開啓了佛教以來之大局。《大乘起信論》考
證上雖屬「僞經」，既然大家承認爲如來藏思想，而且
又是如來藏集大成的經典，宗密判教又是根據《大乘起
信論》的眞如門而來，也有助爲他開啓對中國佛教判教
的大業。關於這一點宗密自己是非常滿意的，在他《原
人論》序文之開端即自述：「數十年中，學無常師，博
考內外，以原自身，原之不已，果得其本。」而且，
「學無常師」，開創中國佛教未曾有之先河。可看出宗
密大師之氣慨。胸襟之大，這的確是大師的偉大貢獻。

　　究其判教本身之《原人論》仍有一些問題值得我
們反思。第一、就思想史來論，印度《黎俱吠陀經》之
「原人」、「生主」，數論之「神我」、《奧義書》之
「梵我」、有部佛教之「士夫」與如來藏之如來是一脈
相承的，宗密是依如來藏來判教的。他《原人論》之
「原人」是脫離不了思想史的判教的，那就是其《原人
論》之「原人」是因襲《吠陀經》的原人而來。

　　實際上，從文獻上考察是找不到他的《原人論》
與所舉思想史的文獻有任何關係；倒是與中國孟子、韓

愈之「原人」一名有關。然而宗密之原人是宗教神祕性信仰；而中國原人是人文文化的抽象意涵，換句話說，有似以神祕性的身體，接上人文意涵的頭，自然不成體統。

宗密大師雖然用了中國「原人」之名做面具，其真實面目就是如來藏真如門、真實不空；而且將中國原人之內涵做為他判教之基層，對儒、道來看形成其原人外延與內涵分離，即是身首分離。

中國祖師們之判教都是對印度的佛教來判的，即便是法藏也是小乘教、始教（法相、般若）、終教、頓教、圓教五家，而宗密卻將非佛教的儒、道納入佛教判教之列。也許宗密知道印度思想史中原人，但諱莫如深而略去不提，類似情形這在印度乃至西方都是屢見不鮮的。

例如佛陀批評印度教、耆那教，也從未自認受了他們的什麼影響。有一次有人問佛陀：「佛說，一切都是佛法，那麼，在佛之先前的一切法，也是佛法嗎？」佛答：「是順佛法。」順佛法的意思是順因緣法「法爾如是」。耆那教的相對論，很明顯地影響佛陀的「因緣法」，我們在佛陀根本教法裡從未見到有此一說明。

又如部派佛教，乃至希臘、西方哲學家，只見到他

們對先前部派、前輩哲學家之批判，也不提其自己之思想學說來自何派、何人。但我們只要看他們批判誰、批判得最多、最屬害，就可以知道其思想學說一定多受其影響，這是指無論是正面或反面教材。對宗密大師亦可以知道他從所批評的那裡所受的影響最大。

尤有進者，宗密無厘頭地在如來藏上安上原人一名、來「原」原人，不禁使人感到突兀；爲何不就如來藏眞如心止於如來藏思想就好了。何必要載上「原人」的帽子？個人以爲宗密之所以著《原人論》，是不滿意孟子、韓愈的人文原人說，他要根據如來藏來建立《原人論》，以超越儒、道兩家的人文原人說。他的《原人論》的確是超越儒、道之原人說，但當他建立他的《原人論》之前又有數種原人說，我們一併追溯出來。所以本文是原《原人論》之原人。

另外，我們還得注意儒、道兩家都有「神人」做人的理想，儒家自身又有「聖人」、「賢人」做爲人之理想；道家有「至人」做理想，宗密說「孔、老、釋迦皆是至聖」，二教唯權、佛兼權、實同歸於治，皆可遵行，推萬法窮理盡性至於本源，則佛教方爲決了。（見《原人論》）

若依儒、道兩家言神人、至人已是人道的理想了，

就哲學說都是形而上存在，就修道論，也是生命的終極
關懷，已是「窮理盡性，以至於命」了。宗密借用了改
說「佛教方爲決了」，原本是儒家決了的東西，借其決
了的東西，反說它未決了，而說佛教方爲決了了。若如
此儒、道豈能接受？而且判其爲人天教。

依宗密之意，儒、道兩家只說「窮理盡性以至於
命」，並未說明窮理盡性是什麼具體的東西，而宗密說
窮理盡性以至於命，確有了具體的答案，就是眞如心、
就是原人、就是宗密所「原自身之原」。奇怪的是儒、
道兩家至今毫無一人答辯。

其實儒、道之神人、至人，……原本是儒、道原
人之意，也就是窮理盡性以至於命的人，孟子之一鄉之
「原人」是指未經人爲文明「汙染」的純樸善良鄉人；
韓愈的原人也是指窮理盡性的人，稱爲原人。

既然儒、道二家與宗密的原人，都指的是窮理盡
性以至於命的人，宗密爲何判儒、道爲「人天教」？宗
密理由是：儒、道都主張「氣化化人天，人天又返回氣
化」。而且宗密迴避儒、道之神人、至人，……縱使儒
家提及，宗密也會一定將神人、至人併入人天之教。究
其初心只爲將儒、道納入佛教六凡之列，以完成他爲中
國佛教判教做一件曠世大業，這誠是中國佛教的一件

大事。

　　總之，宗密大師借儒家「原人」之名，以作如來藏原人之實。結果其《原人論》，並未找到他真正要原的人，所以本人以印度教、佛教之思想史來為他原「原人」，以了初心。

　　最後我要特別感謝已故聖公法師，因為是他要我對他的《華嚴心詮》做點反應，拜讀之餘，無以復加；更啟示我對宗密大師本人之《原人論》之「原人」綴了這篇小文以做為反思。

　　其次我要感謝法音法師，他先給我「開了一條通路」，使我近失智之年，尚能重拾片面記憶，終於可了十年之願。

六、結語

（一）宗密大師《原人論》的貢獻

　　1. 他根據《如來藏經》「眾生有如來藏」的思想來命題，判儒、道兩家為「人天乘」，邏輯上是周延的，因為兩者都是人本主義者，當然有如來藏。

　　2. 他是第一位將中國的儒、道二家，納入佛教判教，開未曾有之先例。

　　3. 他「原人」一名，顯然是得自儒家孟子、韓愈

人文的「原人」而來，並把「原人」提高到宗教之解脫層次。

4. 他的判教思想受有法藏判教的影響，分小教、始教（法相、般若）、終教、頓教、圓教；宗密自己所判的——「人天教」，至於小（乘）教、始教（法相、般若）與法藏判教相同，唯略去終教，將頓、圓二教改為一乘顯性教，以建立他禪（頓）教（圓）一致思想，因為他是由「禪」轉「教」而成華嚴五祖的。所以主張「頓悟」即「教圓」，「教圓」即「頓悟」，也可以說是教（知）、禪（行）合一的。這與「禪、淨雙修」，「禪淨合一」有相同之妙，他把天台宗與華嚴宗所爭圓、頓問題化解了，這當然是宗密最大的貢獻。

5. 他的「教」當然是指華嚴「圓教」、圓教之核心是「一真法界」，他也把與「如來藏真心」等同「原人」了。

（二）宗密大師《原人論》也有值得反思的

1. 他判教就依佛教「六凡」（阿修羅、人、天、地獄、餓鬼、畜生）納入人天教即可，為何把非佛教信仰的儒、道列入人天教，似乎有些突兀！

2. 他的《原人論》之「原人」一詞，雖然他未說

明出處，從宗教思想史上本文所追溯之「原人」也未見他道出，我們可以推論是出自孟子、韓愈。他既然用了儒、道之「原人」名，做爲宗密解說的代名詞，可是這二者之「原人」，安名雖然同一，而定分截然不同，而卻含混帶過，實際只是「含混」，是不能「帶過」的。

3. 我們可以明白，他是因爲用了儒、道「原人」之名，所以將儒、道之人文思想，亦列入「人天乘」，可算是把儒、道之人文的「原人」與其人文的身體（內涵）分開了，從而判其有人天教爲五教最淺最偏之教，在安名定分上失了準頭，質言之，他簡化了儒、道之宇宙論：「氣化生存天地人，有情眾生死後又化爲氣，永在生死輪迴」，所以說儒、道爲人天教，而省略了儒、道的神人、至人，……；而且，兩家都重「道」，道爲人、天之律則，有所變，亦有所不變。《易經》有「變易」，有「不易」：一年四季在變，但四季是不變的。人可變爲賢愚、富貴；但不可變者爲人道，否則就不是人。儒、道的形而上的理想精神也是超越人、天現實的。

4.「窮理盡性以至於命」，出自《大易》，是儒、道的共同經典，宗密大師也用來做爲《原人論》的原人。兩家自家的「窮理盡性以至於命」的「至人、神人」卻被判爲人天教。這對儒、道是有失公道的。

5. 我們相信宗密大師的大智慧「博考內外」，但有如來藏「承上啓下」思想史上之「原人」他是漏掉了；或諱莫如深莫加深，故意不提。這二者均算有所失，他的「原之不已，果得其本」，也只得到如來藏的「副本」，「正本」還是在印度教的《黎俱吠陀經》內。正是「眾裡尋他千百度『那人』卻在燈火闌珊處」。

（三）本文的主旨

1. 主要是應已故聖嚴法師之命，是我撰寫本文的動機。

2. 因爲法音法師已把歷來主要中、日學者對《原人論》之研究做了較全面的梳理，我就搭便車省略了這一塊，本文只是「狗尾續貂」，以補充其原「原人」之大作。

3. 我也一併對宗密大師判儒、道的「人天教」判教提出一點反思，希臘哲學家亞里斯多德說：「吾愛吾師，尤愛眞理。」，我是佛教徒，我十分尊敬宗密大師；但我也是中國人本主義文化之奉行者，我站在兩者之間，所做出尙無前賢做出之反思。是耶？非耶？尙請諸後賢指教。

李志夫識 丁酉九秩初度

附記：獻壽辭

　　楊曾文先生應我之敦請曾在中華佛學研究所客座半年，我們朝夕相處，無所不談，已是莫逆之交。他的熱心、愛心、坦率、眞誠十分受到我們師生同仁的愛戴。

　　先生在大學時醉心禪宗史，在農場勞動之餘暇專攻日文，卒能進一步研究中、日禪宗史，乃至完成《日本佛教史》之鉅著，先生著述不輟，厥成一代師表。

　　凡來所客座學者，大都認爲本所語文課程太重，先生亦不例外，梵、巴、英、藏、必須四選，以致會影響佛學專業。本所創辦人聖嚴法師與我以爲本所不是招研究人員做研究工作，而是培植研究生做研究工作，所以特重佛學語文基礎教育，眞正研究是要他們在現職中去發展。

　　我已在一九九八年退職，又繼任研究員兩年，兩年中相續出版了三本書，其中包括國史館爲我出版的自傳。以後除應師友寫了幾篇序文外已無力做長文思考。但因法音法師以〈試論印度哲學之「Puruṣa 原人」與宗密所論「原人」究竟有無思想關聯性？──以回應李志夫教授所問宗密（原人）之語義問題〉，我以「狗尾續貂」做了本篇〈原《原人論》之「原人」〉一文對法音法師的回應稍做補充。實際上，我是搭了法師前文之「順風車」，使我節省很多資料之蒐集與論證，本文也應算是我一生「封筆之作」。謹以此向曾文先生八秩嵩壽誌慶。

附表一：宗密《原人論》簡表

區分			
如來經典眾生都有佛性，禪（頓）教（圓）一致	大乘教	終、頓、圓教	一乘顯（實）性（權）
		始教	破相（權）
			法相（權）
	小乘教		斷惑滅苦
	人天教		立人極平天下儒
			道在人天道

教義	區別	會末歸本	
佛性，本覺真心全同諸佛	別教一乘	本（如來藏）	宗密之「原人」本覺真心即是（深、圓、實教）
破法我執	同教（上通大乘——四聖、下通人天——六凡）	末（淺、偏、權教）	一切法空是權
有情有八個識第七識執有我、悟後則知我法皆識所變			如來藏即阿賴耶識不是本源
執假合為我，由我生貪，持戒清淨可得羅漢果			羅漢果位未證得本覺真心
三才：天地人以人為貴、為天地立心極則成聖成賢			雖是聖賢亦在人天六凡中
道法自然（人法地、地法天、天法道）			學道之至人神人雖能遊在九天之外，亦屬人天教

附表二：印度神學原人與宗密大乘佛學原人之比較

		印度教神學	宗密大乘佛學
內涵		《黎俱吠陀經》、《推提利耶奧義書》	不空如來＝眞實佛性＝靈覺眞心＝一眞法界＝原人
修行次第	大梵位	梵（死位）＝妙樂（解脫）←食識是自我之觀照（食似觀自在）←食識（認識論）←食空氣（日常生活）←食食物（五種食的「食所成梵我」）	一乘顯性教←破相←法相←小乘←人天乘 向上逆修人人都可成佛：眾生皆有如來藏；五乘判教 ←———————→ 向下雜染爲人天眾生
		大梵（死位）＝妙樂←熟眠←夢←醒境	
	原人	向上逆修人人可以成梵：「四種梵位」 ←———————→ 向下「創造說」爲宇宙之開展	

第二篇

佛學序文

序洪金蓮居士
《太虛大師佛教現代化之研究》

　　本書作者洪金蓮居士，現為《中華佛學學報》編輯，有同事之幸；復加上吳寬博士之鞭策；要我寫一篇書評；雖然，我一向尊太虛大師為「當代佛教改革之先知先覺者」，可是，我沒有撰述過有關之文章，甚至也不是「佛教史傳記學者」。實際上，我沒有資格為本書作書評。

　　好在本書是聖嚴法師親自指導之論文，聖嚴法師具有多方面之成就，佛教史傳記，就是其中之一。所謂「名師出高徒」，必是佳作。依我的管見，洪居士經營本文最值得讚歎的有下列幾點：

　　一、文字洗鍊，語句流暢，思維細膩，議論清晰。使人讀來，了無停滯，旁無瓜葛，會心入意，會意入神，使太虛大師之精神歷歷如繪，也教人振翅欲飛，見賢思齊。這是撰寫傳記者必具之能力，洪居士這一方面的功力非常傑出。

　　二、引證大師全集自屬確切，所蒐集當代有關資料尤為齊全。對於資料之運用，不遺巨細；對於資料之裁

剪，不爽分毫；對於資料之消化，不留糟粕。作者帶領
我們認識到心儀太虛大師之現代學者。這些學者也從各
個不同之層面陳述了大師之思想與行誼。本書作者，就
在穿針引線之下讓我們更清楚地了解大師改革之成敗。

　　三、本書結構極為謹嚴，在緒論裡概述了前人研究
之範圍，第二章專論大師之思想背景，三章專述佛教教
理（育）之現代化，四章專論僧伽制度之革新，五章專
論世界佛教運動。將大師思想之發凡與發展做有簡單扼
要之論述。這其中可以看出大師是佛教的、中國的，也
是世界的高僧。

　　四、本書對大師現代化，改革之成敗，也有很敏銳
的觀察力。其中有大師個人主觀條件，也有客觀因素。
諸如有天縱之才，卻遺憾自幼未受到完整的教育，雖然
理想崇高，但整個國事紛亂，使大師無可奈何，負疾
而終。

　　撰寫傳記性之論文，看似單純，實則不易。就以
一個研究生之論文來說，本書已是功力十足，彌足可貴
了。不過，其第三章「教理的現代化」，似宜改為「佛
教教育的現代化」。因為一則佛教教理即是佛陀的教
義，教義不能改，自然也就不能現代化；二則，全章內
容也是教育之現代化；三則，其教「理」之現代化，已

在二章中論到傳統佛學與新思潮的融合了。

其次，今天研究太虛大師之學者，對大師得失、功過、成敗都尚能客觀地說明；對大師之天才、智慧、毅力、辯才，也能一致肯定，尤其對於大師之佛教改革都給予了最大之尊敬。

可是，對於大師之改革失敗，之所以失敗的原因，卻少人有正確之了解；也就是說，我們對大師之同情模糊了對他之尊敬。當時，國民革命是全中國政治上之大氣候；大師之佛教改革只是其小氣候之一環而已。我們何忍對他寄望太高！

我們即使不論其改革之活動，在當時能提出偌大的改革計畫，也已是膽、識過人，無與倫比了。今天，無論是政治大環境或佛教小環境遠優於大師當時豈止千百倍！可是，大師之改革理想，我們做了多少？甚至，有誰敢於再提出佛教改革？太虛大師就憑他的膽、識已夠偉大了。

德國哲學家尼采有一句名言：「我的時候還未到，有的人死後才生。」展望未來，中國統一後之佛教，仍有賴大師改革計畫之指引，我相信大師是「死後才生」的人物。

因之，洪居士之《太虛大師佛教現代化之研究》一

書，也將會引起洛陽紙貴，特樂於向讀者推薦。

序《佛學與文學──佛教文學與藝術學術研討會論文集（文學部分）》

法鼓山中華佛學研究所是以研究及教育為主。民國八十六年春，「中華民國現代佛教學會」理事長李玉珉教授及諸同仁提議：請本所主辦一次「中國佛教文學與藝術學術研討會」，由該學會承辦。

佛教文學與藝術也應是佛教教育最重要的一環，也是本所在師資、課程所不及之處，所以本所創辦人聖嚴法師欣然全力支持此一會議之召開。

此次會議於民國八十七年四月十一至十二日兩天，在臺灣大學「思亮館」舉行。計有兩岸學者共提供論文十七篇：其中有關藝術者六篇；有關文學者十一篇。原來希望將全部論文均能結輯印出；後來，因為藝術方面之論文有的學者暫不擬發表；有的論文有大量圖文，其中部分有待洽購版權問題，尤其有的圖片版權無從找到交涉的對象。而剩下之藝術論文則只兩、三篇了。所以藝術論文部分不能刊出只有割愛。

好在大會負責主題報告的聖嚴法師將「佛教藝術之承先啟後」已揭櫫出佛教藝術之精華處了。本書僅結輯

大會文學論文以饗讀者。

論及佛教文學確是一個廣泛地論題，如佛陀的本生、譬喻，及至大乘經典都是文學作品，發揮這些經典之義蘊與形式就已提供了無限地創作空間。

隨之，佛教中國化了後，佛教文學也中國化了。甚至我們可以說，當佛教文學中國化了以後，佛教才在中國廣大之民間扎根。此次與會學者所提出之論文背景大多是以中國佛教民間信仰為題材的：如神通故事、靈異事蹟、傳奇小說、佛經變文，乃至禪語機鋒等，可說本書已是佛教文學論著的一個小小百花園。

丁敏教授試圖從佛經神通故事說明對佛教宗教性格之影響，以及其在中國社會所產生之作用。汪娟教授說，漢譯佛典的文學偏向崇高實用，無論變文、詩偈、俚曲、⋯⋯懺文、願文都是為了護法弘教而創作的，而悟道詩則尚清麗高遠。蕭麗華教授以王維之「輞川鹿苑」為題，認為這是代表王維超現實的、平靜的、安寧的世界藍圖，也就是他的「淨土世界」。鄭阿財教授認為自六朝以來，像敦煌佛教靈應故事，深富志怪性質與宣揚因果報應說合流，成為教徒們宣揚宗教之利器。陳元音教授認為禪文學在中國極為普遍，所以他以美國女詩人狄瑾遜（E. Dickinson）為例：她的超越主義是以

神祕宗教經驗爲基礎的，即是經過外在我，潛入心內的內在我，尋覓自己的心靈與神溝通。

　　根據大陸學者王堯教授論文指出：藏戲源於佛教，從其劇本、舞蹈、唱腔、服裝、面具中可以得證。大陸學者孫昌武教授指出：在南北朝佛教註疏和僧侶護法著述中，很少提到觀音信仰，自西晉太康七年（286）竺法護譯出《法華》，觀音信仰即迅速地流傳開來，雖與經旨未必相符，但能從民眾精神史的角度來觀察這些觀音傳說，就會發現它具有多方面絕無僅有的價值與意義。另一位大陸陳慶英教授介紹西藏的傳記文學，除各教派領袖人物外，尤其各世之達喇嘛從其徵驗轉世到坐床以及一生言行政事一一登錄，具有很高的資料價值，但從文學角度看，則過於程式化。

　　陳葆眞教授以〈南唐三主與佛教信仰〉爲題，烈祖的父親多晦跡精舍，其姨爲尼，建國後廣建寺廟；中主常趨清涼寺聆聽悟空（943）、法眼文益說法，或與之共論詩文；後主建寺、供僧、戒殺，曾受法文益禪師，並爲其立碑誌，文益之所以受到後唐中、後二主的禮遇，除了他的禪法超人外，他在文學詩詞方面的才華也是他們互相會心的主要原因。蔡榮婷教授〈大足石刻楊次公證道牧牛頌析論〉一文涉及文學、繪畫、雕刻、

宗教、思想等多重層面的問題及考察分析楊氏生平、著作和文學表現特質，釐清了牧牛詩組的開展脈絡。特別是張靜二教授〈壺中人故事的演化〉一文，利用心理學家喬哈利（Harri Window）學說，人有四種心理象限：其一，人、我共知共見；其二，人知我未必知；其三，我知不願人知；其四，人、我均不知。以分析《舊新譬喻經》（梵志吐壺）的故事改編而為中國的怪志及幻化故事，如《陽羨書生》、《壺公傳》、《邯鄲記》等，甚至影響到《封神演義》、《聊齋誌異》及《西游記》等章回小說風格。這些幻化、怪異之創作之所以能引人入勝，就是因為能昇華到第四象限：人、我均不知。於是，創作者有無限之創作空間；也能給讀者無限之想像空間。

　　總之，本書的內容，就佛教文學來說具有相當的涵蓋性，而本書作者，也是當代佛教文學一時之選。

　　本書確實是一本好書，謹為譜序。

李志夫序於中華佛學研究所

一九九八年七月十五日

序大睿法師《天台懺法之研究》

孔子說：「人非聖賢，熟能無過？」又說：「獲罪於天，無可禱也！」儒家消除罪過的方法是自反、自省。如孔子之「吾日三『省』吾身」；如孟子之「『自反』而不縮，吾往也」。

猶太一系之宗教以為人有原罪，消除原罪的方法是依靠上帝的「救贖」，要絕對信仰上帝。

印度一系之宗教，包括佛教在內，認為眾生都是依自己之業力而流轉生死；但解脫此一業力之歸趣、方式或有所不同；但必須依靠自己之懺悔則又是一致的。

早期佛教僧團之布薩，乃至沙門之結夏安居，都是印度宗教傳統以來懺悔儀式之一；大乘佛教更進一步，增加了禮拜、讚佛、誦戒等儀式。這樣便與「戒、定、慧三無漏學」次第相應了。

懺罪之文獻經東漢、六朝之傳譯，已形成了中土佛教之重要儀規；再經智者大師集其大成，而形成「四部懺法」。唐、宋以降，乃至今日中國佛教仍受其影響。

宋、明以後中國之懺法融於禪、淨雙修，由之而涉有依他力之「救贖」思想。歷代之懺法多少有些變動；

但都與其當代之政治、社會變化均有關聯。

正因爲如此，本書作者雖以「天台懺法」做爲研究主題；同時也鉤勒出佛教思想與政治、社會變遷史之輪廓；更擴大了懺法研究之視野。

本書以懺法史爲經；以比較研究爲緯，做有整體之觀照。其精義可參閱其〈緒論〉第一節作者自擬之「五問」：其答案則已躍然全書。此爲作者所欲先吐而後快者；諒亦將爲讀者所亟期待的答案。

懺悔可使我們常人探取良知；亦有助智者超凡入聖，爲人天師表。本書作者大睿法師道心玲瓏、悲心四溢，以願力撰就本書，良有以也。

尤以其筆觸細密、思想深邃，繁要處列表對照，使讀者一目瞭然。其所蒐集參考資料，極爲充實，有助於有意研究懺儀之讀者續其餘貂。總之，本書是目前研究天台懺法比較完備之著作。

本書原爲大睿法師在中華佛學研究所之畢業論文；後經修正、補充爲文大哲研所之碩士論文，在陳英善博士指導下完成的。即將付梓之際，特爲其師生祝賀。本人有幸，曾兩度附冀口試：既索序於我，特樂予爲序。

李志夫序於中華佛學研究所
二〇〇〇年七月七日

序林純瑜女士
《龍藏·維摩詰所說經考》

　　純瑜以校註方式考證出《龍藏》之《維摩詰所說經》，是以羅什所譯之《維摩詰所說經》爲底本；而其修正部分則是參照藏本而來。

　　其考證步驟：先對照羅什與《龍藏》迻譯本的異同；再將兩者之差異部分與藏譯本比對。於是，便得到了上述的結論。

　　《龍藏》本也有未受到藏譯本影響的部分，正如作者在其第三章、第三節所舉證的七點理由。

　　以上所考證的過程與方法，看起來非常單純；實則，是作者花了兩年的歲月，付出耐心地逐字逐句比對；敏捷地思辨；縝密地分析；確切地論證，才得到的結論。要具備這些條件，投入這份心力，發人之所未發，確實不是一件容易的事。

　　就作者所預期研究成果而言，可說已圓滿達成；但其所牽連到的周邊工作，諸如《龍藏》本是否還受到其他版本、譯本所影響？以及究竟是誰主持完成的？均待進一步考正。如以後有暇，仍希望作者能百尺竿頭，以

竟全功。

　　本書是作者在本所研究的畢業論文、在高明道老師精心指導下完成的。全文言簡意賅，概念清晰，瀏覽下來，了無掛礙；在論記上，見縫插針，見疑使力，終至極成，真乃後生可畏。

　　本書出版在即，純瑜遠在德國深造，求序於我，本不敢僭越所學；或因負有所務行政之「原罪」，不便拂逆所請，欣然率爾為序。

李志夫序於中華佛學研究所
二〇〇一年八月十五日

與方甯書教授同撰賀《承先啓後的孤僧——東初法師佛教文化學行略探》

　　東公老人承接中國傳統佛教的精神，也承擔了時代的動亂，國家的國難，及中國佛教的衰微。他一生志在振興中國佛教，力倡以發揚佛教文化、教育做爲改革中國佛教之動力。效法太虛大師「人生佛教」的理念，進而影響臺灣佛教發展出「人間佛教」。這就是本書作者所以稱東公老人是「孤明先發」的「孤僧」。

　　本書作者演正法師是法鼓宗的青年法師，志行高遠，戒行謹嚴；讀書甚廣，治學亦勤，允爲教界新秀。本書，可概括有下列之優點：

　　論證詳實：有論，即隨之舉證，不會徒托空言。甚至往往「證多於論」，有極大的說服力。

　　邏輯縝密：如其目錄建構，鋪陳有序，順理成章，沒有錯置，沒有違和之感。對各章節內的標題也能環環相扣；其內文也大多宗因合體，合乎因明學之規範。

　　廣徵博引：所謂廣徵，就是羅列了很多中西學者、專家，做爲印證傳記主人之思想理論，充分運用了歸納法。所謂博引，就是引證很多名著、名言、箴言、

典故，用在傳記人物之思想言行之後，充分運用了演繹法。

研究方法現代化：費了很大篇幅遍舉中外學者的研究方法，再取精用宏。諸如不同時代、不同背景之學者對傳記主人之褒貶，對傳記主人人格特質之看法，乃至分析其影響，作者都做了比較研究，顯見作者對傳記文學具有很好的素養。

辛勤蒐集資料：以東公老人一生為經，以有關東老之時空、人事為緯，做到心到、腳到、手到。能找到第一手資料，尤其對東公老人前半生在大陸生活之訪問工作十分辛苦，雖多已人事全非，仍能竭盡心力，作者以此願力完成此一鉅著，自屬難能可貴。

總之本書雖只是東公老人個人之傳記，但其資料所涉極廣，可說是一部中國佛教當代史。

清末民初，國人提倡興國；佛教界提倡興教。太虛大師甚至直接參加革命，更提倡以興教來興國，所以標舉「人生佛教」，佛教本來就是利益眾生的宗教，也就是利他的人生觀。由之而發展，自然在實踐上便演化成人間佛教。

東公老人承接了太虛大師「人生佛教」的思想，推行佛教文化，及佛教教育做為實踐人生佛教的方法。

同為太虛大師閩南佛學院的同學印順導師,印老也是太虛大師人生佛教的實踐者,更強調「佛在人間成佛」,也提倡佛教教育,更一生都在從事佛學研究,曾自嘲他是「在石板上撒種子的癡漢」。同時,中佛會理事長,白聖長老一生主在復興臺灣佛教,改制、傳戒、寺廟設籍歸戶、成立漢傳及世界僧伽會議,也辦佛教教育。三位長老可說是分工合作,實踐人生佛教,而推出了人間佛教。

最大的契機是中共政權成立以來,乃至文化大革命,摧毀中國文化與宗教,中華民國政府及宗教界都是孤臣孽子之心情救國救教,在臺灣人間佛教有了很大的發展。

大陸改革開放後,也在推行人間佛教。近來大陸有少部分學者、僧眾特重傳統佛教及修持,轉回太虛大師的「人生佛教」,反對臺灣人間佛教是世俗化,甚至是偏向臺獨的佛教。這個誤會實在太大了。

宇宙人生,因緣不可思議,敬愛的佛教學者李志夫教授和我,打從陸軍官校同學同事開始,歲月悠悠,相知相惜,相交今忽已逾一甲子。再者,長期以來,當代高僧東初老人,聖嚴大法師、李兄與我,更是因緣殊勝,如同家人。《金剛經》有云:「如來善護念諸菩

薩，善付囑諸菩薩。」東公老人待李兄與我，一如其對
待聖嚴、聖開兩位大法師一般，護念付囑，甚爲殷切。
記得志夫兄負笈印度留學，東老歡喜，期許勉勵有加，
也曾多次催促我應出國深造，後來聖公創辦中華佛學研
究所，因多次圓滿成功地主辦國際佛學會議而揚名國
際。聖公是第一任所長，我與李兄即分任第二、第三任
所長，創辦法鼓人文社會學院，即今法鼓山世界佛教教
育園區，李兄與我正是一前一後抬轎之人，從看地、購
地、開山造屋，無役不與。聖公法師有幾次公開戲稱，
李老師、方老師一個前面拉，一個後面推，使他的工作
生活非常忙碌……。

　　演正法師青年有爲，極爲傑出，是聖公之法嗣，
爲東老之法孫，於東老懷有孺慕之情，新著《承先啓後
的孤僧——東初法師佛教文化學行略探》行將付梓，希
望李教授與我，爲他的新書作序。緬懷東公老人，是使
命，義不容辭；面對青年法師是責任，責無旁貸。我們
商議，姑且倚老賣老，稍綴數語，一則以賀，賀東老、
聖公明師有高徒，一則在寄望於後賢，佛教之復興在人
才，於今優秀青年法師，人才輩出，前程大好，有厚望
焉！我們老朽，亦或與有榮焉。是爲序。

疏證陳立夫教授
〈道德與神之科學解析〉

一、小引

　　中華學術院宗教道德研究所請陳立夫教授主講「道德與神之科學解析」一題，原文已印出。恭聆之餘，誠如院長兼所長曉峰博士所讚：「是發人之所未發」，實在是高明圓融。筆者再言簡意賅地整理出來與您分享，並請指教。

二、原文徵引

（一）論道德

　　「道是一條大路，這隊是指人與人之間的一條路。」「我們祖先很科學地把人與人間，公與私的通路歸納成五大類如下：君臣、父子、夫婦、昆弟、朋友。」

　　「行道稱之曰德，」「道之行也曰德，」「道是人類共生存共進化之原理或大道；德是此一原理見諸實行。」「仁爲德之體，是人類互愛互助之存心；義是德

之用，是此存心之見諸行動。」

「無道（一盤散沙），沒有義，就見不出仁；沒有仁就見不出德；沒有德，就見不出道。」

（二）論神

引《中庸》「至誠如神」，有時亦有以民意比諸天意者，例如：天視自我民視，天聽自我民聽（書泰誓篇）」引《論語》。「子不語怪力亂神」、「敬鬼神而遠之可謂知（智）矣」。

「假設智的範圍爲 X，以圓 R 爲界，則圈外都是未知的事物，稱之爲神之境界，……由於自然科學的突飛猛進，將宇宙的祕密一步步地揭穿，使以往所謂神者都納入了智的範圍。」「儘管神的境地是無窮大」，「智不斷進展則神之受侵，勢必影響道德，……今日西方各國所受之困擾正是如此。」

「以道教而言，……以道爲教，……孔子以禮讓爲教，……惟修道謂之教一點，則二者相同也。」

「所謂神，本可分爲功業之神、德業之神、學業之神及宗教之神多種。……吾人如能就立德、立功、立言三不朽用功，則可達神人合一之境界。」

三、疏證

（一）讚歎

筆者之所以讚歎其高明者，他將宇宙分成已知界與未知界。已知者，是人類智慧已能認知或能掌握之種種；未知界則一律稱之爲神。或說已知界爲有限，未知界爲無限，乃是一大神祕。陳教授又以 $(\infty - x = \infty)$ 之公式加以說明，比之一般艱深的哲學或神學更容易使人明白了解，且合乎性與科學：試以辯證的排中律來分析：

如 $x + -x = 1$

則 $1 \cdot -x = -x$　　　則 $1 \cdot -x = -x$　　　且 $1 - (-x) = x$

$\because -x = \infty$　　　　且 $1 = \infty$　　　　$\therefore \infty - x = \infty$

因爲排中律之辯證是這樣的，其「一」仍是「無限」；$x + -x = 1_1 (x + -x) = 1_2 (x + -x) = 1_3 \cdots\cdots 1_N$

野狐居士之所以讚歎其圓融者，因其 $\infty - x = \infty$

試再以排中律之辯證形式解析之：

如：$x + -x = 1$　　則 $1 \cdot -x = -x$　　即 $\infty - x = \infty$

x 爲有限，$-x$ 爲無限，有限加無限等於 1，此一「1」仍是無限。有神論者，可以解釋此一「1」是包涵神存在的整箇無限之宇宙；無神論者也可以解釋此一

「1」是一無限之存在，但不必設定神之存在。

前式無限之「1」是包涵有限與無限之無限；而後式無限之「-x」則是無限之「1」減去有限之無限。兩者之「無限」其值雖等，但其形式地位是不同的。

後者之「-x」有神論者可以稱它為神；而無神論者仍可以說：那是未被認知之事物與事理。

這正足以說明孔子「祭如在，祭神如神在，如在其上，如在其左右」之圓融態度。

（二）質疑

除了讚歎其高明圓融之外，筆者或因用志不專，或學力不足也有幾點參不透的地方，猶有待疏證補遺：

第一，是道與德之內容與外延的問題：

1. 如根據原文「道之行也曰德」，則道與德是並行的，二者同為外延與內容。其命題是，「德即是道」，反之「道即是德」。

2. 如「道之行也曰德」其意謂是道之行後曰德，則與原文「行道稱之曰德」，「道是人類共生存共進化之原理或大道；德是此一原理見諸實行。」是同意義的。如然，則是道在先，德在後。即道是內容，德是外延。其命題為「有德即有道」，或說「凡德是道」。

衡諸陳教授之本意該是道在先，德在後。

第二，是道德與仁義之內容與外延的問題：

原文：「沒有義就見不出仁，……沒有德就見不出道。」其中「見不出」三字，其涵義所指是「產生不出」抑或「推論不出」不太明確。我們試演繹如下：

1.「沒有義就產生不出仁，……沒有德就產不出道。」

2.「沒有義就推論不出仁，……沒有德就推論不出道。」這兩種解釋是相互矛盾的，決不能混爲一談。

第三、原文引《中庸》「至誠如神」，《孟子》「聖而不可知之之謂神」，並分成「功業、德業、學業，及宗教之神多種」。因此而結論：「吾人如能立德、立功、立言三不朽用功夫，則可達神人合一之境界。」

「合一」兩字也有岐義：如是「混合」，則人不必立三不朽之功夫即可與非宗教之神合一了；如係「化合」則立三不朽者本即是非宗教之神合一也是贅詞；若是「本合爲一」也不可能，因立三不朽者，要立三不朽之後才能與神合一，那就不是本合爲一。

（三）釋疑

因此，對於陳教授之論，我們要做一番澄清與約定才能清晰地了解他的高明與圓融，否則，恐怕是癩蛤蟆吃餃子，吞了一箇「大餛飩」。

第一，道與德有先天與後天的兩種：

1.「道可道，非常道」，「大德不移，……至仁不仁」便是先天的道德。既是先天的，便沒有先後之分。

「修道之謂教」之「道」，道路之「道」：與受禮樂教化所修之「德」便是後天之道德。但「修道」與「修德」可謂是同時的，亦沒有先後之分。如果我們將禮樂、善良及風俗習慣與法律亦稱作後天之道，遵守這些規範說算是德。那麼，則是道在先，德在後。

現在，我們結論地說，陳教授之道在先，德在後，該是指先天之道與社會設定之規範而言的，其德則是僅指後天之德。要這樣，「凡德是道」一命題才會周延，才是真理，否則，就不周延，就不是真理。

第二，道德與仁義究屬何種關係，我們先以因果關係來說明較易明白：那即是我們「從果推知因」或說「是因產生果」。因為有果必有因，但因未必能生果，可是無因必無果。

若本諸陳教授之本意，是「道在先，德在後」，

但其原文「見不出」三字之意義，若是「推論不出」，則「沒有義則沒有仁」同於「沒有因即沒有果」，則是義在先，仁在後；「沒有德則沒有道」同樣地亦是德在先，道在後。

如然，非但義先仁後之說有違孟子「仁、人心也；義、人路也」仁先義後之旨，且亦有違陳教授自己「道先德後」之旨。

如其原文「見不出」三字是：產生不出的意思，且又認定是仁在先，義在後；道在先，德在後，則「沒有義就產生不出仁，……沒有德就產生不出道」，同於「沒有果不能產生因」，或說「無果即無因」，這是違反邏輯的，而該是「無果未必無因」。

歸而言之，陳教授此一段文字應修正為「沒有仁就見不出義，……沒有道就見不出德」，「見不出」三字還得作「產生不出」解釋。但是「見不出」三字，若作「推論不出」講，則原文應改為「沒有義未必（不見得）見不出仁，……沒有德未必（不見得）見不出道」。這才合乎仁先義後，道先德後之旨；也才合乎因果邏輯法則。

第三、關於人與神的問題，陳教授分為立功、立德、立言之神與宗教神幾種。同時，我們在「質疑」一

節內已指出人與神混合、化合、本合爲一切不可能。其
岐義之所在還是在於人與什麼種類的神相合？因此，我
們仍有待對神的性質再加以澄清約定之必要：

　　大體言之，人類的神有創造神與非創造神之別。
西方宗教如猶太、基督、回教之神則是創造神，先於萬
有而存在，所以人斷不可能與其合一。非創造神如庶物
神，所奉祀三不朽之神，乃至印度各宗教之神均屬之。

　　從因果律說，有果必有因：中國思想家主人能成
聖、聖能成神。能成神的人必有神的因素存在，雖然凡
人未必能成神。甚至印度人認爲一切萬物都有靈性，因
爲它們都是「原人」的化身。人可以成神，如遠遊之還
鄉，人神本來爲一體。佛教則去其神之名，而存其實，
而說「心、佛、眾生三無差別」，故爾「即心即佛」。

　　中國聖哲往往以天諱神，而佛教以佛諱神；中國聖
哲主「知人則知天」，佛教主「眾生淨則佛土淨」。對
於鬼神與形上學孔子與佛陀都是存而不論的。

　　由此可知「神人合一」是神人本來合一；其「神」
是指的「非創造神」，而不是「創造神」。非創造神之
概念，正是東方人的宗教、哲學思想。也就是說「神
人合一」之思想，實在也就是中印宗教、哲學的共同
思想。

四、小結

筆者認爲中國自發的文明分三大期：殷商屬中國文化之成熟期；春秋戰國爲中國思想之成熟期；漢唐以後爲中國科學之成熟期。

殷商尚鬼，「國之大事唯祭與戎」，可以說中國文化也是始於祭祀，所以其所造之人字爲「𠔉」；久之，就因此形成人與人相處之道，故從二人，亦即「𠂇=」。

段玉裁說文解字文三一謂：「惟初太始立于『一』，造分天地，化成萬物。」與印度之「原人」思想如出一轍，已非僅指人與人之間之道了。如以中、印宗教、哲學思想概括之：天地萬物合於此道則是天；人能近乎此道則是聖；人能合乎此道便是神。人不知其何以存如是天？何以成如是道？便稱之爲神。此一道即是天，此一天即是神。天人合一，其此之謂歟？

陳教授以科學領政、治學，一向提倡科學精神，筆者得其感召，對其原文亦以科學方法稍加疏證，以示崇敬之忱。其原文之高明圓融，有如日月之明；本疏證僅似一星火之光。星火不礙日月之皎潔普照，但尚可補其所照不及之陰影，暗室。是此而已，誠非敢與日月爭明也。

　　（初刊於《華學月刊》一〇四期，一九八〇年八月二十一日；轉載於《中國佛教》革新四十二號，第二十五卷，第十二期，頁十七至二十，一九八一年九月三十日）

序林煌洲教授譯《印度哲學史》

　　當代治印度哲學的印度學者，有兩位大師級人物：一為達斯笈多（S. Dasgupta）；一為拉達克利希納（S. Radhakrishnan）。他們兩人幾乎是在同一年代，不約而同地各自撰寫了一部《印度哲學史》、《印度哲學》。因為，達式在其第一冊序文中已註明是一九二二年完成的；拉氏第一冊之序文也是在一九二二年寫成的。只是兩者出版日期有先後而已：達氏之著作分三巨冊，分別為一九二二、一九三一、一九三九年出版；而拉氏之著作兩巨冊則是同在一九二七年出版。

　　若以兩位大師在其這兩部鉅著所花之心血來看：達氏三巨冊，每一冊約費了九年的時間，三冊共花了二十七年的歲月，可謂耗費了一位學者有效精力的二分之一以上；拉氏兩巨冊每冊各花了五年時間，也共達十年之久。因為每一冊所花之時間竟然如此相等，可見與各人私下之事務與健康都不太相干；而是，在學術上之著力點不同；而非功力有別。

　　其實，達氏之鉅著亦僅較拉氏多三〇九頁而已。其兩者之不同著力點處在於：達氏較保守、重文獻、重考

證、重文化思想之脈絡，而且，大小派別巨細無遺，在內容上亦較充實；而拉氏較開放、重理論、重方法、重比較、重西方學術體系之形成，而且，具有批判精神。

於此，我們可以知道，林先生在兩大師之鉅著中，之所以先選擇達氏之《印度哲學史》迻譯，就是希望能將印度哲學之素樸全貌，未加入主觀性地呈現給我國讀者。譯者之用心及其眞知灼見，實信有以也。

十多年前，筆者承文大創辦人曉峰先生之命，籌辦「印度文化研究所」，爲了應急，延擱了自己教授升等著作之撰寫；而花了七年的時間，譯成原文長達一一二二頁《印度通史》之鉅著。林先生若將全三冊譯出，至少也應是「十年寒窗」的心血。

林先生與筆者亦師亦友，在「印度文化研究所」之師友中不乏傑出之士；但是在印度學術上踉蹌而行者，則僅是我們兩人而已。而林先生精通英、日文、通曉梵文，青出於藍，尤勝於藍。以此膽識，譯此鉅著、名著，並求序於我，予有榮焉，是以爲序。

李志夫
一九九五年七月十六日於陋鶴軒
時成於文大哲研所及法鼓學院籌備處

序廣元長老《佛藝緣》

在近代華人世界中的出家法師在書畫上的成就，除弘一大師外，就是廣元長老了。他們兩人，又都是道風拂人的律師。就以整個華人書畫家來看，兩人也是不可多讓的大書畫家。

長老著有《中國書法概述》，從文字源流、書法演變，……到書法功用，可謂已淋漓盡致；再以草、楷、行、篆各體之執筆、姿勢、運腕、運筆之方法勾畫極詳。他特別介紹智永禪師及懷素的書學：智永名法極，號永禪師，會稽（今浙江省境）人，爲王羲之第五子之後，大約生於梁武帝年間，卒於隋帝即位初年，壽高近百歲。張懷瓘《書斷》評智永：「半得右軍之肉，兼能諸體，於草最優。」米芾說：「智永臨集千字文，秀潤圓勁，八面具備，惟尙眞楷見之，大小各自有分，智永有八面，已少鍾法。」長老說：「智永以前，草書體勢，紛紜不一，智永利用一千個不重複的字，寫下了八百本眞草千字文。」

懷素姓錢字藏眞，湖南零陵人，詩人錢起之姪，生於開元二十五年（737），卒於德宗貞元十六年（800），

自幼入佛門，以蕉葉代紙練字，……性疏放不拘，醉後興狂，遇寺壁、里牆、衣帶、器皿，無不書之。趙孟頫評之：「懷素所以妙者，曾率意顛逸，千變萬化，終不離魏晉。」項元汴說：「懷素論書一帖，出規入矩，絕狂怪之行，要其合作處，若契二王，無一筆無來源。……苦筍一帖，其用筆婉麗，出規入矩，未有越於法度之外，昔人謂之狂僧，甚不解其藏正於綺，蘊眞於草，會巧於樸，……若徒視形體，以點畫求之，豈能窺其精妙！」

長老說：「懷素兼其豁暢的性靈、通疏的氣慨、忠於學藝、不顧毀譽，將『師法自然』進而『以心爲師』，……以書法藝術，帶進了另一超妙的境界——脫離了文字的實用性，而成爲一種純藝術。正如素師自言，『得草書三昧』，此神通妙功，皆發自禪定，是草又有草也。」

對於當代大書畫家，長老獨推弘一大師，以「大師才華蓋世，自書法、繪畫、音樂、文藝乃至演劇、篆刻、皆卓然有獨到處。在大師諸藝事中相較，成就最高的，是他的書法；大師初期作品筆法跡近北魏，尚有機可循，中期由六朝、上進秦漢，眾美皆備；後期已是不食人間煙火，想求其妙處，已無跡可尋。因爲有大師之人品，有大師之夙慧，大師之禪定功夫，才有大師如是

清絕人間的書法」。

　　所以前中國書法學會理事長馬壽華先生所讚歎長老的書法，佛門僧人擅書法者代有其人，智永、懷素爲佼佼者，但皆以行草名世，法師則能各體書法，不僅在光大「佛門；對中國書法藝術定能繼往開來，有大成就」。

　　《中國書法》雜誌主編劉正成，甚至將長者的書法成就列爲中國僧侶書法史上第六位：「第一位北齊名僧安道一，第二位是智永，第三位是懷素，第四位是弘一，之後余以爲當屬剛去世的趙樸老，如敢數書畫史第六家，放眼當今佛國，我覺得當屬四體皆能的臺灣高僧釋廣元法師。」但趙樸初老屬於佛門居士，論僧侶書畫家，長老應屬第五位。

　　當代書畫名家呂佛庭對長老讚道：「觀其所書，小篆圓勁，八分遒古，楷書雄渾，行書清逸，草書狂縱。師遵古而不泥古，遺貌而能取神，苟非質美氣完，才高功深，何至臻此？」

　　國畫大師張大千說：「其書畫深入三昧，達禪藝妙境，書畫含靈秀氣，非俗人所爲。」

　　長老書畫代表作在二〇〇九年十月國立中正紀念堂管理處長曾坤地專門爲他做《廣元長老八秩壽慶書畫

展》出版有精美專輯，即可對照當代書畫大家對長老之讚譽絕非溢美之詞，長老的書法，楷、篆、行、草、金文無不備，晚年尤倡顏體，八秩晉六之高年，草書千字文一氣呵成，其草書兼具象形、篆體，有顏體之肉，亦有二王之鋒，綜能婉轉順勢；渾然天成。正是其禪機妙用之處。

其畫作兼具山水、花果、人物，其山水簡潔空靈，有似唐寅、傅濡之布局，間亦有連密險峻之筆，有嶺南乃師黃君璧之風格。但長老尤長於寫竹，輕軟稀疏、清新脫俗，迎風飄逸，正如其人，禪中畫竹，竹在禪境，讀之不禁神往。

長老受邀中外展出，譽滿海內外，作品多為書畫界收藏，長老自己亦收藏宋、元、明、清及現代名家的書畫，共五百餘件，其家鄉河南沈丘縣政府，已在中國槐園近郊設立「釋廣元藝術館」，占地數公頃極其優美。

長老一生，除以藝弘法外，在事功上也有大的成就；諸如創建「淨律寺」、成立佛教公墓、領導世界佛教華僧會，為大會主席團主席。又是世界佛教華僧會名譽會長，為顏真卿書法學會會長，臺灣國際美展評審等。

至於長老法緣所及，上至歷屆國家元首、黨政要

員、書畫、文藝界的大老,各界菁英,均載於二○○九年所出版之《禪藝幻影》中,也可說是長老的「編年史」,足可範式後賢。長老在中國書法史上之所以有這麼大的成就,自然有一大事因緣:其俗名宋元如,一九二八年生於河南沈丘縣,其尊翁瑞宇亦為名書法家,幼承庭訓,家學淵源,少年時即享譽鄉里,一九四八年隨軍來臺,其服務的保安隊長官鑒其書法可觀,遂授予文書工作,時大陸法師來臺多被疑為有共諜之嫌,宋元如隨後任監管人員,對諸法師私下多予周濟方便,星雲法師亦名列其中。

當時來臺最負盛名的高僧就是慈航長老、白聖長老、李子寬居士等出面保證受嫌法師的清白。慈老德相莊嚴,有如彌勒菩薩,故多尊稱慈航長老為慈航菩薩。宋元如先翁之長官原是中將,皈依慈航出家,法名律航,隨後宋元如即皈依律航法師出家,時為一九五三年,常住汐止彌勒內院修學佛法,一九五四年其師公慈航菩薩圓寂,即發心守廬塔五年,讀經、習禪之餘,為師公整理遺稿出版,克盡孝思。

得暇,又重染書畫,時年二十七歲,原本已有深厚藝術修養,兼是名僧慈航菩薩之法孫,亦有乃師律航中將之號召,得向黨國元老趙恆惕、名家宗孝忱及當時中

國書畫學會理事長馬壽華大師學畫竹，畫工各體，畫精金石，已爲當時的書畫界所器重，又藉諸名師之推薦，於一九六二年秋，由黨國元老名家許世英、于右任、趙恆惕、王雲五、馬壽華等簽名發起「廣元法師在臺北中山堂舉行首次書法個展」；並由于右任題端，「廣元法師書法展」；王雲五特爲撰專文推介。所以廣受書畫界好評；甚至蔣經國亦親送花籃致賀，時年僅三十五歲。

自此以後長老的道場，淨律寺及其在國內外的展出，不但冠蓋雲集，而且，也爲文藝界所爭仰，長老素以「塵勞做佛事，結翰墨之法緣，方便接引有緣信眾」。以上種種「盛名流世」苟非「因滿」，何能「緣成」就如此臻上！

長老生活樸實無華、虛懷若谷、平易近人。在書畫界不僅是佛教的瑰寶，也是國之大師。所以國史館侯坤宏教授深感國史館感爲長老立傳，本人曾數次陪同敦訪始獲得長老首肯。侯教授親擬採訪綱要，並推薦有編輯專業的李美寬居士協助長老，經二年編輯完成時，國史館待出版者已擁塞如龍門，爲免耗費時日；實際上，因爲長老此一鉅著，集有其書畫及收藏，依國史館之出版風格，亦不便因長老而改變，故轉請中華文史館出版。身爲三寶弟子，教界末學，能見此勝緣，與有榮焉，敬

以爲序。

最後，志不得已，而向讀者諸賢告罪者：志曾云，「平生亂塗鴉，老來悔後遲」，志曾再三請罪，末獲長老見諒，以老來塗鴉之稚筆，爲當代高僧大書法家，敬題本書書名，實感愧汗顏不已也。

李志夫序於臺灣金山寄廬
二〇一五年六月十六日
時年虛度八秩又七

序陳秀蘭教授《基於梵漢對勘的魏晉南北朝佛經詞彙語法研究》

　　五年前，我參加峨嵋山山中大佛禪寺的佛學會議，會議後招待與會學者參拜金頂普賢菩薩，時逢大雪，本人自信老腿尚健，承陳秀蘭、何則蔭兩位年青學者之好意，仍然扶持著上山，至為感激。

　　陳教授此次來法鼓學園治學、告以本研究專案即將出版，要我寫點「讀書心得」與讀者結緣。近二十年來，陳教授與十多位學者「信而好古」，從事漢傳佛典的「解構研究」，其貢獻雖不如譯者諸賢，其能嘉惠亦莫大焉！

　　陳教授自謂之所以選擇這四部經典，是在魏晉南北朝時期口述性強、語言形式較為豐富，也是「目前能夠找到原典進行梵漢對勘，為數不多的翻譯佛經」。可見她在做此一選擇時，對其他經典研究也花了許多工夫，才能做此唯一選擇。

　　其研究內容，就是四大佛典的「新詞新義」，做了四種「解構」，再細加分析，更以科學比例量化。這是極細微的「針線工夫」，將字字珠璣穿連成串，重新組

合建構復原。苟非治學多能復發大悲心者，何能完成此
一鉅著。

　　雖老眼昏花、四肢不達，但心知肚明，稍綴數語，
以分享讀者。噫！果不我欺也。

乙未歲七月二十一日法鼓山八十七叟
李志夫敬識

序陳中庸教授《哲學智慧與省思》

陳中庸教授是我大學同班同學，我們都在大學從事哲學教學。我是退役少校後復學的，所以我比中庸癡長十多歲。班上同學都以「老大」謔稱。

陳教授在中國醫藥大學，除擔任學校一級主管外，亦負責通識教育，不僅授有哲學，而且包括法學、政治學、書法藝術等概論性的教學，各學門都有專書出版，可謂是通識教育之博學學者。

在哲學教育中，舉凡中、西哲學、教育哲學、宗教哲學、科學哲學、人生哲學，乃至哲學的研究方法無所不涉，真是名副其實的哲學教授。

以上所述學際、科際上之博學，陳教授均能博而約之，其取精用弘、深入淺出、娓娓道來，更有說書般的趣味，也顯現他的傳道精神。

當然，本書的優點尚不止此：它是哲學系學生入門的津梁，也是愛好哲學人士的入門指南，更是窮究一家之學者。

本書每一章後均有「自我評量題目」，使學習者讀後得以自我審視、慎思明辨、有自得之樂。如不是陳教

授對初學後生有眞誠的厚愛與期待，何能及此！

　　本書的甲、乙兩篇，圖文並茂，有如紅花；其附錄
則似綠葉，脈絡分明，融會貫通。全書精神活靈活現，
發人所未發；言人所未言，博學處顯其精要；精要處見
其博學，眞是一部哲學概論的最佳範本。

　　本人僅在印度文化、天台、唯識學上稍有淺嘗；也
曾一度授過「哲學概論」，卻交了白卷，實在汗顏，誠
不敢仰望陳教授之項背。

　　回想當年，陳教授新婚時，我正攜家帶眷；工作單
位三個月未發薪水，僅賴貸借、典當度日，所以只寄了
我初出版的小書以表祝賀之意。今又能與老同學結此勝
緣，在羞赧、歡喜、讚歎之餘，謹以爲序。

中國文化大學華岡教授

中華佛學研究所榮譽所長

法鼓山文理學院名譽教授

李志夫敬識

時年九秩初度

推薦序胡海燕
《東晉法顯《佛國記》研究論文集》

　　胡海燕女士在川大德語專業畢業、北大南亞研究所碩士，經季羨林先生介紹，前往其母校德國哥廷根大學研究，廣治梵、巴語文及佛學、藏學、伊朗學等，獲該校博士學位。

　　因其博學多能，歷任教於歐、亞各大學；亦受邀主編不同國際刊物，在學術譯注上貢獻最大，尤其在佛教學的譯注、詮釋上用力亦深。

　　本書就是她的代表作之一。根據法顯《佛國記》文本，及有關中外學者之譯注做比較研究，再提出她自己的卓見，可謂著、述雙美，益見其治學之功力與耐力。本書是由五篇論文彙編而成：

　　〈試論法顯研究的新方法〉一文，是以時、空、人名、地名、……各種專有名詞做「關鍵詞」。再依關鍵詞做全文骨幹之研究，稱之為「跨文化界之詮釋學」。由之而衍生新詞，賦以新義。例如「邊界」一詞，就會使人聯想到國界、國內、國外、……使異鄉人臨境有「去國之思」——西出陽關無故人之懷念。作者稱為

「心理極限體驗」。

〈法顯對天竺的認知〉一文，其研究方法可依前文推知，唯「天竺」一名，可因時代、主權、客觀、主觀而異。就法顯《佛國記》而言，當然是做爲佛教僧侶主觀立場而言。作者爲之解析：「住在敦煌和鄯善之間的羅布泊沙漠是兩大地域的分界；西部是梵文的影響；東部是漢文、漢語影響地區。」

又如印度古典文獻，包括佛教經典在內通稱德里大平原爲「拘羅」──世界中心──中國。所以早期中國高僧在印度也隨印度人稱「漢地」爲「邊地」。自然含有文化差異乃至偏見。全文類似關鍵詞義甚豐，都會影響到異鄉人的心理狀態。

根據法顯《佛國記》：他在最危急時所求助的是《正法華經》中的觀世音菩薩；不是《觀音應驗記》中的觀音。作者舉證竺法護早於西元二八六年譯出《正法華經》，而法顯卻在後一一三年即西元三九九年才誓言往天竺求經。《佛國記》於西元四一四年寫成，經兩年訂正發行。爲了證明此一論點，作者特別將《正法華經》與《佛國記》有關情境做一比較，並加以譯註。

關於《佛國記》之「跋文」，作者雖未確定：經她衍繹，已指向法顯回到東晉「道場寺」的大護法吳郡內

吏孟顗，至少是受他所影響的人士所作。

最後一篇論文，在綜合《佛國記》全書法顯在信仰、意志、感情、遺憾、驚駭、⋯⋯感恩種種心路歷程之探討，正是作者在本書中說明法顯大師「心理極限挑戰」。

我所認識的幾位中、印學者，也留學哥廷根大學，大都長於語文、譯注及校訂之作，本文作者亦不例外，藉此一學術專長，從事《佛國記》之研究，可謂得心應手，本書可說是權威之作。

本書雖是論文集成，但亦有相關體系、首尾一致、縱橫相接，比一般內文了不相干之論文集完整得多。如果能將心理學分析匯入《佛國記》法顯大師之心路歷程做相對應論述，更能顯示作者強調「心理極限挑戰」的核心論點。

胡博士與我尚無一面之緣，唯讚歎其勤耕博學，應邀寫此小敘，亦與有榮焉。

李志夫九秩初度敬識

第三篇

浮世繪吟

聯句：不似聯

賀方甯書教授為東公、聖嚴法師兩代護法

久知新識一奇才

始悟老友是謀士

辨佛道修為（十言句）

學佛空之又空連空亦空

修道損之又損以至於無

辨佛道修為（六言句）

修道損之又損

學佛空之又空

淑世行

披斬荊棘以成道

順著蔓藤可摩瓜

保與留

富貴難保三代

文墨長留百世

賀如碩法師獲中央大學博士學位

久候晨曦已破曉

且待金雞漫後啼

註：青年法師德相誠樸，善巧不足，曾多有進言而誌之，以待厚望。

待空靈

搜盡枯腸無佳句

放卻苦思待空靈

學佛、修道旨趣

學佛在求淨土

修道以待飛昇

一彌陀

一花一葉一世界

一心一念一彌陀

冬春交感

敬畏冬君肅煞大地
歡喜春神萬種風流

天道好還

雲結風雷動
雨後花木蘇

禪悅

春城花月夜
斗室禪悅深

賀星大師九秩壽誕

佛光遍照寰宇
星雲德潤群生

敬聯聖嚴法師〈自在語〉一

「自我要小」處處結善緣
「心量要大」時時處謙卑

敬以北宋張載句聯聖公〈自在語〉二

「心五四」為天地立心
「心六倫」為生民立命

敬聯聖公長老〈自在語〉三

「需要的不多」夠用就好
「想要的太多」自尋煩惱

贈辰雨果明伉儷（為聖公資深護法）

殷勤事業久彌著
深耕福田種菩提

想當然

少壯惜寸陰
老來不計年

悔後遲

老來學書不足看
平生塗鴉悔後遲

貧與富

心富富天下

心貧貧一生

讀史

是非鑑古今

對錯後賢評

民主乎？

嗚乎一惡天下懼

哀哉萬善眾人欺

心潮

人道天香美人最

我愛桃源一樹花

藉〈心潮〉寫劉達運將軍《話畫梅集》

人道天香美人最

我愛將軍一剪梅

勉大有山子弟

多做貢獻一定會有成就
不貪財色不致身敗名裂

世間情

一月映遍千江水
空心能通世間情

讚葉醉白將軍畫馬

不惜千金買寶馬
贏得風雷捲狂沙

辨道儒兩學之用

道謂無為無所不為
儒云有為有所不為

賀法音法師蓮社書法展

久浸翰墨書香醉
常住禪悅萬法空

金山臨海觀日出

海天共一色
天心映此心

顧大律師當官

橫眉千夫指
顧盼且自雄

晨坐

天階夜月白露冷
陋室初曉禪悅深

通達

理達通世事
情達化人天

獨登黃山頂

站在有限天地
坐看無邊風雲

友情

情篤義厚存知己
小酌微醉好談心

提與放

提起來直下承擔
放得下自在逍遙

壽古榮江鄉長

古白帝佑吾輩海外共榮平生
大夔門壽爾康直教一江長注

壽小學同窗文龍上校六秩大壽

鴻文載道壽天爵
飛龍長吟慶九重

智者——三智一心中得

如能悟得一心訣
何必盡讀天下書

《『有餘說』集》發表會

舊著有拾先賢穗

新作且待後賢評

贈蓮社董事長賢度法師

承普賢菩薩願行

傳華嚴圓教宗風

歡迎社科院黃心川教授

百川匯流千萬里

九秩行佈終登台

註：黃心川先生曾為中共地下司令，曾長期被禁來臺。

手足情

經年共榮平生夢

同儕分享手足情

長相倚

竹菊長隨千壑秀

松鶴相伴百世儔

法鼓宗頌

法鼓宗風千禧動
聖公禪法冀彩飛

處人

保持三分清醒
不妨七分糊塗

更遠行

廣種福田存倉廩
帶著資糧更遠行

心胸、度量

恩怨情仇憑肚量
是非成敗靠心胸

拜聖蹟

法華鐘聲通覺路
法鼓山寺拜聖蹟

解脫智

心空原由解脫智
空心尤通萬古情

賀福星兄九秩大壽

古道熱腸壽天爵
千鶴長聚戲君前

晚年學書

胡思亂塗百萬言
老來空寂始學書

捐大體頌

你身中有我，我身中有你
珍惜此勝緣，大家都歡喜

逸性

帶愁買醉總成淚
逸性小酌就是仙

寸心意

殷勤寸心意

消融萬古愁

萬古流

且殆洪荒伊始盡

不廢江海萬古流

絕非福

慶幸老而健

長壽絕非福

正大光明

正大光明一日輪

賞心悅目萬卷書

青年心海法師製〈玄奘影集〉頌

漫天行腳步師步

奘師影集心海心

註：心海法師隻身探險大師行腳多次可敬可佩。

自審

曾讀萬卷僅略窺到一二而已

雖行萬里總不如看自家風光

贈廣德寺普正方丈（四川遂寧市）

廣布大地善法，普度眾生

德被一切有情，正法長住

註：普正方丈親自到成都大佛禪寺迎接本人，並留住廣德寺演講結緣後，親
自送往重慶華嚴寺，多承照護。

處事

必須全程清楚

不能半點糊塗

辨佛、儒修為

佛說無所住而生其心

儒曰有所為先誠其意

長短句：不似詩

林子秋夜

明月照花風弄影，
淺池興波夜闌深；
獨坐園林萬籟寂，
唯聽溪水伴蟲鳴。

大悲心

彩雲飛處神仙隱，
和風輕拂菩薩行；
縱使雷霆金剛杵，
亦是我佛大悲心。

變局

漫天風雨山河動，
大地翻滾江海鎔；
烏雲散盡青天現，
更有長空架彩虹。

小傳

少有投筆報國志，
中年有緣充教席；
胡思亂塗百萬言，
老來空寂始學書。

二〇一六年大選

原盼進步新氣象，
只是舊人換新裝；
兩岸誠信伊胡底，
且待吾民倍苦嘗。

賀惠敏和尚淨苑陞座

氣也通、心也通、神也通，蒲團座上如遊龍；
法也空、人也空、空也空，香板底下見神功。

小簡──汪中展博士

久違積思，香港叨晤、鉤起幾許年少風華，
牽動了莫名的山河戀，
任它滾滾紅浪千尺，何抵老友一夜清談！
掃塌以待故人，何興乎來！

註：中展兄為軍校同學、臺灣師大英文系、歷任東方中學校長，英國倫敦大
學博士，在香港學界服務，為米芾書法家贈我長卷《心經》並裱褙大
作，大陸未開放前為我傳轉家書，其返鎮江探親，展翅故里。

輓甯書教授岳祖母九秩高壽辭世

如是因地果熟，
且待瑤池增仙。

題《慈雲寺誌》

大哉二竺僧，白馬載佛經；
東來大漢地，胼手建慈雲。
青龍長駐守，五三靈山頂；
吳氏西遊記，佛道一家親。

註：二僧指竺摩騰、竺法蘭，在河南鞏縣大峪溝建慈雲寺，並葬於此。青龍
山在寺後有五十三峰。據傳吳承恩《西遊記》八十一難是仿自佛教《華
嚴經》善財童子五十三參。西元二〇一〇年黃心川先生博士生主編寺
誌，請黃氏引介本人題辭。

應南京大學《佛教文化》創刊題辭

佛遍十方，教通真俗；
文在於斯，化諸有情。

賀陳中庸教授《翰墨滌香》在臺中文化中心書法展

翰墨藝苑，墨硯生輝；
滌我凡塵，香徹心扉。

〈暮秋頌〉金山青年活動中心林園

秋聲頌雲高，柳風伴松濤；
蟲鳴黃花地，群鳥林中鬧。

金山寄廬

暮出送落日，晚歸迎華燈；
行時念彌陀，靜則頌觀音。
日暇晤書友，夜來夢莊周；
此身若有寄，懺悔伴靈犀。

除非憲政真民主

天道酬勤，正有情；

萬物有賴，方得生；

歷來宮廷，先內亂；

乘勢諸侯，反朝廷；

更有群雄，揭竿起；

夏商周秦，次第傾；

休提漢唐，雖盛世；

乃至共和，到現今；

除非憲政，真民主；

始有國治，天下平。

勉子弟規

藝多不養家，事業須專攻，

利己又利人，何愁無生涯；

處處結善緣，時時逢貴人，

如何能如爾，三思且萬行。

老益健

歲月不饒人，人可留歲月，
尚且日日新，天天作新民；
隨緣求寸進，不愧為人身，
時時有禪悅，處處共天心。

知足

人在無時多求有，
多在有時忘了無；
有無皆患人生苦，
唯有知足才是福。

就是貪

窮途求生自是難，
有錢盈庫心難寬；
財富有限貪無限，
患得患失就是貪！

漢學家張壽平九秩禮讚

少年詞章逞風流，

美人風物一筆收；

最是杏壇傳佳話，

百年講學猶未休。

藍綠問題

冬陽愧對秋月暖，

秋菊亦遜冬梅香；

暖香殊勝各有自，

何妨同取一味嘗。

一世情

一至三歲在襁褓，二十上下進學校，

三十而立須創業，五十六十成就了；

七十培福有餘慶，八十春秋不算老，

九十閒雲如野鶴，靜觀夕陽無限好。

與南疆塔里木大學締交

久違桑梓繁星夢，七十居臺拱北辰；
今夕有幸南疆遊，喜見銀河與繁星。
仰望凝視久留住，一時閃神墜天穹；
平生歡愉莫若此，身心兩忘法我空。

與南疆塔里木大學合作——召開國際絲路會議

新疆佛窟千古名，師生償願拜聖行；
時有風沙旋羅罩，晚上天穹滿繁星；
萬里黃土埋夜幕，靜坐行車遊天河；
始信綠洲似仙島，如是人間樂如何。

即事

子歸啼血聲聲漫；柳絮顛狂款款飛。
多少殉難投向死；也有富貴無別事。

人可留歲月

歲月不留人，人可留歲月；
四時不虛度，一年勝三秋。

自況

美食多須千金買，小鮮亦賴細火烹；
懺悔平生求速食，不待飯熟先揭鍋。

讚麗華居士

二〇一三年，李花開瀾漫；
元月最利貞，麗人暹羅行。
三五大吉祥，華夏增佛光；
誓願播釋種，功德滿庭芳。

註：李麗華居士曾在中華佛研所任祕書當義工，並常捐獻做慈善事業，一度
投身泰國法身寺教小沙彌華文、英文佛教常識。悲心四溢，可佩。

晨課

早起三昧火，長拜身心健；
黎明迎晨曦，再動八支禪。

禮讚徐霞客

何曾沒有飛天夢，暫且先作九洲遊；

漫天行腳繁星伴，寒霜烈日奈何天。

平生贏得山河戀，史乘長留在人間；

一代鉅獻水經注，兩江源頭巴（顏）喀（拉）山。

民主與自由

今天所有國家之民主自由都是相對的；

無條件的民主自由是假的，根本不存在；

有充足條件之民主自由也只是理想亦不存在。

悼念辭：不似詞

悼糜文開先生

持文彩風流交與國，永為後世久垂著；

以天竺文學傳薪火，允稱當今第一人。

註：糜氏為印、菲諸國駐外文化參事，為印度文學研究學者，晚年應邀在印度研究所講學，其夫人裴普賢教授任教臺大文學院，為《詩經》研究專家學者。

敬輓曉峰夫子

至大至剛、領黨領政、愛國護教，

千秋文彩皆為菩薩行；

大悲大願、堪聖堪賢、治學辦學，

一代完人應是來世佛。

註：曉峰夫子鼓勵本人專治印度學，成立印度研所、墊貸留學印度學費。

輓同鄉鄧原盛先生

嗚乎天涯迎故人竟是生死兩相隔，
哀哉海外伴忠魂長教兒女獨思親。

註：鄧原盛先生在陽明公司任職，病故海外。

悼夫（應原盛夫人之請代擬）

結婚二十多年，聚少離多，意難忘，
每當燈前，迎君歸；
航海近大半生，流離顛沛，最堪悲，
長此永訣，哭英靈。

悼楊白衣教授　其一

論學術，悲智雙運，是真佛子；
講道義，喜笑怒罵，亦大丈夫。

公祭楊白衣教授（代撰祭文） 其二

先生年少，根器非凡，敏而好學，志行高遠。
木訥剛健，孝悌雙全，親長鍾愛，鄰里稱羨。
青年及冠，天伴良緣，宜室宜家，燕爾綿綿，
夫唱婦隨，三寶為鑑，兒孫繞膝，子女皆賢。
負笈東瀛，飽覽佛學，著作等身，挑李荷荷，
為教奔走，教運丕新，教界瑰寶，佛學鴻碩。
遽爾西歸，永辭娑婆，何得云亡，無餘解脫，
慧業長照，青史不磨，乘願再來，人天仰慕。

　乘願再來，人天仰慕！嗚乎哀哉，尚饗！

代白衣夫人撰輓聯　其三

與君共浴佛恩，因因緣、締良緣，滿懷梵唱共白首，
捨妾獨辭娑婆，哀哀歌、伴輓歌，空留音容向黃昏。

代華岡佛研所輓　其四

衛國護教是國士，是教士，長留典型在人間，

傳道授業作之親，作之師，究竟涅槃證菩提。

註：西元一九八六年九月十五日，楊白衣先生去世，當時為省籍最傑出之佛
　　教學者、佛教界來臺之大法師，大都受其奔走救護，在中、日佛教交流
　　中貢獻極大。心直口快，一腔熱血，應邀到華岡佛學與印度研究所任講
　　座，我心儀不已。其去世時，我已咳嗽好幾天，其告別式我仍全力協助
　　楊惠南教授主持喪禮。

代撰悼越南俊德長老

立鴻俊宗風教吾儕弟子嚴土熟生，唯願依師是度；

展盛德大願樹此一法幢百界千如，皆是律儀成就。

輓大陸人民大學方立天教授

生於憂患，卓然一代大師，何德云亡！

死守善道，大化三千弟子，道業千秋。

禮徑山白聖師父骨塔

仰大德，邀師友浴師恩，浴佛恩，

感恩何似，依師是度；

承厚託，入教界編中佛，編日記，

愧未全功，負師深恩。

敬悼曉雲上人

學社導師，率外教學，隨緣教化，助我留印，
　　沐浴春風，點滴師恩在心頭。
大崙開山，辦佛學園，創立華梵，清諒藝展，
　　力倡覺學，愧對師恩未追隨。

敬悼印順長老

一生深入三藏，為教界大師、是學界導師，
　　中土比丘最先獲博士學位；
首在高等學府傳道授業；會通梵漢典籍異同，
　　最是孤明先發；都是空前第一人。

有幸受業師門，是三寶弟子，入學界末學，
　　臺灣學生首先去印度研究；
後留院校濫充教席；聯合學教宿老僧俗，
　　歡喜共慶光壽；滿懷感愧為門生。

敬悼聖嚴法師

四十年的仰止，懿德懿行；纓珞閉關；采薇文彩；
醒世棒喝；自在語箴言；法鼓山開山；揭三大教育；
創立世界佛教學園；四大環保活動；創心六倫學說；
聯合全世界宗教家，拯救地球人心，
淨化寰宇，享譽國際，創立法鼓宗風長注。

三十年的追隨，亦師亦友；負笈日印；歸用所學；
華岡佛學；中華佛研所；數位化佛典；設四大學校；
歷經人文文理學院；四大語文教學；培養國際人才；
協同兩岸佛教學者，復興中華佛學，
首在教育，多有未逮，愧對重託有負隆譽。

智慧海 65

晚霞集

Light at Dusk: A Collection of Buddhist Essays by Li Zhifu

著者	李志夫
出版	法鼓文化
總監	釋果賢
總編輯	陳重光
編輯	林蒨蓉
封面設計	謝佳穎
內頁美編	小工
地址	臺北市北投區公館路186號5樓
電話	(02)2893-4646
傳真	(02)2896-0731
網址	http://www.ddc.com.tw
E-mail	market@ddc.com.tw
讀者服務專線	(02)2896-1600
初版一刷	2019年8月
建議售價	新臺幣520元
郵撥帳號	50013371
戶名	財團法人法鼓山文教基金會—法鼓文化
北美經銷處	紐約東初禪寺
	Chan Meditation Center (New York, USA)
	Tel: (718)592-6593 Fax: (718)592-0717

法鼓文化

國家圖書館出版品預行編目資料

晚霞集 / 李志夫著. -- 初版. -- 臺北市 : 法鼓
文化, 2019.08
    面; 公分
  ISBN 978-957-598-824-1 (平裝)

1.佛教 2.文集

220.7   108009871